Andreas Hepp · Friedrich Krotz · Shaun Moores
Carsten Winter (Hrsg.)

Konnektivität, Netzwerk und Fluss

Medien – Kultur – Kommunikation

Herausgegeben von
Andreas Hepp und
Waldemar Vogelgesang

Kulturen sind heute nicht mehr jenseits von Medien vorstellbar: Ob wir an unsere eigene Kultur oder ‚fremde' Kulturen denken, diese sind umfassend mit Prozessen der Medienkommunikation durchdrungen. Doch welchem Wandel sind Kulturen damit ausgesetzt? In welcher Beziehung stehen verschiedene Medien wie Film, Fernsehen, das Internet oder die Mobilkommunikation zu unterschiedlichen kulturellen Formen? Wie verändert sich Alltag unter dem Einfluss einer zunehmend globalisierten Medienkommunikation? Welche Medienkompetenzen sind notwendig, um sich in Gesellschaften zurecht zu finden, die von Medien durchdrungen sind? Es sind solche auf medialen und kulturellen Wandel und damit verbundene Herausforderungen und Konflikte bezogene Fragen, mit denen sich die Bände der Reihe „Medien – Kultur – Kommunikation" auseinander setzen wollen. Dieses Themenfeld überschreitet dabei die Grenzen verschiedener sozial- und kulturwissenschaftlicher Disziplinen wie der Kommunikations- und Medienwissenschaft, der Soziologie, der Politikwissenschaft, der Anthropologie und der Sprach- und Literaturwissenschaften. Die verschiedenen Bände der Reihe zielen darauf, ausgehend von unterschiedlichen theoretischen und empirischen Zugängen das komplexe Interdependenzverhältnis von Medien, Kultur und Kommunikation in einer breiten sozialwissenschaftlichen Perspektive zu fassen. Dabei soll die Reihe sowohl aktuelle Forschungen als auch Überblicksdarstellungen in diesem Bereich zugänglich machen.

Andreas Hepp · Friedrich Krotz
Shaun Moores · Carsten Winter (Hrsg.)

Konnektivität, Netzwerk und Fluss

Konzepte gegenwärtiger
Medien-, Kommunikations-
und Kulturtheorie

VS VERLAG FÜR SOZIALWISSENSCHAFTEN

Bibliografische Information Der Deutschen Bibliothek
Die Deutsche Bibliothek verzeichnet diese Publikation in der Deutschen Nationalbibliografie;
detaillierte bibliografische Daten sind im Internet über <http://dnb.ddb.de> abrufbar.

1. Auflage Mai 2006

Alle Rechte vorbehalten
© VS Verlag für Sozialwissenschaften | GWV Fachverlage GmbH, Wiesbaden 2006

Lektorat: Barbara Emig-Roller

Der VS Verlag für Sozialwissenschaften ist ein Unternehmen von Springer Science+Business Media.
www.vs-verlag.de

Umschlaggestaltung: KünkelLopka Medienentwicklung, Heidelberg
Druck und buchbinderische Verarbeitung: MercedesDruck, Berlin
Gedruckt auf säurefreiem und chlorfrei gebleichtem Papier

ISBN 978-3-531-14598-3

Inhalt

Konnektivität, Netzwerk und Fluss

Andreas Hepp, Friedrich Krotz, Shaun Moores & Carsten Winter

1 Einführung in die Diskussion

In der internationalen Diskussion um den gegenwärtigen Wandel von Medien, Kommunikation und Kultur finden sich zunehmd Ansätze der Kommunikations- und Medienwissenschaft, Mediensoziologie und Cultural Studies, die auf Konzepte wie Konnektivität, Netzwerk und Fluss zurückgreifen. Da dies im deutschsprachigen Rahmen eher selten der Fall ist, zielt das vorliegende Buch darauf, eine Brücke zu schlagen zwischen der internationalen Diskussion um Konnektivität, Netzwerk und Fluss und dem aktuellen deutschsprachigen Diskurs. Auch wenn aus diesen Konzepten noch bei weitem keine geschlossene Theorie entstanden ist, so wird mit ihnen die Hoffnung verbunden, den gegenwärtigen Wandel angemessen fassen bzw. theoretisieren zu können. Ein solcher Zugang prägt auch die unterschiedlichen Beiträge dieses Bandes, die von thematisch weit gefassten, theoretischen Überlegungen bis hin zu fokussierteren Fallstudien reichen, in denen der empirische Gehalt dieser Konzepte aufgezeigt wird. Dabei stehen die verschiedensten Medien, ihre Spezifik, ihre Inhalte sowie die darauf gerichteten Produktions- und Aneignungsprozesse im Vordergrund – es geht beispielsweise um den Gebrauch von Mobiltelefonen und computervermittelte Kommunikation, um Online-Journalismus, um Vergemeinschaftung mittels digitaler Medien und um die Konstruktion von ‚Unmittelbarkeit‘ und ‚Nähe‘ in medial vermittelten Beziehungen. Dabei stehen auch die Prozesse der Globalisierung und der damit verbundenen Deterritorialisierung im Fokus der Betrachtung, ferner die zunehmende Bedeutung von Mobilität in den Lebenswelten der gegenwärtigen (späten) Moderne. Gleichzeitig machen die Beiträge auf die weiter bestehende Wichtigkeit von Lokalität, auf die Bedeutung von Orten und die anhaltende Relevanz der physisch ko-präsenten Face-to-Face-Interaktion im Alltagsleben aufmerksam. In diesem Sinne weisen viele Autoren dieses Buches darauf hin, dass es gerade die Schnittstelle von Lokalität und Mobilität, von physischer Ko-Präsenz und technisch vermittelter Kommunikation ist, die gegenwärtig einer genauen Analyse mittels der Konzepte von Konnektivität, Netzwerk und Fluss bedarf.

Bevor wir aber im folgenden Abschnitt die einzelnen Artikel des vorliegenden Bandes genauer vorstellen können, müssen wir zunächst umreißen, wie diese drei Konzepte zu verstehen sind, damit die verschiedenen Beiträge angemessen eingeordnet werden können. Dazu soll skizziert werden, worauf die Konzepte von Konnektivitäten, Netzwerken und Flüssen abzielen.

Beginnen wir mit dem Konzept der *Konnektivität*. Dieser Begriff findet sich nicht nur in sozialwissenschaftlichen Publikationen, sondern zunehmend auch in den Diskursen von Computertechnologie und (technologisch orientierter) Populärkultur. In seinem Buch über Globalisierung und Kultur definiert John Tomlinson – einer der Autoren des vorliegenden Bands – Globalisierung als eine sich entwickelnde komplexe Konnektivität, wenn er schreibt: „Globalisierung fasst das sich rasant entfaltende und immer dichter werdende Netzwerk von Konnektivitäten und Interdependenzen, die das moderne soziale Leben charakterisieren" (Tomlinson 1999: 1f.). Bemerkenswert daran ist einerseits, dass sich diese Definition auf die Vorstellung eines Netzwerks bezieht, das nationale Grenzen überschreitet. Gleichzeitig betont Tomlinson andererseits, dass es aber nicht ausreicht, komplexe Konnektivität empirisch zu beschreiben. Vielmehr bedarf dieses Konzept ebenso einer theoretischen Fortentwicklung.

Laut Tomlinson ist eine Auseinandersetzung mit Konnektivität mit dem Thema der globalen räumlichen Nähe („proximity") verbunden, kann jedoch darauf auch nicht reduziert werden. Wie er feststellt, sind wissenschaftliche Diskurse über Globalisierung voller Metaphern einer solchen Nähe. Auch andere Wissenschaftlerinnen und Wissenschaftler haben darauf hingewiesen, dass die Zunahme einer transnationalen Konnektivität – eine ‚Dehnung' oder ‚Entbettung' sozialer Beziehungen über potenziell weite Entfernungen (vgl. Giddens 1991, 1995) – zu einer (phänomenologisch) ‚schrumpfenden Welt', zum Erleben einer ‚Kompression von Zeit und Raum' (vgl. Harvey 1989) und dem Zustand einer ‚raum-zeitlichen Konvergenz' führen kann, in der physische Orte im Sinne von „Reise- oder Kommunikationszeit [...] näher zusammen rücken" (Janelle 1991: 49). Über die Diskussion von Konnektivität und räumliche Nähe hinaus macht Tomlinson die Notwendigkeit deutlich zu berücksichtigen, dass die sozialen Folgen von Globalisierung äußerst ‚ungleich' sind. Dies gilt – so seine Argumentation – „nicht nur insofern, dass sie ‚Gewinner und Verlierer' hat oder dass sie viele bekannte Konfigurationen von Dominanz und Unterordnung reproduziert, sondern auch in dem Sinne, dass die kulturelle Erfahrung, die sie vermittelt, hochkomplexer und verschiedenartiger Natur ist" (Tomlinson 1999: 131).

Die damit umrissenen Diskussionslinien treffen sich mit der These von Doreen Massey, dass die Erfahrungen einer Verdichtung von Raum und Zeit einer sozialen Differenzierung bedürfen. Sie spricht hier von einer „Machtgeometrie" der Globalisierung, in der einige soziale Gruppierungen – „die Jet-Setter, diejenigen, die [...] internationale Konferenzeinladungen erhalten, diejenigen, die [...] Investitionen und internationalen Finanztransfer organisieren" – für die gegenwärtigen Transformationen mit verantwortlich sind, während andere dem damit verbundenen sozialen Wandel eher ausgeliefert sind (vgl. Massey 1994: 149). Auch Andrew Leyshon begründet diese These einer mit globaler Konnektivität verbundenen Ungleichheit, wenn er darauf hinweist, dass sich „manche Orte im relativen Raum [der Globalisierung] weiter auseinander bewegt haben" (Leyshon 1995: 35), anstelle sich aufeinander zuzubewegen. Denn die Menschen, die an derartigen Orten leben, seien aus dem von John Tomlinson beschriebenen Netzwerk zunehmender Konnektivität ausgeschlossen. Für diejenigen, die davon betroffen sind, – ganz gleich, ob von wirtschaftlichen Vernetzungen oder in Form eines eingeschränkten Zugangs zu Transport- oder Kommunikationstechnologien –, gäbe es eine „nicht zu übersehende, hartnäckige physische Distanz [...], die die technologischen und sozialen Transformationen der Globalisierung nicht weggezaubert hat" (Tomlinson 1999: 4). Physische Distanzen sind ja auch für wohlhabende Bewohner der sogenannten ‚ersten Welt‘ materielle Realität, die sich Tickets für Langstreckenflüge leisten oder nahezu jederzeit und über weite Entfernungen per Telefon oder Internet miteinander kommunizieren können. Ganz in diesem Sinne hat Friedrich Krotz (2001) argumentiert, dass auch mit fortschreitender Mediatisierung des Alltagslebens sowohl alte Machtverhältnisse reproduziert als auch – u.a. auf einer globalen Ebene – neue artikuliert werden.

Das zweite Schlüsselkonzept dieses Buches – *Netzwerk* – wird in der neueren Sozialtheorie eng mit Manuel Castells These vom „Aufstieg der Netzwerkgesellschaft" (Castells 2001) verbunden.[1] Castells fasst sein Konzept des Netzwerks mit folgenden Worten:

"Ein Netzwerk besteht aus mehreren untereinander verbundenen Knoten. Ein Knoten ist ein Punkt, an dem eine Kurve sich mit sich selbst schneidet. Was ein Knoten konkret ist, hängt von der Art von konkreten Netzwerken ab. Es sind Aktienmärkte und die sie unterstützenden fortgeschrittenen Dienstleistungszentren im Netzwerk der globalen Finanzströme. [...] Es sind Fernsehsysteme, Unterhaltungsstudios, Computergrafik-Milieus, Nachrichtenteams und mobile Geräte, mit denen innerhalb des globalen Netzwerkes der Nachrichtenmedien Signale erzeugt, übertragen und empfangen werden, an der Wurzel der kulturellen Ausdrucksformen und der öffentlichen Meinung im Informationszeitalter. [...] Netzwerke sind offene Strukturen und in der Lage, grenzenlos zu expandieren und dabei neue Knoten zu integrieren, solange diese innerhalb dieses Netzwerks zu kommunizieren vermögen, also solange sie dieselben Kommunikationskodes besitzen – etwa Werte oder Leistungsziele. [...] Netzwerke sind angemessene Instrumente für eine kapitalistische Wirtschaft, die auf Innovation, Globalisierung und dezentraler Konzentration beruht [...] und für eine gesellschaftliche Organisation, die auf die Veränderung des Raums und die Vernichtung der Zeit aus ist." (Castells 2001: 528f.)

Diese Sichtweise verweist auf verschiedene bekannte wissenschaftliche Ansätze, die sich mit Globalisierung und damit zusammenhängenden Thesen beschäftigen. Wie Giddens (1991, 1995) betrachtet Castells Geld und Kommunikationsmedien als zwei der bedeutsamsten ‚Mechanismen der Entbettung‘ in (multidimensionalen) Prozessen der Globalisierung. Und ebenso wie Harvey (1989) ist er zugleich an den kapitalistisch-wirtschaftlichen Transformationsprozessen und an der Überwindung räumlicher Barrieren interessiert, die unter anderem durch die Übermittlung von Informationen in Lichtgeschwindigkeit möglich wurden. Das herausragende Merkmal seiner Analyse ist dementsprechend nicht, dass er sich wie auch andere mit solchen Wandlungsprozessen beschäftigt, sondern es ist sein Versuch, diese in ein Gesamtkonzept zu integrieren, das er Netzwerkgesellschaft nennt. Dieses Konzept ist für Castells ein zunehmend an Relevanz gewinnendes Organisationsprinzip von Gesellschaften: „Es lässt sich als historische Tendenz festhalten, dass die herrschenden Funktionen und Prozesse im Informationszeitalter zunehmend in Netzwerken organisiert sind. Netzwerke bilden die neue soziale Morphologie unserer Gesellschaften [...]" (Castells 2001: 527). Zwar setzen sich ganz verschiedene Autoren auf der Basis ganz unterschiedlicher Fachperspektiven mit dem Konzept Vernetzung, seiner Geschichte und Bedeutung auseinander – beispielsweise Michael Schenk (1995), Tom Standage (1998) oder Armand Mattelart (2003). Die Spezifik der Position Castells ist demgegenüber darin zu sehen, dass er die gegenwärtigen sozialen und kulturellen Konfigurationen als eine historisch neue und einzigartige Grundlage dafür begreift, „dass diese Form [des Netzwerks] auf die ganze gesellschaftliche Struktur ausgreift und sie durchdringt" (Castells 2001: 527).

In der Perspektive von Castells durchläuft der Kapitalismus dementsprechend gegenwärtig eine Phase tiefgreifender Restrukturierung. Diese lässt sich paradigmatisch auf Grund des Aufkommens von ‚Netzwerkunternehmen' zeigen, die eine neuartige organisatorische Unternehmenslogik in die globale Wirtschaft einbringen. Dabei konvergiert und interagiert diese Logik mit dem technologischen Paradigma der „informationstechnologischen Revolution" (Castells 2001: 31) digitaler Informations- und Kommunikationstechnologien. Das Internet ist dementsprechend die vielleicht aussagekräftigste Verdeutlichung von Castells Theorie der Netzwerkgesellschaft (vgl. Castells 2005): Sein technologisches Design besteht im Sinne seiner Netzwerkdefinition aus ‚mehreren untereinander verbundenen Knoten', wobei die Distanz zwischen den Knoten im operativen – im Gegensatz zum physischen – Sinne effektiv ‚null' ist. Dementsprechend eröffnet das Internet die Möglichkeit verzögerungsfreier technisch vermittelter Kommunikation.

Dies verweist aber gleichzeitig auch auf den Wandel sozialer Beziehungen (vgl. Castells 2005: 142-146), indem die Entwicklung von Internet und Mobilkommunikation eine „angemessene materielle Stütze für die Verbreitung des vernetzten Individualismus als vorherrschende Form der Sozialität" bildet: „Die neuen technologischen Entwicklungen scheinen die Wahrscheinlichkeit zu erhöhen, dass der vernetzte Individualismus zur vorherrschenden Form der Sozialität wird" (Castells 2005: 144f.). Mit diesem Hinweis auf entstehende personalisierte Strukturen von Sozialität bezieht Castells sich durchaus auch auf frühere Analysen sozialer Netzwerke wie die von Barry Wellman (vgl. u.a. Wellman et al. 1996). Wir können mit der Etablierung einer Netzwerkgesellschaft also nicht nur neue Organisationsformen im Bereich der Wirtschaft ausmachen, es verändern sich vielmehr auch die Formen der Vergemeinschaftung bzw. Vergesellschaftung.

Im Rahmen seiner Auseinandersetzung mit dem Aufstieg der Netzwerkgesellschaft verwendet Manuel Castells auch das dritte Schlüsselkonzept des vorliegenden Buchs – *Fluss*. Die Etablierung der Netzwerkgesellschaft steht danach in Zusammenhang mit der Ausdehnung des „Raums der Flüsse", nämlich der „Flüsse von Kapital, Flüsse von Information, [...] Flüsse von Organisationsinteraktionen, Flüsse von Bildern, Tönen und Symbolen" (Castells 1996: 412).[2] Mit vergleichbarer Zielsetzung versucht John Urry (1999) einen Neuansatz von Soziologie zu entwickeln, in dem er den Fokus auf eine Auseinandersetzung mit ‚globalen Flüssen' bzw. ‚Verflüssigungen' – verschiedenste Arten von Bewegungen über ‚poröse Grenzen' hinweg – legt. Dadurch wird das Soziale als eine Form der Mobilität zu einem zentralen Forschungsfokus, und man muss in der Folge über das hinausgehen, was Ulrich Beck den „methodologischen Nationalismus" (vgl. Beck 1998; Beck/Willms 2004) der Sozialwissenschaften genannt hat: Will man gegenwärtige Flüsse und Mobilitäten fassen – so die Argumentation – muss man im Blick haben, dass diese gerade nicht an ‚nationalen Grenzen' halt machen. Man kann sie also auch nicht mit einem Konzept von Sozialwissenschaft fassen, das an einem Verständnis von Gesellschaft als einer nationalstaatlich umgrenzten Größe ansetzt (vgl. Hepp 2004: 12-16).

Wie auch die von Castells umrissenen Flüsse, versteht Urry ‚physische Mobilität' oder ‚körperliches Reisen' als einen hoch bedeutsamen Fluss der Gegenwart. In seinen Worten:

"The scale of such travelling is awesome. There are over 600 million international passenger arrivals each year. [...] International travel now accounts for over one-twelfth of world trade. It constitutes by far the largest movement of people across the boundaries [...] in the history of the world." (Urry 2000: 50)

Bei diesen Zahlen muss man allerdings berücksichtigen, dass die Grenzen zwischen Nationalstaaten für manche soziale Gruppierungen wesentlich ‚durchlässiger' sind als für andere. Während es einerseits üblicherweise – wie dies Zygmunt Bauman (1998: 92-93) einmal genannt hat – „grünes Licht für Touristen" gibt, gibt es andererseits für die Gruppierungen „rotes Licht", deren Mitglieder er als „Vagabunden" bezeichnet (also für diejenigen, für die „Stehenbleiben" aus unterschiedlichen Gründen „keine praktikable Option" ist). Tatsächlich finden Angehörige der damit beschriebenen Gruppen – wie bspw. die Mexikaner, die zu Fuß „eine vielleicht tödliche Überquerung der Grenze zu den USA" versuchen (Massey 1994: 149) – meist keinen Eingang in die offiziellen Reisestatistiken, die Urry zitiert. Möglicherweise ist also von noch wesentlich größeren Mobilitätszahlen auszugehen.

Das vielleicht interessanteste Merkmal der physischen Mobilität, die man transnationale Migration nennt, ist aber ihre Verbindung zu den von Castells identifizierten „Flüssen von Information, [...] Bildern, Tönen und Symbolen" (Castells 1996: 412). Arjun Appadurai schlägt deshalb vor, ein besonderes Augenmerk auf die Beziehung von Medien und Migration zu legen:

„As Turkish guest workers in Germany watch Turkish films in their German flats, [...] and as Pakistani cabdrivers in Chicago listen to cassettes of sermons recorded in mosques in Pakistan or Iran, we see moving images meet deterritorialized viewers. [...] Neither images nor viewers fit into circuits [...] that are easily bound within local, national or regional spaces." (Appadurai 1996: 4)

Diese transnationalen (und translokalen) Flüsse von Menschen und Bildern (und auch von Tönen) begünstigen die Etablierung von „diasporischen Kommunikationsformen" (Dayan 1999), insofern Medientechnologien spezielle kulturelle Konnektivitäten über große geografische Zerstreuung hinweg aufrecht erhalten. Appadurai verweist in seinen Beispielen explizit auf die „Deterritorialisierung" von Migrationsgemeinschaften: Deren kulturelle Räume decken sich danach gerade nicht mit territorialen Grenzen einzelner Staaten. Deterritorialisierung ist aber als Form kulturellen Wandels nicht nur für Diasporagemeinschaften charakteristisch. So arbeitet Tomlinson heraus, dass Deterritorialisierung auch außerhalb des Kontextes diasporischer Kulturen alltäglich erfahren werden kann – selbst in Bevölkerungsgruppen, die physisch weniger mobil sind. Sogar im Falle großer „geografischer Sesshaftigkeit" (Morley 2000) besteht eine „Durchdringung lokaler Welten mit entfernten Kräften", womit eine „stete Erweiterung des Relevanzhorizonts in der routinierten Erfahrung der Menschen" (Tomlinson 1999: 115) einher geht – zumindest teilweise ist dies ein Ergebnis ihrer technologisch mediatisierten Nähe mit Anderen bzw. dem Anderswo.

Dieser hier umrissene Diskussionshorizont macht deutlich, dass und inwieweit die Konzepte Konnektivität, Netzwerk und Fluss zentrale Bezugspunkte aktueller Beschäftigung mit Medien-, Kommunikations-, Kultur- und Gesellschaftswandel sind. Ziel dieses Buches ist es, in diese Diskussion einzuführen und dabei deutlich zu machen, dass diese Konzepte nicht nur Theoretisierungen ermöglichen, die gegenwärtige Wandlungsphänomene besser greifbar machen als andere analytische Konzepte. Gleichzeitig sind diese Konzepte in hohem Maße für eine insbesondere auf Alltagspraktiken und alltägliche Auseinandersetzungen um Bedeutungen fokussierte empirische Forschung anschlussfähig. Darin liegt in unserer Perspektive der Reiz aller Theorieansätze, die mit den Konzepten von Konnektivität, Netzwerk und Fluss operieren.

2 Über dieses Buch

Die verschiedenen Beiträge dieses Bandes beschäftigen sich alle auf die eine oder andere Weise mit der Konzeptionalisierung gegenwärtiger Kommunikationsformen im Kontext einer sich im Wandel befindenden Welt – wobei sie mindestens einen (manchmal sogar alle drei) der zentralen Begriffe verwenden, die den Titel dieses Buches ausmachen. Damit entwickelt – wie bereits gesagt – der vorliegende Band zwar keine geschlossene Theorie, die sich durch die unterschiedlichen Kapitel zieht. Was die Autorinnen und Autoren jedoch verbindet, ist das Interesse an einer kritischen Auseinandersetzung mit den Schlüsselkonzepten Konnektivität, Netzwerk und Fluss, um die verschiedenen sozialen und kulturellen Transformationsprozesse der Gegenwart – technologische, institutionelle, erfahrungsgemäße, zeitliche und räumliche – zu verstehen. Die Struktur der Beiträge ergibt sich dadurch, dass sie sich von einer eher übergreifenden Betrachtung von Konnektivität hin zu konkreteren Auseinandersetzungen mit Netzwerken bzw. unterschiedlichen (Kommunikations-)Flüssen bewegen.

Friedrich Krotz setzt sich im ersten Artikel dieses Bandes kritisch mit neueren Sozialtheorien auseinander und stellt dabei die Konzepte von Konnektiviät und Netzwerk in den Vordergrund. Während er einerseits mit einigen Aspekten der Arbeiten von Theoretikern wie Tomlinson und Castells sympathisiert, geht es ihm andererseits um das, was er als Grenzen der gegenwärtigen Diskurse über komplexe Konnektivität und Netzwerkgesellschaft ansieht. So ist er der Auffassung, dass obwohl diese Konzepte in Hinblick auf spezifische funktionale Merkmale einer sich wandelnden Gesellschaft hilfreich sind, sie aber trotzdem dazu tendieren, ältere Ansätze der Auseinandersetzung mit kultureller Hegemonie oder kulturellem Imperialismus vorschnell zu marginalisieren – Ansätze also, die seiner Meinung nach zumindest in ihren Grundüberlegungen weiterhin Beachtung verdienen. Des Weiteren weist Krotz darauf hin, dass die Konzepte von Konnektivität und Netzwerk alleine für eine Analyse der Prozesse der Bedeutungsproduktion in Alltag bzw. Lebenswelt nicht ausreichen.[3] Er besteht deshalb darauf, dass das von Castells so genannte globale Netzwerk der digitalen Medien als verflochten mit alltäglichen Beziehungsnetzwerken angesehen werden muss – Beziehungsnetzwerke, die sich aus den physisch ko-präsenten Face-to-Face-Interaktionen eines routinisierten Alltagslebens ergeben. Krotz befürwortet deswegen einen Rückbezug der Diskussion um Konnektivität und Netzwerk auf klassische Ansätze der (Wissens-)Soziologie, wie sie Peter Berger und Thomas Luckmann, Norbert Elias und Jürgen Habermas geprägt haben. Deren Beschäftigung mit der sozialen Konstruktion von Wirklichkeit, dem Zivilisationsprozess und dem Strukturwandel von Öffentlichkeit dürfen seiner Ansicht nach in der gegenwärtigen Theoriediskussion nicht übergangen, sondern müssen in diese integriert werden.

In seinem Beitrag setzt *Andreas Hepp* an einem Verständnis von Globalisierung als einem zentralen Metaprozess des gegenwärtigen Wandels an – er verortet die Auseinandersetzung damit aber stärker als in anderen Ansätzen in der aktuellen theoretischen Diskussion um Konnektivität, Netzwerk und Fluss. Ausgangspunkt dabei ist der Hinweis auf die grundlegenden Probleme der Suche nach einer ‚universellen Theorie' des globalen sozialen Wandels. Vor diesem Hintergrund erscheinen gerade die metaphorischen Konzepte von Konnektivität, Netzwerk und Fluss hilfreich dafür zu sein, einen einer radikalen Kontextualität verpflichteten Ansatz des Denkens über Kommunikation und deren Globalisierung zu entwickeln. Auf dieser Basis eröffnet der Beitrag eine Unterscheidung von Konnektivität, Netzwerk und Fluss als Analysekonzepte, wobei die Metapher des Netzwerks vor allem ‚strukturierende Aspekte' einer komplexen Konnektivität fasst, während die Metapher des Flusses eher hilfreich erscheint, ‚prozesshafte Aspekte' von Konnektivität zu fokussieren. Im Kern des Kapitels werden die verschiedenen Konzepte zu einer Theoretisierung von translokalen Medienkulturen verknüpft, wobei Translokalität einen zentralen Stellenwert bei der Beschreibung zunehmend globaler kommunikativer Konnektivität und dem damit verbundenen Wandel der kommunikativen Deterritorialisierung einnimmt. Hepp weist darauf hin, dass das Lokale auch mit fortschreitender Globalisierung der Medienkommunikation nicht verschwindet, fokussiert in seinem Artikel allerdings, wie Medien zur Transformation von Lokalitäten beitragen, indem sie der Intensivierung translokaler kommunikativer Konnektivität dienen. Ein solcher Zugang zu Fragen der Globalisierung der Medienkommunikation ermöglicht auch – wie der Beitrag abschließend zeigt – sich mit Fragestellungen sozialer Ungleichheit und Macht zu befassen, die allerdings im Rahmen einer Konnektivitätstheorie auf veränderte Weise greifbar werden.

Der dritte Artikel des vorliegenden Buchs ist von *John Tomlinson* verfasst, dessen wichtiges Werk über Globalisierung und Kultur bereits mehrfach erwähnt wurde. In seinem Beitrag wird eine interessante neue Wendung seiner Auseinandersetzung mit komplexer Konnektivität greifbar. So wirft er die Frage auf, inwiefern zumindest für diejenigen, die Zugang zu neuen Medientechnologien haben, gerade auch in Situationen physischer Mobilität die Möglichkeit (oder sogar vielleicht die Erwartung) eines unmittelbaren sozialen Kontakts mit anderen über Entfernungen hinweg besteht. In diesem Kontext lässt sich der kulturelle Einfluss von Kommunikationstechnologien als vieldeutig interpretieren. So können Kommunikationstechnologien einerseits als Möglichkeiten der ‚Extension kultureller Horizonte' bzw. als ‚Ausgangsportale' aus den Beschränkungen der Lokalität angesehen werden. Andererseits lassen sie sich als Angebot von ‚Sicherheit vernetzter kultureller Lokalitäten' verstehen – als ‚Beständigkeit' im Kontext einer ‚Kultur des Flusses'. Tomlinson versteht beispielsweise Mobiltelefone nicht einfach als ‚globalisierende' Medien, sondern als ‚Technologien des Zuhauses', da der Gesprächsaustausch, den sie erleichtern, tendenziell ein gewisses Gefühl der ‚Beheimatung' oder ‚Zugehörigkeit' hervorruft, während man unterwegs ist (vgl. auch Morley 2003). Tatsächlich scheint der Gebrauch vieler Mobiltelefone mit der Koordination routinisierter und alltäglicher Aktivitäten innerhalb von lokal beschränkten Räumen zusammen zu hängen – das gilt beispielsweise für den Anruf eines Pendlers, der seinen Partner über eine Zugverspätung informiert.

Carsten Winter stellt die Entwicklung von Mobiltelefon und Laptop – die er als ‚konvergierende Medien' bezeichnet – in einen breiteren historischen Kontext. In seinem Beitrag bezeichnet er sie auch als ‚quartäre Medien', die er von ‚primären' (‚Mensch-Medien' wie z.B. Priester oder religiöse Prediger), ‚sekundären' (Büchern und Zeitungen) und ‚tertiären' (Radio und Fernsehen) abgrenzt. Ein Vergleich von quartären und tertiären Medien macht deutlich, dass mobile konvergierende Medien sich vom Rundfunk durch ihre Protokolle und Transfertechnologien unterscheiden, die den ‚Sender zum Rezipienten machen' und umgekehrt. Wie Winter weiter erläutert, geht es jedoch nicht nur darum, Unterschiede zwischen ‚alten' und ‚neuen' Medien heraus zu arbeiten, sondern auch darum, die ‚neuen' Medien ‚im Licht der alten' zu analysieren. Ein Aspekt dieser Analyse ist das Argument von den sich verschiebenden historischen Bindungen von Liebe: Wo in der Vergangenheit kommunikative Konnektivität zum Beispiel mit der ‚Liebe zu Gott' oder der ‚Liebe zum Vaterland' assoziiert wurde, propagieren Werbeanbieter nun Liebe als ‚Medium an sich' – wie es der Apple iBook-Werbespruch verdeutlicht: „Is it possible to fall in love with a computer? Oh yes".

In dem Artikel von *Nick Couldry* wird an dem vor allem von Bruno Latour und John Law entwickelten Ansatz der Akteur-Netzwerk-Theorie konstruktive Kritik geübt. Couldry fragt dabei nach dessen potenziellen Beitrag für die Kommunikations- und Medienwissenschaft. Die Akteur-Netzwerk-Theorie befasst sich laut Couldry mit der Erstellung eines speziellen Netzwerks von Verbindungen, das sowohl menschliche als auch nicht-menschliche Akteure involviert (eine Technologie, zum Beispiel, wird hierbei als Aktant im Kontext gesehen). Somit erscheint die Akteur-Netzwerk-Theorie als ein prädestinierter Ansatz, um Konnektivitäten, die durch die Medien entstehen, zu konzeptualisieren. Couldry arbeitet jedoch heraus, dass diese

Perspektive ironischerweise nicht mit der Medientheorie ‚vernetzt' ist, was gleichzeitig auf deren Stärken als auch Schwächen verweist: In seiner vorsichtigen kritischen Würdigung der Akteur-Netzwerk-Theorie nennt er mehrere ihrer Stärken – so ihre Skepsis gegenüber jeglicher essentialistischer Begrifflichkeit im Bereich des Sozialen oder Technologischen sowie ihr Augenmerk auf die räumliche Organisation von Netzwerken. Ihre Schwächen kommen laut Couldry besonders dann zum Ausdruck, wenn man versucht, sie auf die Diskussion um technologisch-mediatisierte Kommunikation anzuwenden. Seiner Ansicht nach werden etwa Themen wie Zeit(lichkeit), Macht und Interpretation nicht hinreichend beachtet. Das wird vor allem dann deutlich, wenn man sich im Rahmen der Akteur-Netzwerk-Theorie mit der Verteilung von Macht und mit der Konstruktion bzw. Rekonstruktion von Bedeutung entlang von Netzwerken über die Zeit hinweg auseinandersetzt. Ein Aufgreifen dieser Theorie kann durch die Kommunikations- und Medienwissenschaft also nicht unreflektiert geschehen.

Der Beitrag von *Thorsten Quandt* unterscheidet sich in zweifacher Hinsicht von den übrigen Aufsätzen. Zum einen argumentiert er auf Basis der Auseinandersetzung mit verschiedenen Ansätzen der Netzwerkanalyse, dass es in den Sozialwissenschaften durchaus möglich ist, die mathematische Graphentheorie sinnvoll aufzugreifen, um Netzwerkstrukturen zu verdeutlichen. Zum anderen führt er diese Überlegungen auch analytisch mittels einer detaillierten empirischen Studie über den Online-Journalismus als einen neuen Arbeitstypus in der Medienindustrie vor. Dabei fokussiert er Netzwerke von Handlungselementen in der alltäglichen Routine bzw. den alltäglichen Arbeitspraktiken von Online-Journalisten in verschiedenen Medienunternehmen. Basis für diese Analysen sind Beobachtungen in Online-Redaktionen, bei denen die Handlungen (und Handlungssequenzen) von Online-Journalisten kodiert und ausgewertet wurden. Mit der Präsentation seiner Ergebnisse demonstriert Quandt auffallende Muster im Handeln und Gebrauch von Ressourcen im Arbeitsalltag der Online-Journalisten.

Gegenstand des Artikels von *Maren Hartmann* ist ebenfalls eine auf Basis von netzwerktheoretischen Überlegungen realisierte empirische Studie, wobei sie – im Gegensatz zu Quandt – sich auf Castells Ideen der Netzwerkgesellschaft bezieht und im Rahmen dieses Theoriehorizonts das feministische Internetforum Undercurrents analysiert. Hartmann greift Castells Überlegung auf, dass die prinzipiellen Knoten in dem Netzwerk einer Mailingliste die Menschen sind, die an der Online-Kommunikation partizipieren. Dies eröffnet einen theoretischen Rahmen für die empirische Auseinandersetzung mit dem Online-Forum, wobei auf Basis dieser Untersuchung wiederum ein kritischer Blick auf die Netzwerktheorie von Castells möglich wird: Die Diskussionsthemen in dem Onlineforum Undercurrents sind dadurch geprägt, dass die Liste explizit für Teilnehmerinnen erstellt wurde, die ihre Ansichten über Cyberfeminismus bzw. Rassenpolitik im Rahmen der Netzkultur diskutieren wollen. Hartmann ist insbesondere an den Momenten einer wie auch immer gearteten Störung des regulären Kommunikationsverlaufs interessiert, die innerhalb des Netzwerkes entstehen, wenn einige Teilnehmerinnen sich von anderen durch Konflikte in ihren Äußerungen unterdrückt fühlen. Ihre zentrale These lautet, dass solch ein Konflikt die Grenzen von Castells Konzeption des Raums der Flüsse bzw. Ströme greifbar macht, die nämlich die harmonischen Beziehungen innerhalb eines Netzwerkes betont. Und auch jenseits solcher Konflikte können Vernetzungen mittels computervermittelter Kommunikation nicht kontextfrei gesehen werden: Die Teilnehmerinnen befinden sich auch ‚offline' in Netzwerken und entsprechenden Räumen der Face-to-face-Interaktion, die für sie den Horizont ihrer Aktivitäten ‚online' bilden. Die Lokalisierung der ‚Knoten' in der Alltagsinteraktion bleibt also wichtig.

Andreas Wittel setzt sich in seinem Beitrag mit dem Aufkommen dessen auseinander, was er Netzwerk-Sozialität nennt, die – so seine Hypothese – als eine paradigmatische soziale Form des späten Kapitalismus verstanden werden kann.[4] Seine Argumente, dass diese soziale Form zunehmend relevant werde, können durchaus in Beziehung zu Castells Überlegungen über den Relevanzgewinn von Netzwerken als Strukturierungsprinzip gegenwärtiger Gesellschaften gesetzt werden – eine Annahme, für die nach Castells auch der gegenwärtige, vernetzte Individualismus spricht. Wittels Argumentation ihrerseits basiert auf verschiedenen Fallstudien, die er im Rahmen einer umfassenden qualitativen Forschung zur sogenannten neuen Medienindustrie in London durchführte. In Bezug auf dieses Material sowie auf eine Reihe von Entwicklungen in der zeitgenössischen Sozial- und Kulturtheorie arbeitet Wittel die charakteristischen Merkmale von ‚Netzwerk-Sozialität' heraus. Sie steht seiner Ansicht nach in einem Gegensatz zum Konzept der (traditionalen) Gemeinschaft, und ist unter anderem durch flüchtige, aber intensive Begegnungen wie auch durch das Verwischen der Grenzen zwischen den Sphären der Arbeit und Freizeit gekennzeichnet. Diese Typisierung von Netzwerk-Sozialität zielt damit darauf ab, einen Beitrag zu einer entstehenden Mikro-Soziologie des Informationszeitalters zu leisten, in der das wichtigste Objekt der Analyse die Prozesse der Herstellung von Netzwerken bzw. das Vernetzen als Praktik sind.

Im letzten Beitrag des vorliegenden Bandes fragt *Shaun Moores* danach, wie wir in einer zunehmend globalisierten ‚Welt der Flüsse' Ort bzw. Lokalität konzeptionalisieren können. Damit untersucht er ein Thema, mit dem sich auch Andreas Hepp beschäftigt – nämlich die Transformation der Erfahrungen von Lokalität. Auf seiner Suche nach Möglichkeiten einer solchen Konzeptionalisierung knüpft er direkt an die Ideen Castells und Urrys an, die zu Anfang dieser Einleitung vorgestellt worden sind. Bezugnehmend hierauf werden die Konzeptionalisierungen von Ort bzw. Lokalität durch Doreen Massey, Joshua Meyrowitz und Paddy Scannell hinterfragt. Moores argumentiert, dass ein mediumszentrierter Ansatz zum Verstehen von sozialem Wandel gerade in Bezug auf die Erfahrung von Lokalitäten nicht hinreichend erscheint. Vielmehr sei es entscheidend, sich damit auseinander zu setzen, wie elektronische Medien an der Artikulation neuer Arten sozialer Interaktionssituationen beteiligt sind. Medien verändern hier das Setting der Artikulation von Lokalität, indem sie den physischen Ort, den ein Mediennutzer einnimmt, überlagern und damit die Interaktionskontexte ‚verdoppeln'. ‚Virtuelle Orte' des Internets oder telefonischer Beziehungen werden in dieser Verdoppelung fortlaufend im ‚Offline' des Alltagslebens verortet.

Betrachtet man die Beiträge dieses Bandes in ihrer Gesamtheit, so wird unseres Erachtens Folgendes deutlich: Der gegenwärtige Wandel von Medien und Kommunikation findet im Rahmen eines umfassenderen Wandels von Gesellschaften und Kulturen statt. Bei der Suche nach einer begrifflichen bzw. theoretischen Perspektive, in der man diese Zusammenhänge fassen kann, verweisen die Konzepte von Konnektivität, Netzwerk und Fluss darauf, dass sie es ermöglichen, die unterschiedlichen Aspekte von Wandel aufeinander zu beziehen und in *einem gemeinsamen analytischen Rahmen zu* fassen. Das begründet ihre zunehmende Verbreitung in Kommunikations- und Medienwissenschaft, (Medien)Soziologie und Cultural Studies innerhalb der internationalen Diskussion. Umgekehrt darf gerade dieser Reiz nicht darüber hinwegtäuschen, dass diese Konzepte weiterentwickelt und auch weiter empirisch untermauert werden müssen. Wir hoffen durch den vorliegenden Band einen Beitrag dazu geleistet zu haben.

Mit dieser Perspektive setzt das vorliegende Buch die Arbeit des ebenfalls in der Reihe „Medien – Kultur – Kommunikation" erschienenen Bandes „Globalisierung der Medienkommunikation" (Hepp/Krotz/Winter 2005) fort: Jener hat das Ziel, in die Diskussion über die Globalisierung der Medienkommunikation einzuführen und dabei das Potenzial neuerer theoretischer Ansätze aufzuzeigen. Dabei wird bereits deutlich, dass die Konzepte von Konnektivität, Netzwerk und Fluss einen wichtigen Stellenwert in der jüngeren Globalisierungstheorie haben können. Das vorliegende Buch zeigt im Anschluss daran nun auf, dass die Reichweite dieser Konzepte weit über eine Auseinandersetzung mit Fragen der Globalisierung hinaus geht und Konnektivität, Netzwerk und Fluss zunehmend zu Schlüsselkonzepten des gegenwärtigen theoretischen Diskurses werden (können).

Wie auch die Beiträge von „Globalisierung der Medienkommunikation", gehen die meisten Aufsätze des vorliegenden Bandes auf eine Tagung der Fachgruppe Soziologie der Medienkommunikation der Deutschen Gesellschaft für Publizistik- und Kommunikationswissenschaft zurück, nämlich auf einen bereits 2003 realisierten internationalen Workshop in Erfurt. Dass die Publikation dieser Beiträge so lange gedauert hat, hängt nicht nur damit zusammen, dass sie alle zum Teil erheblich überarbeitet wurden. Es liegt auch daran, dass die Ergebnisse des Workshops in etwa zeitgleich englischsprachig bei Hampton Press publiziert werden. Gerade ein solches mehrsprachiges Publikationsvorhaben braucht nicht nur Zeit, sondern auch die Unterstützung verschiedenster Personen und Institutionen. Deswegen möchten die Herausgeber sich bedanken: Caroline Düvel und Julia Vetter für ihre Hilfe bei der Realisierung dieses Workshops, der Deutschen Gesellschaft für Publizistik- und Kommunikationswissenschaft für die finanzielle Unterstützung sowohl der deutschsprachigen als auch der englischsprachigen Fassung dieses Buchs, Matthew Merefield und Juliane Wagner für ihre Mithilfe bei der sprachlichen Überarbeitung der englischsprachigen Aufsätze, Sebastian Deterding, Christian Lindner und Christian Walf für ihre Übersetzungen englischer Aufsätze ins Deutsche, Mareike Mika für den Satz der deutschen Ausgabe dieses Buchs, Jan Servaes für seine Unterstützung der englischsprachigen Publikation als Herausgeber bei Hampton Press sowie Barbara Emig-Roller für das deutsche Lektorat des nicht ganz gewöhnlichen Projekts. Ohne die Mithilfe all dieser Personen wäre es nicht möglich gewesen, das nun abgeschlossene Publikationsvorhaben zu realisieren.

Anmerkungen

1   Selbstverständlich gibt es auch andere Ansätze, in denen das Konzept des Netzwerks eine große Rolle spielt, wie bspw. die Akteur-Netzwerk-Theorie oder die Netzwerk-Analyse, die für einige der Autoren dieses Buchs von besonderem Interesse sind.

2   In der deutschen Übersetzung von Castells Trilogie „Das Informationszeitalter" wird „flow" und analog „space of flows" nicht mit Fluss, sondern mit Strom übersetzt (vgl. Castells 2001: 431). Im Sinne einer einheitlichen Wortwahl ziehen wir im Folgenden den Ausdruck ‚Fluss' an dieser Stelle vor.

3   Tomlinson versucht in seinem Buch über Globalisierung und Kultur (Tomlinson 1999) die Diskussion über Konnektivität in genau diese Richtung zu erweitern – und zwar durch eine Auseinandersetzung mit der phänomenologischen Bedeutungsdimension der „globalen Moderne(n)" (vgl. auch Tomlinson 1994).

4   Eine frühere Version dieses Kapitels ist als Artikel in „Theory, Culture and Society" erschienen. Der Autor ist der Zeitschrift für die Erlaubnis dankbar, seine Ausführungen in diesem Band wieder aufnehmen zu dürfen.

Literatur

Appadurai, A. (1996): Modernity at Large: Cultural Dimensions of Globalization. Minneapolis.

Bauman, Z. (1998): Globalization: The Human Consequences. Cambridge.

Beck, U. (1997): Was ist Globalisation? Frankfurt a.M.

Beck, U./Willms, J. (2004): Conversations with Ulrich Beck. Cambridge.

Castells, M. (1996): The Rise of the Network Society. The Information Age: Economy, Society and Culture. Vol. 1. Oxford.

Castells, M. (2001): Das Informationszeitalter: Wirtschaft, Gesellschaft, Kultur. Teil 1: Der Aufstieg der Netzwerkgesellschaft. Opladen.

Castells, M. (2005): Die Internet Galaxie: Internet, Wirtschaft und Gesellschaft. Wiesbaden.

Dayan, D. (1999): Media and Disapora. In: Gripsrud, J. (Hrsg): Television and Common Knowledge. London.

Giddens, A. (1991): Modernity and Self-Identity: Self and Society in the Late Modern Age. Cambridge.

Giddens, A. (1995): Die Konsequenzen der Moderne. Frankfurt a.M.

Harvey, D. (1989): The Condition of Postmodernity: An Enquiry into the Origins of Cultural Change. Oxford.

Hepp, A. (2004): Netzwerke der Medien. Medienkulturen und Globalisierung. [Reihe „Medien – Kultur – Kommunikation"]. Wiesbaden.

Hepp, A./Krotz, F./Winter, C. (Hrsg.) (2005): Globalisierung der Medienkommunikation. Eine Einführung [Reihe „Medien – Kultur – Kommunikation"]. Wiesbaden.

Janelle, D. (1991): Global Interdependence and its Consequences. In: Brunn, S./Leinbach, T. (Hrsg): Collapsing Space and Time: Geographic Aspects of Communication and Information. London.

Krotz, F. (2001): Die Mediatisierung des kommunikativen Handelns: Der Wandel von Alltag und sozialen Beziehungen, Kultur und Gesellschaft durch die Medien. Opladen.

Leyshon, A. (1995): Annihilating Space? The Speed-Up of Communications. In: Allen, J./ Hamnett, C. (Hrsg): A Shrinking World? Global Unevenness and Inequality. Oxford.

Massey, D. (1994): Space, Place and Gender. Cambridge.

Mattelart, A. (2003): Kleine Geschichte der Informationsgesellschaft. Berlin.

Morley, D. (2000): Home Territories: Media, Mobility and Identity. London.

Morley, D. (2003): What's Home Got to Do with it? Contradictory Dynamics in the Domestication of Technology and the Dislocation of Domesticity. In: European Journal of Cultural Studies (6): 435-458.

Schenk, M. (1995): Soziale Netzwerke und Massenmedien: Untersuchungen zum Einfluss der persönlichen Kommunikation. Tübingen.

Standage, T. (1999): Das viktorianische Internet: Die erstaunliche Geschichte des Telegraphen und der Online-Pioniere des 19. Jahrhunderts. St. Gallen.

Tomlinson, J. (1994): A Phenomenology of Globalization? Giddens on Global Modernity. In: European Journal of Communication (9): 149-172.

Tomlinson, J. (1999): Globalization and Culture. Cambridge u.a.

Urry, J. (1999): Sociology Beyond Societies: Mobilities for the Next Century (International Library of Sociology). London u.a.

Wellman, B. et al. (1996): Computer Networks as Social Networks: Collaborative Work, Telework, and Virtual Community. In: Annual Review of Sociology (22): 213-238.

Konnektivität der Medien: Konzepte, Bedingungen und Konsequenzen

Friedrich Krotz

1 Einführung: Vom Globalisierungsdiskurs zu Konzepten der Netzwerk- und Konnektivitätsgesellschaft

Wenn man den Diskurs über Globalisierung verfolgt, fällt sofort ins Auge, dass Globalisierung heute vor allem als eine neue Form sozialer Vergemeinschaftung und Vergesellschaftung diskutiert wird. Dabei umrahmen Konzepte wie Konnektivität und ein Verständnis von Gesellschaft als Netzwerk diese Diskussion, während Themen wie die ökonomische Dimension von Globalisierung oder die Probleme kultureller Hegemonie weitgehend verschwunden sind. Insofern stellen sich unmittelbar zwei Fragen: Sind diese Konzepte ausreichend, um eine Theorie der Globalisierung zu begründen? Und wenn nicht: Was muss man tun, um die theoretischen Annäherungen überzeugender zu machen?

Der folgende Text beschäftigt sich mit diesen Fragen und entwickelt einige Ideen darüber. Zunächst wird der Charakter der theoretischen Konzepte Netzwerk und Konnektivität diskutiert. Dies geschieht im Zusammenhang mit einer Diskussion der Frage, was eigentlich genau das Neue an der sozialen Vergemeinschaftung unter den Bedingungen der Globalisierung ist. Die Diskussion darüber läuft darauf hinaus, dass Netzwerkgesellschaft ein formales Konzept ist, das sich eigentlich nur auf die Funktionsmechanismen einiger spezifischer Bereiche des sozialen Lebens bezieht. Deswegen reicht dieses Konzept nicht aus, um theoretisch und empirisch zu begreifen, wie Menschen von ihren sozialen Positionen aus ihr Leben in globalisierten Gesellschaften leben. Deswegen werden im Verlauf der Argumentation einige weiterführende theoretische Überlegungen entwickelt, wie soziale Wirklichkeit unter den Bedingungen von Globalisierung konzipiert werden kann. Zudem zeigt die Analyse, dass Konzepte wie komplexe Konnektivität oder Netzwerkgesellschaft auf zukünftige, erwartete Zustände des sozialen kulturellen Lebens der Zukunft verweisen. Dementsprechend sagen sie vorher, was sein wird, anstatt die vorhandenen Entwicklungen von heute in ihrer vollen Komplexität zu analysieren.

Vor dem Hintergrund dieser kritischen Überlegungen will der vorliegende Artikel deshalb in seinem Hauptteil einige Gedanken entwickeln, wie man die auf uns zukommende Form von Gesellschaft heute als Produkt verschiedener Metaprozesse

untersuchen kann, insbesondere als Produkt umfassender definierter Globalisierungsfolgen, aber auch unter dem Einfluss von Mediatisierung, Individualisierung und Kommerzialisierung. Dabei bleiben allerdings noch viele Fragen
offen. Es sollte aber in keinem Fall vergessen werden, dass die heutigen Entwicklungen nicht autonom und quasi naturwüchsig ganz von alleine geschehen, sondern
dass sie durch Politik und insbesondere durch die Zivilgesellschaft beeinflusst werden können. All dies wird in den vorliegenden Teilen dieses Textes genauer erklärt.

2 Der Charakter von Netzwerk und Konnektivität als funktional-formale Konzepte

Der Diskurs über Globalisierung begann mit der Frage danach, welche Bedeutung
die internationale ökonomische Entwicklung für das Leben der Menschen hatte. Insbesondere standen dabei Geld- und Finanzflüsse im Zentrum der Diskussionen über
Globalisierung (Giddens 1991, 2001; Mattelart/Mattelart 1998). Die so genannte
globalisierungskritische Attac („Association for the Taxation of Financial Transacti-
ons for the Add of Citizens") war dementsprechend auch eine Reaktion auf die weltweiten Finanzprobleme, die durch die Globalisierung aufgeworfen worden waren,
insofern Attac sich die Idee der nach ihrem Erfinder so genannten Tobin-Steuer zu
eigen machte und die Besteuerung internationaler Geldflüsse befürwortete. Ein weiteres komplexes Thema der letzten Jahrzehnte, das eng mit dem Thema der Globalisierung verbunden gewesen ist, war die Sorge um kulturelle Hegemonie und das
Verschwinden schwächerer Kulturen, wie es zum Beispiel in dem Schlagwort der
„McDonaldization of Cultures" ausgedrückt wird.

Heute sind diese Themen weitgehend an den Rand gedrängt. Stattdessen ziehen
Konzepte wie „Netzwerkgesellschaft" (Castells 1996) und „komplexe Konnektivität" (Tomlinson 1999) das Interesse auf sich. Zudem haben die breit angelegten und
hoch differenzierten Beschreibungen dessen, was weltweit geschieht, von Arjun
Appadurai (1998), Martin Albrow (1998) u.a. (vgl. Dürrschmidt 2002) viele Diskussionen auch auf anderen Feldern in Gang gebracht. Von daher kann man sagen, dass
die Frage, welche Kräfte Globalisierung in Gang gebracht haben, nicht mehr im
Zentrum des Interesses liegen. Es scheint heute wichtiger zu sein, dass sich die akademische Forschung damit beschäftigt, wie soziales Leben in einer globalisierten
Welt funktioniert – nämlich in Form von Netzwerken und Konnektivitäten, also eher
funktional-formalen Konzepten, wie ich weiter unten deutlich machen werde. Sogar
das Wort „Globalisierung" ist teilweise aus der akademischen Diskussion verschwunden.

In mancherlei Hinsicht ist das eine durchaus plausible Entwicklung von Theorie,
wie viele empirische Indikatoren anzeigen (vgl. insbesondere Hepp in diesem Band).
Unter dem Etikett der Globalisierung findet ein multidimensionaler Prozess statt, der
gewiss nicht allein von der Ökonomie abhängt. Und unter Berücksichtigung der
Arbeiten von Manuel Castells und John Tomlinson ist es plausibel, die sozialen, kul-

turellen und ökonomischen Entwicklungen über die ursprünglichen Ansätze der Globalisierungsdiskussion hinaus theoretisch neu zu entwerfen und das Geschehen auf neue Weise zu beschreiben. Dazu kann man in Anlehnung an John Tomlinsons ‚komplexe Konnektivität' als ein sich rasch entwickelndes, zunehmend dichter werdendes Netzwerk von Zusammenhängen und Abhängigkeiten verstehen, dessen Funktionsweisen das moderne vergesellschaftete Leben charakterisieren (Tomlinson 1999). Die Besonderheit dieses Konzeptes gegenüber früheren Überlegungen und Entwicklungen liegt dann unter anderem darin, dass so der zusammenhängende Charakter des derzeitigen Geschehens in den Vordergrund rückt, das obendrein weder auf nationale, regionale oder kulturelle Gebiete beschränkt und auch nicht nur für einzelne „Systeme" wie Politik, Ökonomie etc. von Bedeutung ist.

Zwei wesentliche Annahmen stehen aber hinter dieser Verschiebung des Globalisierungsdiskurses zu den Themen Netzwerkgesellschaft und komplexe Konnektivität. Die erste besagt, dass sich im Vergleich zu früher die Art, wie vergesellschaftetes Leben und Ökonomie heute funktionieren, fundamental geändert hat, denn nur dann können vergesellschaftetes Leben und Wirtschaft nicht mehr mit traditionellen Konzepten beschrieben werden: Die Zusammenhänge und Verbindungen zwischen der Bevölkerung, den sozialen Institutionen und den Unternehmen, die existierenden ‚Kanäle' und ‚Flüsse' von Energie, Waren, Schulden und Geld, der Aktivitäten von Dienstleistungsindustrien und des verfügbaren Wissens, der Emotionen und persönlichen Beziehungen – all das findet danach nun in einer Vielfalt von Netzwerken statt. Die zweite Annahme besagt im Anschluss daran, dass sich der Kern dessen, was im Vergleich zu früher wirklich neu ist, angemessen mit Konzepten wie komplexer Konnektivität und Netzwerkgesellschaft beschreiben lässt.

Nur diese beiden Annahmen können im Kontext der Globalisierungsdiskussion die Wahl des Ausdrucks Netzwerkgesellschaft für die zukünftigen Formen des sozialen Lebens rechtfertigen. Aber warum sollte das der Fall sein? Bei der Beantwortung dieser Frage ist es wichtig zu berücksichtigen, von welchem Typus die Konzepte Netzwerk und Konnektivität sind: Es sind formale Konzepte, die das soziale und kulturelle Leben in Ausdrücken von ‚Knoten' und ‚Kanälen', ‚Akkumulationen' und ‚Flüssen' beschreiben. Sie symbolisieren Verbindungen und Abhängigkeiten und wie diese funktionieren. Vergesellschaftetes Leben in einer globalisierten Welt erscheint so als Netz von Netzwerken, ganz unabhängig davon, um welche materiellen, kulturellen und wertbezogenen Inhalte es geht.

Es geht also darum, empirische und theoretische Argumente dafür zusammentragen, warum diese Konzepte dennoch nur teilweise hilfreich sind, wenn jemand beabsichtigt, die derzeitige Entwicklung theoretisch und empirisch zu erfassen. Im Zusammenhang damit wird sich dann ergeben, dass der gesellschaftliche Wandel, den Konzepte wie Netzwerk und Konnektivität beschreiben sollen, genauer analysiert werden muss. Das Problem ist nämlich, wie bereits angedeutet, dass es im Rahmen eines solchen theoretischen Ansatzes ganz offensichtlich nicht mehr von Bedeutung ist, woraus ein Netzwerk gemacht ist – die Konzepte dienen anscheinend quasi als Zauberformel, um alles Wesentliche zu erklären.

Die Soziologie, die als Wissenschaft für solche Fragen kompetent ist, hat immer mit sozialen Aggregaten wie Familie, Gruppe, Gemeinschaft, Klasse, Institution oder Unternehmen gearbeitet. Jedes dieser sozialen Aggregate kann als Netzwerk gesehen werden, weil es aus Knoten und Verbindungen, Kanälen und tatsächlichen Flüssen besteht. Aber in der Soziologie sind Familie, Gruppe, Gemeinschaft und andere Aggregate aber eben nicht nur Netzwerke. Vielmehr hat jedes solcher Aggregate auch eine detaillierte innere, durch seine materielle Besonderheit gegebene Struktur, die nicht auf ihre funktionalen Arbeitsprinzipien reduziert werden kann, wie es das Netzwerkkonzept tut. Diese innere Struktur hat etwas mit ihrer Rolle in der Gesellschaft, aber auch mit spezifischen kulturellen und gesellschaftlichen Inhalten zu tun. Deshalb muss jede Theorie des vergesellschafteten Lebens von heute erklären, warum diese inneren Strukturen, warum z.b. jede Adhäsion, die nicht funktional definiert ist, oder die Rolle des Netzwerks Familie, die sich auf ganz bestimmte soziale Ressourcen und dabei nicht auf bestimmte andere stützt, nicht länger mehr von Bedeutung sein sollen, was man ja dadurch behauptet, dass man als Theorie darüber nur das funktionale Netzwerkkonzept verwendet.

Das erscheint nämlich meines Erachtens nicht plausibel. Denn soziale Realität hat nie nur einen funktionalen Charakter, sie besteht vielmehr immer auch aus lebensweltlich basierten Aktivitäten, die einen fundamental anderen Bezug zu Kultur und Gesellschaft haben als funktionale Netzwerke. Der funktionale Charakter des sozialen Lebens liefert deshalb zwar eine hilfreiche und wichtige Perspektive auf das, was stattfindet, aber das komplexe Ganze des sozialen Lebens kann so nicht abgebildet werden. Deswegen kann man ‚Globalisierung' meines Erachtens nicht auf Netzwerk und Konnektivität reduzieren.

Um das besser zu verstehen, will ich das Werk von Norbert Elias anführen, der bekanntlich den „Prozess der Zivilisation" in Europa analysiert hat. Elias hat diesen Prozess als eine doppelte Entwicklung charakterisiert und damit sogar schon für die Vergangenheit ein viel komplexeres Modell aufgebaut als z.B. Castells heute: Er beschrieb erstens die historische Entwicklung sich zentralisierender Nationen und wies in diesem Zusammenhang auf die wachsende Abhängigkeit der Menschen von politschen und ökonomischen Institutionen hin. Elias unterschied dabei zwischen sozialen, ökonomischen, affektiven und räumlichen Interdependenzen (Elias 1972, 1993, 1994; vgl. auch Featherstone 1987; Arnason 1987; Baumgart/Eichner 1991: 110; Krotz 2003). Es ist offensichtlich, dass diese Interdependenzen auch mittels eines Netzwerkkonzepts hätten beschrieben werden können – aber eben nur auf einem vergleichsweise abstrakten Niveau. Denn beispielsweise emotionale und ökonomische Interdependenzen unterscheiden sich voneinander, was aber bei Verwendung des Netzwerkbegriffs verloren gehen würde. Elias' Bezug lag dementsprechend nicht auf abstrakten Zusammenhängen, sondern auf Wechselwirkungen im Sinne Georg Simmels.

Elias zeigte zweitens in seinen historischen Untersuchungen, dass der Mensch, der in einer bestimmten Zeit und Kultur im Rahmen spezifischer Interdependenzen lebt, ein spezifischer Typus von Mensch sein musste, der sich von dem Typ Mensch aus der Zeit des Altertums wie von dem Typ Mensch von heute unterschied. Zu bestimmten Typen von Gesellschaft und ihren Funktionsweisen gehören auch spezifische Typen Mensch, damals also eine Art Persönlichkeit des späten Mittelalters, der sich in den Menschen der vorindustriellen Zeit wandeln musste. Personen solchen Typs können z.b. ihre Probleme nicht wie im frühen Mittelalter gewaltsam oder primär sofort auf der Basis ihrer Gefühle lösen, weil dies das Funktionieren von Gesellschaft und Ökonomie nicht nur stören, sondern in seinen komplexer gewordenen Grundlagen beeinträchtigt hätte. Deshalb wurden im Verlaufe des Zivilisationsprozesses immer wieder neue Formen der inneren Kontrolle und der äußerlichen Regulierung notwendig, damit gewissermaßen Mensch und Lebensbedingungen zusammenpassten. „Triebaufschub" ist beispielsweise ein Konzept, das in diesen Zusammenhang gehört. In der Perspektive von Elias haben wir also eine strenge Dualität zwischen möglichem sozialen Handeln und dessen Steuerung, die vom Inneren der Individuen aus erfolgt und mit seiner oder ihrer Definition von Selbst und Alltag zusammenfällt, auf der einen Seite, und der funktional beschriebenen Organisation von Ökonomie und Gesellschaft mit ihren Regeln und Sachzwängen auf der anderen. All dies kann jedoch nicht auf ein Netzwerkkonzept reduziert werden, selbst dann nicht, wenn in Elias' Werk theoretische Konzepte wie das der „Figuration" auftauchen, die nahe an einem solchen Netzwerkkonzept zu liegen scheinen, aber eben doch nicht den gleichen Verallgemeinerungsgrad erreichen. Die Beschreibung aller sozialen Aggregate als Netzwerke und nur als Netzwerke oder Konnektivitäten geht dementsprechend an der Tatsache vorbei, dass Menschen auch auf der Basis von Gefühlen, durch die Konstruktion von Bedeutung und im „Rahmen" ihrer jeweiligen Lebenswelten handeln – die formal beschriebenen Abhängigkeiten, wie sie Netzwerk und Konnektivität fassen, sind nur in bestimmten Feldern der Wirtschaft und in manchen Ausschnitten des sozialen Lebens adäquate Theoretisierungen. Und es gibt meiner Ansicht nach kein vernünftiges Argument dafür, warum das heute so fundamental anders sein sollte.

Ein weiterer theoretischer Bezug, der hilfreich dafür sein kann, dieses Problem genauer zu analysieren, ist das Werk von Jürgen Habermas. Wie wohl bekannt ist, entwickelte er das Konzept von Öffentlichkeit, das in früheren Phasen des Kapitalismus und des Staates die Basis von Demokratie, Freiheit und Gerechtigkeit konstituierte (Habermas 1990). In gewisser Weise mag Öffentlichkeit als ein Netz von Kommunikationsflüssen beschrieben werden – denn es besteht auf der einen Seite aus interpersonaler Kommunikation und auf der anderen aus mediengestützten Informationsflüssen (vgl. Jarren/Krotz 1998). Aber die Öffentlichkeit ist nicht nur ein funktionales Netz, wie man vermuten könnte, wenn man sich auf das Konzept der Netzwerkgesellschaft bezieht. Das wird vor allem dann deutlich, wenn man das spätere Werk von Habermas über kommunikatives Handeln berücksichtigt (Habermas 1987). Darin unterscheidet er zwischen der traditional gewachsenen Lebenswelt der Menschen auf der einen Seite und den systemischen Strukturen des Lebens in modernen Gesellschaften auf der anderen, die mit dem Konzept der Konnektivität beschrieben werden können. Einfach ausgedrückt ist die Lebenswelt der Bereich, in dem Kommunikation primär mit dem Ziel der Verständigung stattfindet, während die systemischen Strukturen der Ökonomie und Gesellschaft in erster Linie ein Feld instrumenteller Kommunikation sind, die auf spezifische Ergebnisse von Kommunikation gerichtet ist. Beide Formen der Orientierung und Organisation – die Lebenswelt und das interpretierte Selbst auf der einen Seite, und die Systeme der Ökonomie und Politik auf der anderen – sind nach Habermas in einem konstanten Kampf miteinander verstrickt, und die spezifische Form dieses Kampfes ist charakteristisch für die Gesellschaft in der zweiten Hälfte des 20. Jahrhunderts.

In der heutigen Theorie der globalisierten Welt werden lebensweltliche Einflüsse im Alltag der Menschen und ihre Bedeutung weitgehend ignoriert und erscheinen als eine Art mehr oder weniger relevanter Anhang von Konnektivitäten und Flüssen. Wenn wir argumentieren, dass die frühere Theorie der Gesellschaft durch eine Netzwerktheorie des sozialen Lebens in einer globalen Welt ersetzt werden muss, dann haben wir das Problem zu erklären, warum denn alle diese historischen und kulturell gewachsenen lebensweltlichen Relationen in Trivialität verschwunden sein sollen.

Lassen Sie mich meinen Punkt noch in einer dritten Weise begründen, und zwar im Hinblick auf die Konnektivität der Medien, um die es hier im Zusammenhang mit der Kommunikationswissenschaft geht. Wir können eine Konnektivität der Medien auf analoge Weise definieren wie Netze und Zusammenhänge, Flüsse und Knoten von Kommunikation in allen existierenden Formen – ein globales, entstehendes Netz der Kommunikation und der Medien. Wenn wir das tun, dann ist natürlich klar, dass wir das genauer analysieren müssen, denn das komplexe Zusammenspiel von Kommunikation mittels Medien, mit Medien und auch ohne Medien charakterisiert individuelle wie auch gesellschaftliche Kommunikation insgesamt. Aber auch dann ist klar, dass man hier mit Ansätzen funktionaler Beschreibungen durch Netzwerke allein nicht auskommt – Kommunikation kann auch lebensweltorientiert stattfinden, und dass wir überhaupt verstehen können, was medial kommuniziert wird, hängt vermutlich daran, dass wir Kommunizieren in unserer persönlichen Sozialisation im Rahmen von lebensweltbezogenen Beziehungen gelernt haben.

Ich werde dies etwas später detaillierter diskutieren. Aber zunächst will ich die Bedeutung dieses Arguments betonen. Sie liegt darin, dass Menschen Wesen sind, deren Existenz abhängt von Interaktion, Kommunikation und sozialen Beziehungen (Cassirer 1994; Mead 1967; Habermas 1987; Krotz 2001). Insoweit die Konnektivität der Medien die Formen der Kommunikation und Interaktion verändert und in Folge dessen sich auch die Formen der sozialen Beziehungen der Menschen verändern, die darin leben, wird der Kern davon beeinträchtigt, was menschliches Leben ausmacht. Deshalb ist es zwar richtig, dass wir die Bedingungen und Konsequenzen von Kommunikation, die in funktionalen Netzwerken bzw. komplexen Konnektivitäten organisiert ist, berücksichtigen, aber man muss auch bedenken, dass Kommunikation die Basis der Alltagswelt im Sinn von Berger und Luckmann (1969), Alfred Schütz (1972) und George Herbert Mead (1967) ist.

Man kann also bis hierhin zusammenfassend sagen, dass die globalisierten Formen sozialen kulturellen und ökonomischen Lebens, die durch die Konzepte Netzwerk und komplexe Konnektivität beschrieben werden, sich auf einen bestimmten Typus von Organisation von Ökonomie und sozialem Leben der Menschen beziehen, und so auf einen bestimmten Typus von Kommunikation verweisen – aber eben nicht auf *die* Kommunikation, sondern nur auf einen bestimmten Typus. Gewissermaßen daneben steht die Lebenswelt der Menschen, die nicht nur subjektiv, sondern auch objektiv die Basis der Kultur, also der Produktion von Sinn und Bedeutung, ist. Zugleich ist sie damit nicht nur Basis für das Funktionieren funktionaler systemischer Netzwerke, wie es Ökonomie und institutionell strukturiertes soziales Leben sind, sondern auch deren fundamentales Gegenstück. Aber es ist keine automatische Folge der Entwicklung, dass Globalisierung, Industriekultur und Massenmedien oder andere systemische Einflüsse die Lebenswelt zum Verschwinden bringen. Das bedeutet, dass wir die erste der oben genannten Annahmen akzeptieren; dass die wirtschaftliche und gesellschaftliche Entwicklung, die unter dem Konzept der Globalisierung subsumiert werden, in der Tat neue Theoretisierungen erforderlich machen, aber nicht die zweite, die besagte, dass man das soziale, kulturelle, politische und wirtschaftliche Leben auf ein Netzwerkkonzept oder ein Konzept komplexer Konnektivität reduzieren kann. Hier besteht vielmehr weiterer Forschungsbedarf.

Zudem sind alle genannten Theoriekonzepte in gewisser Weise spekulativ, insofern sie mit Annahmen über die zukünftigen Weise des sozialen Lebens beginnen: Die Netzwerkgesellschaft z.b. ist nichts anderes als eine Prognose. Stattdessen sollten wir besser aktuelle Entwicklungen empirisch untersuchen und analysieren, um Indikatoren zu sammeln, die uns helfen können zu verstehen, was stattfindet und womit es zusammenhängt. Mit diesen Fragen beschäftigt sich der restliche Teil dieses Aufsatzes, indem er vorschlägt, die weltweiten Transformationen von heute als ein Zusammenspiel aus Globalisierung, Individualisierung, Kommerzialisierung und Mediatisierung zu verstehen.

3   Gesellschaft als Entwicklung: Metaprozesse

Üblicherweise beginnt soziologisches und kulturelles Denken mit der Annahme, dass wir in einer gegebenen Gesellschaft und Kultur leben. Auf der Basis der Diskussion über Globalisierung und des Werks von z.b. Albrow (1998) kann man daran zweifeln, ob es heute noch Sinn macht, von Kultur und Gesellschaft als einer Einheit zu sprechen. Ebenso kann man aber auch daran zweifeln, dass die üblicherweise gemachte Annahme einer Stabilität von Kultur und sozialer Entwicklung, also die Betonung eines bestimmten Status der Entwicklung, heute noch gültig ist. Stabile Zustände existieren nur als Abstraktion in einem konstanten Fluss von Geschichte und Entwicklung. Deshalb sollte man heute von einem Verständnis von Gesellschaft und Kultur als Produkt einer lang andauernden Entwicklung ausgehen, wenn man herausfinden und verstehen will, was heute in Kultur und Gesellschaft geschieht.

Wenn man sich jedoch an diese Aufgabe macht, dann scheinen adäquate Konzepte zu fehlen. Traditioneller Weise ist das *Konzept des Prozesses* dazu da, um Entwicklungen zu beschreiben (vgl. z.B. Elias 2000). Aber ‚Prozess‘ wird im Allgemeinen dazu verwendet, um eine zeitliche Folge von mehr oder weniger verschiedenen Zuständen zu beschreiben, die als zusammenhörig gedacht werden. Solche Prozesse haben einen klaren Anfangspunkt und eine definierte Richtung und können empirisch mittels quantitativer Methoden untersucht werden. Ein gutes Beispiel dafür, was man sich unter einem Prozess vorstellen sollte, ist der Prozess der Diffusion von Innovationen, wie ihn Everett Rogers (1995) im Rahmen der Kommunikationsforschung definiert und beschreibt. Hier haben wir eine als fertig gedachte Erfindung, von der angenommen wird, dass sie einen klaren Vorteil für die Menschen beinhaltet. Der Rahmen für die Verbreitung dieser Erfindung ist gegeben durch ein festes Gebiet, meistens ein Staat, eine feste Kultur und Gesellschaft und die Leute, die in diesem Rahmen leben. Dann kann man den Diffusionsprozess als eine Folge von verschiedenen Zuständen über die Zeit hinweg in diesem Gebiet empirisch untersuchen und beschreiben. Kultur reduziert sich dann auf den Zweck, die Diffusion zu beschleunigen oder zu verlangsamen – in den Ländern der so genannten ‚Dritten Welt' z.B. wird Kultur meistens von außen als nicht sehr hilfreich angesehen, um Güter oder Organisationsprinzipien der westlichen Welt zu übernehmen (vgl. Lerner 1962). Ein Beispiel für solche Diffusionsprozesse ist die Verbreitung neuer Medizinen oder neuer Medien wie des PC oder des Internets.

Es ist offensichtlich, dass ein solches Prozesskonzept nicht sehr hilfreich dafür ist, Entwicklungen wie Aufklärung, Industrialisierung, Globalisierung oder Individualisierung zu verstehen. Denn derartige Entwicklungen dauern über Jahrzehnte oder Jahrhunderte hinweg und sind im Allgemeinen nicht an ein festes Gebiet oder an eine gegebene Kultur gebunden. Es ist oft auch nicht klar, zu welchem Zeitpunkt sie eigentlich beginnen oder enden. Es ist sogar ungewiss, ob sie eine definierte Richtung haben und was im Einzelfall Teil von ihnen ist und was nicht.

Solche Entwicklungen sind also keine Prozesse der Art und Weise wie sie oben definiert wurden. Gleichwohl existieren sie in folgendem Sinn: Es handelt sich um Konstrukte, die spezifische, beobachtbare und als Entität gedachte Phänomene über die Zeit hinweg beschreiben und theoretisch erfassen. Wenn man ein solches Konzept benutzt, dann ist es damit im Allgemeinen möglich, genauer zu analysieren, was geschieht, und dabei auch herauszufinden, ob es Sinn macht, das jeweilige Konstrukt zu benutzen oder nicht. So scheint es hilfreich zu sein, den Ausdruck ‚Globalisierung' zu verwenden, um eine Menge verschiedener empirischer, wahrscheinlich zusammenhängender Phänomene zusammenzufassen, wie es Giddens (2001), Albrow (1998) Dürrschmidt (2002) oder andere tun. Natürlich kann man trotzdem fragen, ob das ein fruchtbares und theoretisch angemessenes Konzept ist; aber nur wenn wir mit einem solchen Konzept versuchsweise operieren, können wir es empirisch untersuchen und die damit verbundenen impliziten und expliziten Konstitutionsbedingungen und Konsequenzen heraus zu finden. Wenn sich das Konzept Globalisierung dabei bewährt, ist es theoretisch hilfreich und hält fest, dass die Entwicklung von heute sich von den Entwicklungen in den letzten 50 Jahre unterscheidet, die man damals mit anderen Konzepten beschrieben hat, um andere Phänomene mit anderen Implikationen zu erfassen. Es kann aber auch sein, dass man sich dabei entschließt, dass Globalisierungskonzept nicht länger zu benutzen, weil es unklare oder unbrauchbare Konsequenzen beinhalt. Dann kann man aber in dem Prozess der Auseinandersetzung und der Widerlegung vielleicht ein besseres Konstrukt entwickeln. Wahrscheinlich müssen wir im Falle von Globalisierung die Entwicklung, die damit beschrieben werden soll, dazu genauer beschreiben und Hilfskonzepte wie Konnektivität und Netzwerkgesellschaft benutzen, allerdings benötigen wir aber auch zusätzliche Konzepte, wie wir oben begründet haben.

Man kann also sagen, dass es Langzeitentwicklungen gibt, die keine Prozesse im obigen Sinn sind, da sie nicht auf ein bestimmtes Gebiet, auf eine Kultur oder Gesellschaft beschränkt sind, wie zum Beispiel Aufklärung oder Industrialisierung, und weil sie weder einen Anfangspunkt noch eine Richtung haben. Für solche Entwicklungen will ich den Begriff des *Metaprozesses* vorschlagen. Globalisierung, Individualisierung, Kommerzialisierung und Mediatisierung (siehe unten) sind also mindestens vier Metaprozesse von heute, die für das Zusammenleben der Menschen, für Kultur, Politik, Ökonomie und andere Lebensbedingungen von Bedeutung sind – zumindest längerfristig gesehen. Diese Metaprozesse muss man genauer analysieren, wenn wir die Frage nach den zukünftigen Formen des Zusammenlebens der Menschen stellen wollen. Es ist offensichtlich, dass diese Metaprozesse für Theorie interessant und wichtig sind, wenn wir konkrete Alltagsprozesse in den Blick nehmen, dass sie Institution und Organisation auf einem mittleren Level berühren, und dass sie auf Makroebene für Kultur und Gesellschaft von Bedeutung und Einfluss sind. Es ist ebenfalls offensichtlich, dass es komplexe Verbindungen und Beziehungen zwischen diesen vier Metaprozessen gibt. Mit einigen von diesen wollen wir uns in den folgenden Abschnitten dieses Textes beschäftigen.

Aber zuvor ist es notwendig zu begründen, warum es Sinn macht, sich mit dem Konzept der Metaprozesse zu beschäftigen: Der Grund liegt in der Dynamik des heutigen Wandels, der von immer größerer Bedeutung und Wirksamkeit ist. Wir leben nicht in einer stabilen Kultur und Gesellschaft, sondern in einer schnellen und sich fundamental wandelnden Welt. Das Konzept des Metaprozesses gibt uns den Vorteil, uns auf den Wandel zu konzentrieren, anstatt auf stabile derzeitige oder den Wandel vielleicht abschließende Zustände zu achten, von denen wir nicht wissen, ob es sie gibt. Das ist ein Vorteil, weil Metaprozesse heute schon existieren und wir sie heute auch empirisch untersuchen können. Wenn wir stattdessen darauf aus sind, abschließende Zustände zu beschreiben, die vielleicht zu Stande kommen werden wie z.B. die erwarteten Wissens-, Informations- oder Mediengesellschaft, dann gehen wir das Risiko ein, bestimmte Punkte überzubetonen, die wir hoffen oder fürchten.

4 Globalisierung, Individualisierung und Konnektivität

In diesem und dem nächsten Abschnitt will ich nun kurz Globalisierung, Individualisierung und Mediatisierung als Metaprozesse beschreiben und ihre Beziehungen zu Konzepten wie komplexer Konnektivität und Netzwerkgesellschaft deutlich machen.

Die These, auf die dieses Unterfangen in diesem und im nächsten Kapitel hinausläuft, lässt sich folgendermaßen formulieren: *Die Tatsache, dass soziale, kulturelle und ökonomische Zusammenhänge und Abhängigkeiten, dass die gesamten kommunikativen, medienvermittelten wie personalen und sozialen Beziehungen der Menschen durch funktionale Konzepte wie Netzwerk und Konnektivität beschrieben werden können, ist eine Folge nicht nur der Globalisierung, sondern auch von Individualisierung, Mediatisierung und Kommerzialisierung. Es handelt sich um eine generelle und allgemeine Tendenz des sozialen Lebens. Aber wie wir oben bereits argumentiert haben, handelt es sich dabei um eine Entwicklung, die nicht in jedem Bereich des sozialen und kulturellen Lebens gleichermaßen stattfindet und die insbesondere nicht beinhaltet, dass das, was natürlich gewachsene Lebenswelt ist, als die Basis der Realitätskonstruktion der Menschen verschwindet.*

Globalisierung, der erste hier behandelte Metaprozess, ist ein Begriff, der ursprünglich bei der Beschreibung der Entwicklung der Finanzmärkte entstand (Albrow 1998; Appadurai 1998; Giddens 2001; Dürrschmidt 2002; Hepp 2004 u.a.). Allgemeiner bezieht er sich auf Marktakteure (Mattelart/Mattelart 1998) und kann als Ansatz für eine Theorie der finanziellen, ökonomischen und auch politischen und kulturellen Entwicklung verstanden werden. Es gibt eine Vielzahl von Definitionen und Darstellungen der globalisierten Form des sozialen Lebens in der Zukunft, z.B. bei McLuhan/Powers (1995) mit ihrer Idee des globalen Dorfes oder von Cohen/ Kennedy (2000) in ihrer Betonung einer Soziologie in der gesamten Welt. Ferner ist es bekannt, dass man Globalisierung durch verschiedene Aspekte beschreiben oder sogar darüber definieren kann, z.B. kann sie gefasst werden

- als ein sich veränderndes Verständnis von Zeit und Raum und in der Konsequenz als Wandel in der Art und Weise, wie Menschen Bedeutung konstruieren und handeln,

- als eine Zunahme von Interaktionen zwischen Kulturen,

- als ein Anwachsen von Problemen, die sehr viele oder alle Menschen in der Welt betreffen,

- als ein wachsendes Netzwerk transnationaler Akteure und Organisationen, die für die globale Wirtschaft aber auch für politische Entscheidungen immer einflussreicher werden.

Eine in diesem Zusammenhang breit diskutierte Frage ist, ob der Metaprozess Globalisierung verschiedene Kulturen homogener macht oder sogar ihr Verschwinden verursacht. Es gibt viele Indikatoren, die zeigen, dass das jedenfalls nicht direkt der Fall ist, weil kultureller Kontakt nicht zu allererst eine Bedrohung für die beteiligten Kulturen ist, sondern eine neue Möglichkeit zu denken und zu leben (vgl. Tomlinson 2001; Martin-Barbero 1993; Krotz 1994). Deshalb beeinflussen Kulturkontakte die beteiligten Kulturen nicht a priori negativ. Stattdessen machen sie sie breiter, komplexer und damit auch variabler, was als Vorteil für eine Kultur gesehen werden sollte. Insbesondere Wissenschaftler in der Tradition der Cultural Studies haben das heraus gearbeitet. Das Problem ist allerdings, dass kulturelle Kontakte im Zeitalter der Globalisierung immer auch ökonomische Kontakte sind – wir kommen auf diesen Punkt weiter unten zurück.

Ein zweiter wichtiger Metaprozess, den wir hier skizzieren wollen, ist der der *Individualisierung.* Damit ist eine Entwicklung gemeint, die schon von Emile Durkheim beschrieben und analysiert wurde. Wenn wir Ulrich Beck, dem derzeit prominentesten Theoretiker dieser Entwicklung folgen, gibt es seit dem Zweiten Weltkrieg eine neue Form von Individualisierung (Beck 1983, 1986, 1994; vgl. auch Beck-Gernsheim 1994; Krotz 1999). Denn sie findet danach gleichzeitig auf drei Ebenen statt. Die Menschen leben zunehmend weniger in vorgegebenen, traditional vermittelten sozialen Aggregaten wie Nachbarschaften und dergleichen. Damit sind sie auch zunehmend frei von traditionellen Konzepten, wie man leben muss, wie man handelt, denkt und fühlt, und auch institutionell garantierte, etwa statusbezogene Lebensformen verlieren an Bedeutung. Umgekehrt ist das der Grund dafür, warum sich die Meinung verbreitet, dass die Menschen selbst verantwortlich für ihren eigenen Lebensweg seien.

Es gibt einen Verlust an traditionellen Orientierungen wie z.B. Werte und Normen, die durch den Glauben an Religion vermittelt sind oder sonst traditional überliefert wurden, vermutlich, weil diese Orientierungen zunehmend disfunktional werden. Es gibt aber auch neue Formen der Integration in Kultur und Gesellschaft, insofern die Menschen zunehmend von Marktbedingungen und gesellschaftlichen Institutionen abhängig werden. Dies bezieht sich zum Beispiel darauf, dass immer mehr Gegenstände und Hilfeleistungen oder Gemeinschaftsaktivitäten zu Waren und Dienstleistungen werden, die nicht mehr gemeinschaftlich erbracht, sondern gekauft und verkauft und auch bezahlt werden müssen. Insofern sind die Menschen immer mehr als Marktakteure und immer weniger als Mitglieder der Zivilgesellschaft tätig. Und diese Aussage bezieht sich auf die Ausbreitung des Einflusses von Institutionen, die Realität für die Menschen definieren; z.B. sind Krankenversicherungen und Schulen von der öffentlichen Verwaltung organisiert, ebenso wie Institutionen, die Renten bezahlen usw. Sie definieren auf abstrakte Weise, wie die Biografien und Karrieren einzelner Personen verlaufen und bestimmen damit auch Lebensformen. Beispielsweise entscheiden sie, dass Menschen, die sechs Jahre alt sind, jetzt Schülerinnen und Schüler werden müssen und, dass eine Person mit 65 Jahren nicht mehr länger für die Ökonomie notwendig ist.

Der Metaprozess Individualisierung besteht dementsprechend nicht nur aus einer Befreiung von traditional überkommenen Beziehungen in einem positiven oder in einer negativen Sinn, und damit auch nicht nur aus einem Prozess der Vereinzelung oder aus wachsender Wahlfreiheit, sondern auch einer neuartigen Re-Integration in die Gesellschaft – wobei hier eine Neudiskussion im Hinblick auf Globalisierungsprozesse notwendig wäre. Offensichtlich ist der Metaprozess der Individualisierung ein Konstrukt, das hilft, die Entwicklung des sozialen Zusammenlebens auf bestimmten Ebenen zu beschreiben und zu verstehen, zu untersuchen und zu diskutieren. Und es ist offensichtlich, dass Individualisierung als Prozess bewirkt, dass traditionell überlieferte Beziehungen zwischen Personen bzw. zwischen Personen

und Organisationen, Institutionen und Unternehmen durch abstrakte Zusammenhänge und Abhängigkeiten ersetzt werden, und dass diese neuen Substitutionen
durchaus auch durch Netzwerk und Konnektivitäten beschrieben werden können,
wenn eben auch nicht zur Gänze und nicht immer in der Perspektive der handelnden
Menschen.

Damit können wir aber auch sagen, dass beide Metaprozesse, Globalisierung
und Individualisierung, beanspruchen, für unser Verständnis der heutigen und der
zukünftigen sozialen und kulturellen Lebensweise wichtig zu sein. Dies ist deswegen der Fall, weil offensichtlich beide die Beziehungen, Mitgliedschaften und
Orientierungen, die Gewohnheiten und Werte der Menschen verändern. Das tun sie,
indem sie sie in etwas verwandeln, das man wählen oder nicht wählen kann, insofern sie Handlungs- und Wertalternativen eröffnen und die traditionell gegebenen
Bindungskräfte schwächen. Insbesondere werden anders begründete und gestaltete
Beziehungen ebenso möglich wie Beziehungen zu anderen Menschen. Beispielsweise verliert der traditionell wichtige Nachbar, in dessen Nähe man lebt, seine
Bedeutung. Eine Beschreibung des sozialen Lebens in Ausdrücken funktionaler
Netzwerke und Konnektivitäten wird so in dieser Hinsicht adäquater – im Hinblick
auf beide Metaprozesse. Dementsprechend sind formal orientierte Sichtweisen der
Funktionen von Netzwerken und Konnektivitäten eine Konsequenz *beider* Metaprozesse. In diesem Sinn sind die Beschreibungen von Tomlinson und Castells nicht
falsch, wie wir bereits gesagt haben. Aber die Frage bleibt dennoch, ob die lebensweltlichen Elemente des Alltags, wie sie Berger/Luckmann (1969) allgemein
beschrieben haben, automatisch verschwinden. Das ist die theoretische Frage
danach, ob Gesellschaften als Netzwerk und funktionale Konnektivitäten funktionieren können, ohne dass sie zumindest zum Teil aus autonomen Lebenswelten
eines jeden Individuums gespeist werden, wie das bei Habermas und Schütz, Mead
und Berger/Luckmann beschrieben ist.

5   Mediatisierung als ein weiterer Metaprozess

In diesem Abschnitt soll ein weiterer Metaprozess definiert werden, der von besonderem Interesse im Hinblick auf Kommunikation und den Medien ist: Unter *Mediatisierung* verstehen wir die sozialen und kulturellen Entwicklungen, die in der Konsequenz des Wandels der kommunikativen Medien stattfinden (vgl. Krotz 2001,
2003). Wenn man danach fragt, seit wann Bilder gemalt, über Musik kommuniziert
oder Zeichen geschrieben werden, und wie sich das dann weiter entwickelt hat, können wir die Geschichte der Menschheit auch als eine Geschichte der neu auftauchen-
den Medien beschreiben und damit auch als Geschichte sich damit verändernder
Formen von Kommunikation. Die jeweils neuen Medien ersetzen dabei die alten im
Allgemeinen nicht, was die Kommunikationswissenschaft seit Riepl Anfang des
zwanzigsten Jahrhunderts weiß – stattdessen werden Medienumgebungen immer
reichhaltiger (vgl. Krotz/Hasebrink 2001).

Theoretisch können wir in der Frage der Medienentwicklung und ihrer Bedeutung auf die so genannte Mediumstheorie zurückgreifen (vgl. z.b. McLuhan 1967; Krotz 2001b; Carry 1975; Bark 1997; Gießen 2001, Gudi et al. 1986; Meyrowitz 1985). Mediumtheorie ist die „[...] historical and intercultural analysis of different cultural environments produced by the communication media", wie Meyrowitz (1995) sie definiert hat. Die Mediumstheorie beschäftigt sich mit der Rolle der Medientechnologien und in der Konsequenz mit der sich verändernden menschlichen Kommunikation. Natürlich sind das keine technisch bestimmten Prozesse, sie sind vielmehr von Menschen gemacht. Wir können deshalb argumentieren, dass Mediatisierung menschliche Kommunikation dadurch beeinflusst, dass sie den Individuen, den Ökonomien, Gesellschaften und Kulturen neue Kommunikationspotenziale zur Verfügung stellt. Wenn die Menschen diese im Rahmen ihrer Kultur und Gesellschaft akzeptieren, und zwar für ihre eigenen Zwecke, dann ändert sich das dadurch, was als kommunikative Konstruktion der Welt beschrieben werden kann. Wir können festhalten, dass Mediatisierung heute mindestens die folgenden Aspekte hat:

- Es gibt sich verändernde Medienumgebungen, die immer komplexer werden.

- Es gibt einen Zuwachs von verschiedenen Medien bzw. Kommunikationspotenzialen.

- Die Funktionen der alten Medien verändern sich, da zum Beispiel die Nutzung von Fernsehen heute sehr verschieden von dem ist, was früher als Fernsehnutzung betrieben wurde.

- Die digitalen Medien übernehmen immer mehr Funktionen für die Menschen und die Bedeutung der Medien wächst ganz allgemein.

- Es entwickeln sich immer mehr Kommunikationsformen und darüber verändern sich auch die Beziehungen zwischen den Menschen auf der Mikroebene.

- Die Struktur des Zusammenlebens der Menschen verändert sich, ebenso wie die Konstitution von Sinn und Bedeutung.

Die spezifische Bedeutung des Metaprozesses Mediatisierung liegt in der Tatsache, dass es sich um einen Metaprozess handelt, der Kommunikation und damit den Kern menschlichen Handelns verändert. Denn durch Kommunikation konstruieren wir unseren Alltag (Berger/Luckmann 1969), unser Selbst und unsere Identität (Mead 1967) und auch unsere Gesellschaft (Habermas 1987) und unsere Kultur. Denn weil Medien Potenziale für veränderte Kommunikation sind, führen sie, wenn sie genutzt werden, zu veränderten Prozessen der Konstitution von Sinn und Bedeutung. Das heißt dann weiter, dass der Metaprozess der Mediatisierung wie andere Metaprozesse die Idee beinhaltet, dass sich das Individuum strukturell verändert, dass sich im Verlauf der Entwicklung Interpretationen und Rekonstruktionen der Welt verändern, indem sich die Formen der Kommunikation und darüber das soziale Handeln wandeln. In der Geschichte der Menschheit gibt es *vier allgemeine Formen* von Kommunikation:

- *Face-to-Face Kommunikation* als basale Form, wie sie bei jedem Menschen als Kleinkind und von der Menschheit insgesamt am Beginn der menschlichen Geschichte gelernt wird. Das heißt nicht, dass andere Wesen nicht kommunizieren, aber es heißt, dass die Komplexität menschlicher Kommunikation nur den Menschen eigen ist und eine Charakteristik von ihnen ausmacht. Später in der Geschichte der Menschen entstehen modifizierte Formen der Kommunikation durch die Erfindung und Nutzung von Medien.

- Eine erste mediatisierte Kommunikationsform ist die *mediatisierte interpersonale Kommunikation*, zum Beispiel, wenn wir Briefe und Emails schreiben oder lesen oder per Telefon mit anderen sprechen.

- Als zweite mediatisierte Kommunikationsform weisen wir auf *Kommunikation mit Medien* hin, wie sie im Fall von TV, beim Lesen eines Buches, beim Ansehen eines Bildes oder einer Internet-Web-Site oder allgemein bei der *Nutzung irgendeines standardisierten Medienprodukts* stattfindet, das nicht an eine einzelne Person oder an eine kleine persönlich bekannte Gruppe von Personen adressiert ist. Hier sprechen wir üblicherweise von *Medienrezeption*.

- Die digitalen Medien von heute ermöglichen darüber hinaus *interaktive Kommunikation*, wie sie z.B. in Computerspielen, mit Robotern, Tamagochis oder Fußball spielenden Robot-Hunden, die AIBO's heißen, stattfindet, aber auch mit GPS- und anderen sprechenden Navigationssystemen, die immer häufiger im Autos und bei anderen Gelegenheiten präsent sind.

Das heißt, man kann sagen, dass sich die kommunikativen Umgebungen der Menschen durch die entstehenden digitalen Medien verändern und dass das Konsequenzen für die Kommunikation und darüberhinaus für alles andere hat, was von Kommunikation abhängt. Die digitalen Medien verändern dabei auch die bereits vorher vorhandenen Medien wie zum Beispiel die Schallplatten oder das Fernsehen. Und sie beeinflussen und berühren nicht nur die Freizeit, die politische Information und die Unterhaltung, sondern alle Bereiche des Alltagslebens, der Kultur und der Gesellschaft. Deshalb können wir von einem sich entwickelnden, mediatisierten komplexen Kommunikationsnetz durch die digitalen Medien sprechen (Krotz 2003). Wieder müssen wir hervorheben: Wir sehen, dass Menschen, die digitale Medien benutzen, Teil neuer kommunikativer Netzwerke werden, die durch funktionale Konzepte wie Netzwerk und Konnektivität beschrieben werden können. Aber zur gleichen Zeit müssen wir im Blick haben, dass die Face-to-Face-Kommunikation in einer gegebenen Lebenswelt, in die wir hinein geboren sind und in der wir leben, durch die neuen Entwicklungen nicht verschwunden ist und sich auch nicht durch funktionale Netzwerke beschreiben lässt. Digitale Medien sind wie alle neuen Medien in den Alltag der Menschen integriert, die mit ihnen aufwachsen. Um sie zu benutzen, muss man über angemessene Kompetenzen verfügen, und die lernt man in ihren Grundzügen als Alltagskompetenz in der interpersonalen Face-to-Face Welt, in der man lebt. Kommunikation kann durch neue Medien neue Formen und Funktionen gewinnen, aber sie basiert trotzdem auf der lebensweltorientierten Face-to-Face-Kommunikation, die auf Verständigung angelegt ist.

6 Die Vermischung des Metaprozesses Kommerzialisierung mit den anderen Metaprozessen

In diesem Absatz will ich nun kurz auf die Beziehungen zwischen den drei skizzierten Metaprozessen eingehen und ihre gemeinsame Basis diskutieren, nämlich den Metaprozess der Kommerzialisierung. Offensichtlich ist jeder der drei eingeführten Metaprozesse mehr oder weniger unabhängig von den anderen, insofern er sich nach seiner eigenen Logik entwickelt. Aber alle gehören zusammen im Hinblick auf eine Frage, die hier behandelt wird, insofern alle in eine Welt der Zukunft hinein führen. Insbesondere führen alle drei in eine Gesellschaft, in Lebensformen, die zum Teil bzw. auf einer Ebene durch Konnektivitäts- und Netzwerkkonzepte beschrieben werden können. Aber der Prozess Mediatisierung verdeutlicht auf klare Weise, dass dadurch interpersonale Kommunikation, soziale Beziehungen und menschliche Aktivitäten nicht vollständig ersetzt werden können. Das heißt, dass die Alltagswelt der Menschen als dialektisches Gegenteil funktionaler Netzwerke und komplexer Konnektivitäten als Basis und als Gegenteil bestehen bleibt.

Wenn man in diesem Zusammenhang nach spezifischen Relationen zwischen den Metaprozessen fragt, entsteht ein differenziertes Bild. Individualisierung und Globalisierung produzieren beide mehr mediatisierte Kommunikation, da Menschen zunehmend mediatisierte Information und Kommunikation benötigen, um informiert, integriert und mit anderen Menschen verbunden zu sein. Dementsprechend kann man sagen, dass beide Metaprozesse die Mediatisierung unterstützen und voran treiben. Das bedeutet sogar, dass Mediatisierung eine Bedingung für Individualisierung und Globalisierung ist, insofern es die Medien erst ermöglichen, dass man in einer Kultur lebt und in einer anderen Kultur mit Waren handelt, dass man im sozialen Umfeld fehlende Face-to-Face-Relationen durch mediatisierte ausgleicht, indem man ihnen neue Formgestaltung gibt oder indem man Teil eines Marktes wird. Andererseits definieren Globalisierung und Individualisierung aber auch Bedingungen, dass Mediatisierung in Gang kommt, insofern sie zunehmend Medien brauchen. Das heißt, diese Metaprozesse sind miteinander verbunden und hängen zusammen, aber sie können sehr unterschiedliche Auswirkungen haben. Globalisierung, Individualisierung, Mediatisierung haben zum Teil unidirektionale Auswirkungen, insofern sie Netze mediatisierter Beziehungen erzeugen, für die traditionale Einbettungen in soziale Einheiten und kulturelle Orientierungen weniger wichtig sind. Medien können Globalisierungen und Individualisierungen unterstützen, sofern sie zum Beispiel Globalisierungsfolgen akzeptabler machen. Das ist etwa dann der Fall, wenn man mittels Medien in Kontakt mit anderen bleiben kann, selbst wenn sie weit weg sind. Das heißt, dass Globalisierung bzw. Individualisierung und Mediatisierung auch komplementäre Effekte haben können, insofern sie sich gegenseitig bedingen – technisch und akzeptanzbezogen.

Die drei Metaprozesse können aber auch in verschiedene Richtungen führen und negierende Konsequenzen haben. Medien sind nämlich insofern auch problematisch für Globalisierung, als dass Menschen im Globalisierungsprozess mehr glaubwürdige Informationen benötigen. Die bekommen sie aber aus dem Mediensystem immer seltener, weil Medien weniger glaubwürdig werden, wie empirische Untersuchungen zeigen. Der Hintergrund dieser verwirrenden Beziehung ist, dass jeder Metaprozess seine eigene Logik besitzt, nach der er sich weiterentwickelt, und dass im Kapitalismus all diese Metaprozesse von ökonomischen Entwicklungen abhängen. Dass bedeutet, dass wir die drei genannten Metaprozesse in Relation zum Metaprozess der Kommerzialisierung untersuchen müssen. *Die These hier ist, dass Kommerzialisierung die Basisentwicklung ist, aus der die anderen drei resultieren.* Basisentwicklung bedeutet in diesem Zusammenhang, dass die Ökonomie den Menschen einen kontinuierlichen und ständigen Grund gibt, auf eine bestimmte Art und Weise zu handeln. Das tun Medien nicht – sie sind auch eine Basis für Globalisierung, insofern sie funktionale Mittel der Kommunikation bereitstellen, aber als voran treibende individuelle und natürlich gesellschaftliche Entwicklungskräfte können sie nicht gesehen werden.

Eine wichtige Eigenschaft mediatisierter Kommunikation ist nämlich die folgende: Wenn zwei Menschen in einer gemeinsamen Face-to-Face-Kommunikation miteinander kommunizieren, dann sind sie generell frei so zu kommunizieren wie wollen. Kommunikation ist dabei natürlich von den Situationsbedingungen abhängig, damit aber auch von der Definition der Situation durch die Teilnehmer. Dagegen sind Medien von einem dritten Beteiligten, heute meist von einem Unternehmen organisiert und von Institutionen kontrolliert. Dies bedeutet, dass in jeder medienvermittelten Kommunikation so etwas wie eine dritte Person teilnimmt. Allgemein sind also nicht nur die Interessen der direkt Beteiligten relevant, und das ist für die entstehende Kommunikation von Bedeutung. Wenn man z.B. telefoniert, will die heute nach Zeit bezahlte Telefongesellschaft gerne, dass man länger miteinander spricht. Wenn man fernsieht, dann haben die auf dem Bildschirm inszenierten Kommunikate immer auch zum Ziel, dass man zusieht, bis der nächste Werbeblock ausgestrahlt wird. Wenn man eine Zeitschrift liest, dann versucht der Herausgeber den Leser auch dahingegen zu beeinflussen, dass man auch die nächste Ausgabe kauft. In jedem dieser Fälle können wir in Anlehnung an Habermas (1987) sagen, dass Kommunikation hier nicht auf Verständigung alleine ausgerichtet ist, sondern dass sie auf der Ebene von instrumentellen Einflussnahmen durch Unternehmen und Institutionen funktioniert.

Medien sind deswegen immer Teil der Ökonomie und nicht nur ein kulturelles Netzwerk der Tradition und der Bedeutungskonstitution. *Medien verlinken die Menschen mit der Wirtschaft, und deshalb hat mediatisierte Kommunikation einen fundamental anderen Charakter als ein zwischenmenschliches Gespräch. Dies gilt auch deshalb, weil medienvermittelte Kommunikation immer Geld kostet und Energie ver-*

braucht, und darüber Menschen mit ökonomischen, gesellschaftlichen und politi-
schen Institutionen verbindet. Allgemeiner können wir sagen, dass der Metaprozess
der Mediatisierung immer auch die Menschen in Marktbeziehungen hineinzieht (vgl.
z.b. Gießen 1998; McAllister 1996; Krotz/Eastman 1999; Krotz 2001), sie ist damit
grundsätzlich von Kommunikation ohne Medienbezug zu unterscheiden. Deshalb
können wir uns hier auf das Werk von Herbert Schiller (1989, 1994) beziehen, der
von der unternehmensgerichteten Übernahme öffentlicher Ausdrucksformen schreibt
(vgl. auch Krotz 2001a). Die andere theoretische Linie, die in diesem Zusammenhang wichtig ist, ist die so genannte Kritische Theorie von Theodor W. Adorno und
Max Horkheimer (1967) und ihr Konzept der Kulturindustrie, das heute nach wie
vor heute von Bedeutung ist.

Insgesamt können wir also sagen, dass der Metaprozess Kommerzialisierung ein
die Entwicklungen voran treibender Metaprozess hinter dem Metaprozess Mediatisierung ist. Das gleiche ist wahrscheinlich für Globalisierung wahr – neue Beziehungen und Zusammenhänge im Kapitalismus entstehen prinzipiell auch aus dem Motiv
heraus Profit zu erzielen. Und es ist wahr für Individualisierung – die im globalisierten Kapitalismus erforderliche Mobilität ist ebenso wie die Zeitnot oder die Ausbil-
dung spezifischer Persönlichkeitsformen dafür ein genuines Merkmal, wie es zum
Beispiel die Untersuchungen von Sennett (1999) gezeigt haben. Das heißt natürlich
nicht, dass die genannten Metaprozesse ausschließlich von der Ökonomie abhängen
oder durch diese zu erklären sind. Sie sind trotzdem multidimensionale Entwicklungen, die auf verschiedenen Ebenen stattfinden. Aber es bedeutet, dass wir in einer
kapitalistischen Gesellschaft leben, und in einer solchen Gesellschaft sind die
Motive formalisierter Aktivitäten immer Interessen, und dies bedeutet in letzter
Instanz, Orientierung am Geldverdienen bei Strafe des Verhungerns, wenn man
scheitert. Deswegen sind in solchen Gesellschaften auch Kultur und Gesellschaft
Bedingungen für ökonomische oder ökonomisch ausgerichtete Aktivitäten. Wenn
sie sich wandeln, mag das dazu benutzt werden, neue Geschäftsmodelle auszupro-
bieren, und wenn das möglich ist, wird es auch passieren.

Das hat zwei wichtige Konsequenzen. Die erste ist wichtig für die Frage nach
dem Zusammenhang zwischen Globalisierung und einer vermuteten kulturellen
Hegemonie: Es sollte nun klar sein, dass nicht kulturelle Hegemonie, sondern wirtschaftliche Hegemonie das Problem im Falle des Kontakts von Kulturen ist. Alle
Entwicklungen, die heute diskutiert werden, haben ihre Wurzeln auch in der Wirtschaft, und auch unser kulturelles Leben ist ein Teil der wirtschaftlichen Prozesse.
Deswegen können wir in der Perspektive der Wirtschaft sagen, dass kulturelle Auto-
nomie letztlich ein teures Vergnügen ist – und dann liegt es auf der Hand, dass versucht wird, Kosten zu reduzieren. Die zweite Konsequenz ist die Vermutung, dass
Kommerzialisierung nicht die Macht hat, die Lebenswelten von Menschen irrelevant
zu machen. Der Metaprozess Kommerzialisierung wird allerdings weiter versuchen,
die Sperrigkeit lebensweltlicher Zusammenhänge aus funktionalen Abläufen zu eli-
minieren. Deshalb müssen wir den medialen, sozialen und kulturellen Wandel weiter
beobachten und analysieren.

7 Abschließende Bemerkungen

Lassen Sie uns zusammenfassen. Wir haben gezeigt, dass Netzwerk und Konnektivität Konzepte sind, mit denen man erfolgreich spezifische funktionale Zusammenhänge der aufscheinenden Gesellschaft der Zukunft beschreiben kann. Aber zumindest heute reichen sie dafür auch nicht aus. Das wird klar, wenn wir die derzeit zu beobachteten Metaprozesse beschreiben, die in die zukünftige Welt führen, anstatt uns Gedanken über finale stationäre und erwartete Gesellschaften zu machen.

Hier haben wir Globalisierung, Individualisierung und Mediatisierung analysiert. Zusammen mit Kommerzialisierung, die in der kapitalistischen Gesellschaft als grundlegender Metaprozess verstanden werden muss, insofern sich daraus die zentralen Handlungsmotive der Menschen auch in einer als Netzwerk beschriebenen Gesellschaft ergeben, haben all diese Entwicklungen Auswirkungen auf die Formen des menschlichen Zusammenlebens. Aber insbesondere der Metaprozess der Mediatisierung macht klar, dass lebensweltspezifische Kommunikation als Basis von Kommunikation und Bedeutungskonstruktion bestehen bleiben muss. In diesem Zusammenhang können die digitalen Medien als ein digitales Netz von Möglichkeiten und Kommunikationsflüssen beschrieben werden, das sich zunehmend mit den schon vorher existierenden Formen von Kommunikation verschränkt und vermischt. Die Konstruktion von Alltagsleben und sozialen Beziehungen, von Sinn und Bedeutung, Identität und Selbst der einzelnen Menschen findet deswegen zunehmend in einer komplexen Kommunikationsumgebung statt. Dementsprechend bewahrt die individuelle, aber auch im kollektiven Bezug produzierte Lebenswelt der Menschen ihren Charakter als eine Basis und zugleich als Gegenstück zu den strukturierten Netzwerken des modernen Lebens.

Natürlich bieten uns die Entwicklungen neue Möglichkeiten, aber was wir damit machen können, hängt von Gesellschaft und Kultur ab. Wir sollten auf jeden Fall weitere Entwicklungen nicht fürchten, weil neue Medien eben auch neue Potenziale sind; wir sollten mehr empirische Forschung machen und vor allem an der Diskussion der Zivilgesellschaft über diese Fragen teilnehmen. Denn diese muss letztlich entscheiden, was stattfindet, nicht die politische Elite, nicht die Industrie und auch nicht die Ökonomie oder die Medien. Das ist auch deswegen für die Menschheit lebenswichtig, weil das soziale und kulturelle Leben das wichtigste ist, was die Menschheit produziert hat und besitzt.

Literatur

Albrow, M. (1998): Abschied vom Nationalstaat. Frankfurt a.M.

Appadurai, A. (1998): Modernity at Large: Cultural Dimensions of Globalisation. Minneapolis.

Arnason, J. (1987): Figurational Sociology as a Counter-Paradigm. In: Theory, Culture & Society (4): 429-456.

Barck, K. (Hrsg.) (1997): Harold A. Innis – Kreuzwege der Kommunikation. Ausgewählte Texte. Wien u.a.

Baumgart, R./Eichener, V. (1991): Norbert Elias zur Einführung. Hamburg.

Beck, U. (1983): Jenseits von Stand und Klasse? In: Kreckel, R. (Hrsg.): Soziale Ungleichheiten. Soziale Welt. Sonderband 2. Göttingen: 35-74.

Beck, U. (1986): Risikogesellschaft. Frankfurt a.M.

Beck, U. (1994): The Debate on the „Individualization Theory". In: Today's Sociology in Germany. In: Soziologie, Special Edition (3), 1994, Journal of the Deutsche Gesellschaft für Soziologie: 191-200.

Beck, U./Beck-Gernsheim, E. (Hrsg.) (1994): Riskante Freiheiten. Individualisierung in modernen Gesellschaften. Frankfurt a.M.

Berger, P.L./Luckmann, T. (1980, zuerst 1969): Die gesellschaftliche Konstruktion der Wirklichkeit. Frankfurt a.M.

Burkitt, I. (1991): Social Selves. London.

Carey, J.W. (1975): Canadian Communication Theory: Extensions and Interpretations of Harold Innis. In: Robinson, G.J./Theale, D.: Studies in Canadian Communications. Montreal: 29-59.

Cassirer, E. (1994): Wesen und Wirkung des Symbolbegriffs. Darmstadt.

Castells, M. (1996): The Rise of Network Society. The Information Age. Vol. 1. Oxford.

Cohen, R./Kennedy, P. (2000): Global Sociology. Houndsmills.

Duerrschmidt, J. (2002): Globalisierung. Bielefeld.

Elias, N. (1972): Über den Prozess der Zivilisation. 2 Bände. 2. Auflage. Frankfurt a.M.

Elias, N. (1987): On Human Beings and Their Emotions: A Process-Sociological Essay. In: Theory, Culture and Society. Volume 4 (2-3): 339-361.

Elias, N. (1989): The Symbol Theory: An Introduction. Part One. In: Theory, Culture & Society (6), 1989: 169-217. Part Two. In: Theory, Culture & Society (6), 1989: 339-383. Part Three. In: Theory, Culture & Society (6), 1989: 499-537.

Elias, N. (1993): Was ist Soziologie? 7. Auflage. Weinheim u.a.

Elias, N. (1994): Die Gesellschaft der Individuen. 2. Auflage. Frankfurt a.M.

Elias, N. (2000): Prozesse, soziale. In: Schäfers, B. (Hrsg): Grundbegriffe der Soziologie. 6. Auflage. Opladen: 271-277.

Featherstone, M. (1987): Norbert Elias and Figurational Sociology: Some Prefatory Remarks. In: Theory, Culture & Society (4): 197-212.

Giddens, A. (1991): The Consequences of Modernity. London u.a.

Giddens, A. (2001): Entfesselte Welt. Wie die Globalisierung unser Leben verändert. Frankfurt a.M.

Giessen, H.W. (2001): Harold W. Innis: „Kommunikation" als Schlüsselbegriff zum Verständnis der Menschheitsgeschichte? In: Medien & Kommunikationswissenschaft 50 (2): 261-273.

Giessen, H.W. (Hrsg.) (1998): Long Term Consequences On Social Structures Through Mass Media Impact. Saarbrücken.

Goody, J./Watt, I./Gough, K. (1986): Entstehung und Folgen der Schriftkultur. Frankfurt a.M.

Habermas, J. (1987): Theorie kommunikativen Handelns. 2 Bände. 4. Auflage. Frankfurt a.M.

Habermas, J. (1990): Strukturwandel der Öffentlichkeit. 2. Auflage. Frankfurt a.M.

Hepp, A. (2004): Netzwerke der Medien. Medienkulturen und Globalisierung. Wiesbaden.

Horkheimer, M./Adorno, T.W. (1971): Dialektik der Aufklärung. Frankfurt a.M.

Jandt, F.E. (1998): Intercultural Communication. An Introduction. 2. Auflage. Thousand Oaks.

Jarren, O./Krotz, F. (Hrsg.) (1998): Öffentlichkeit unter Vielkanalbedingungen. Baden-Baden u.a.

Krotz, F. (1994): Eine Schule am Marktplatz des globalen Dorfes? Globalisierung und Europäisches Bildungsfernsehen. In: Publizistik 1994 (4): 409-427.

Krotz, F. (1999): Individualisierung und das Internet. In: Latzer, M./Siegert, G./Steinmaurer, T. (Hrsg.): Die Zukunft der Kommunikation. Phänomene und Trends in der Informationsgesellschaft. Innsbruck u.a.: 347-365.

Krotz, F. (2001): Die Mediatisierung kommunikativen Handelns. Wie sich Alltag und soziale Beziehungen, Kultur und Gesellschaft durch die Medien wandeln. Wiesbaden.

Krotz, F. (2001a): Die Übernahme öffentlicher und individueller Kommunikation durch die Privatwirtschaft. Über den Zusammenhang zwischen Mediatisierung und Ökonomisierung. In: Karmasin, M./Knoche, M./Winter, C. (Hrsg.): Medienwirtschaft und Gesellschaft 1. Münster: 197-217.

Krotz, F. (2001b): Marshall McLuhan Revisited. Der Theoretiker des Fernsehens und die Mediengesellschaft. In: Medien- und Kommunikationswissenschaft 49 (1): 62-81.

Krotz, F. (2002): Die Mediatisierung von Alltag und die neuen Formen sozialer Integration. In: Imhof, K./Jarren, O./Blum, R. (Hrsg.): Integration und Medien. Wiesbaden: 184-200.

Krotz, F. (2003): Zivilisationsprozess und Mediatisierung: Zum Zusammenhang von Medienund Gesellschaftswandel. In: Behmer, M./Krotz, F./Stöber, R./Winter, C. (Hrsg.): Medienentwicklung und gesellschaftlicher Wandel. Wiesbaden: 15-38.

Krotz, F./Eastman, S.(1999): Orientations Toward Television Outside the Home in Hamburg and Indianapolis. Journal of Communication 49 (1): 5-27.

Krotz, F./Hasebrink, U. (2001): Who are the New Media Users? In: Livingstone, S./Bovill, M. (Hrsg): Children and their Changing Media Environment. A European Comparative Study. New York: 245-262.

Lerner, D. (1962): The Passing of Traditional Society. Glencoe.

Livingstone, S./Bovill, M. (Hrsg.) (2001): Children and their Changing Media Environment. A European Comparative Study. Mahwah u.a.

Martín Barbero, J. (1993): Communication, Culture and Hegemony. Newbury Park.

Marx, K. (1961): Zur Kritik der Politischen Ökonomie. In: Marx/Engels Werke. Band 13. Berlin Ost.

Matsumoto, D. (1996): Culture and Psychology. Pacific Grove u.a.

Mattelart, A./Mattelart, M. (1998): Theories of Communication: A Short Introduction. London.

McAllister, M.P. (1996): The Commercialization of American Culture. New Advertising, Control and Democracy. Thousand Oaks.

McLuhan, M. (1967): Understanding Media: The Extension of Man. London.

McLuhan, M./Powers, B.R. (1995): The Global Village. Der Weg der Mediengesellschaft in das 21. Jahrhundert. Paderborn.

Mead, G.H. (1967): Mind, Self and Society. Chicago.

Meyrowitz, J. (1985): No Sense of Place. Oxford.

Ong, W.J. (1995): Orality and Literacy. The Technologizing of the World. London u.a.

Rogers, E.M. (1995): Diffusion of Innovations. 4. Auflage. New York.

Schiller, H. (1994): Mass Communications and the American Empire. Reprint. New York.

Schiller, H.I. (1989): Culture, Inc.: The Corporate Takeover of Public Expression. New York.

Sennett, R. (1999): The Corrosion of Character. New York.

Tomlinson, J. (1999): Globalization and Culture. Cambridge.

Tomlinson, J. (2001): Cultural Imperialism. London.
Van der Loo, H./van Reijen, W. (1992): Modernisierung. Projekt und Paradox. München.

Translokale Medienkulturen: Netzwerke der Medien und Globalisierung

Andreas Hepp

1 Metaphern und Medientheorie

Setzt man sich mit Medientheorie und Fragen der Globalisierung auseinander, befindet man sich in einer widersprüchlichen Situation: Auf der einen Seite ist ‚Theorie' der Bereich von Wissenschaft, der am einfachsten ‚global' reist – oder was als ‚global' angenommen wird: ein ‚Reisen' in die englischsprachige *scientific community*. Der Grund dafür mag darin liegen, dass Theorie ‚universeller' erscheint, als es kontextbezogene Studien sind. Wegen dieser angenommenen Universalität von Theorie haben wir oftmals den Eindruck, wir könnten ‚etwas' mit Theorien anfangen, die über unterschiedliche kulturelle Kontexte hinweg reisen. Aber wenn wir über Medientheorie in Zeiten der Globalisierung sprechen, müssen wir uns darüber bewusst sein, dass Theorie nicht ‚irgendetwas Universelles' ist: Aus sprachwissenschaftlicher Perspektive haben George Lakoff und Mark Johnson (1980) bereits vor mehr als zwei Jahrzehnten argumentiert, dass unser Denken in starkem Maße auf (kulturspezifischen) Metaphern beruht. In vergleichbarer Weise fokussiert Stuart Hall das Betreiben von Cultural Studies und argumentiert, dass Theorien zu kontextualisieren sind und wir eine Praxis des fortlaufenden Theoretisierens entwickeln sollten anstatt eine ‚universelle Theorie' zu suchen (Hall 1988; bezogen auf ähnliche Argumente im Bereich der Aneignungsforschung siehe Ang 1996, 2006). Insbesondere in der Medientheorie besteht die Gefahr eines solchen Fokus auf ‚universelle Theoriebildung' mit einem Zentrismus auf den Westen, indem es eine Art von „Selbstbezüglichkeit und Beschränktheit westlicher Medientheorien" (Curran/Park 2000: 3) gibt: Viele der Schlüsselkonzepte der gegenwärtigen Medientheorie basieren auf historisch spezifischen Metaphernfeldern westlicher Kulturen, die als ‚universell' konstruiert werden und als Leitlinie für die Bewertung von Prozessen weltweiter Medienkommunikation dienen.

In dieser Situation sollten wir vorsichtig damit sein zu argumentieren, Konnektivität, Netzwerk und Fluss wären im Allgemeinen angemessene Konzepte für eine Auseinandersetzung mit Globalisierung bzw. der Globalisierung der Medienkommunikation. Wie John Urry betont hat, muss man akzeptieren, dass auch diese Konzepte auf ein spezifisches metaphorisches Denken verweisen, das – wie man seinen

Argumenten hinzufügen muss – kulturell situiert ist (Urry 2003: 50f.). Wenn man die allgemeine Kritik des Poststrukturalismus und Dekonstruktivismus akzeptiert, so erscheint es unmöglich, nach einer ‚universellen Theorie' von Medien und kultureller Globalisierung zu suchen. Nichtsdestotrotz möchte ich das Argument aufgreifen, dass Konnektivität, Netzwerk und Fluss Theoriekonzepte darstellen, die es uns gestatten, eine Art von theoretischem Denken zu entwickeln, das insbesondere geeignet erscheint für eine Auseinandersetzung mit Fragen der Globalisierung von Medienkommunikation. Mit diesen Konzepten wird es möglich, Medienkulturen in Zeiten der Globalisierung zu theoretisieren – nicht, weil diese Konzepte ‚universell' wären, sondern weil sie eine selbstreflexive Art und Weise des Denkens gestatten, die hochgradig produktiv erscheint, wenn man einen Zentrismus auf den Westen in Frage stellen möchte.

Um diesen Ansatz verständlich zu machen, werde ich ihn in drei Argumentationsschritten erläutern: In einem ersten Schritt werde ich die Konzepte der (globalen) Konnektivität, des Netzwerks und des Flusses näher betrachten. Dies als Ausgangsspunkt nehmend, möchte ich zweitens eine Theoretisierung von Medienkulturen als translokale Phänomene vorstellen. Auf dieser Basis werde ich schließlich drittens globale Ungleichheiten im Bereich der Medienkommunikation diskutieren. Obwohl meine Argumentation in vielen Abschnitten eher abstrakt erscheint, hoffe ich dennoch, dass dieses abstrakte Denken eine Grundlage für eine wesentlich konkretere Kritik von einigen Aspekten der Globalisierung der Medienkommunikation bieten kann – einer Kritik, die versucht gleichzeitig die Chancen, die dieser Prozess eröffnet, im Blick zu haben.[1]

2   Globale Konnektivität, Netzwerk und Fluss

Jüngere Arbeiten sowohl innerhalb der Cultural Studies als auch innerhalb der (Medien-)Soziologie treffen sich in dem Punkt, dass Globalisierung am ehesten verstanden werden kann als ein Metaprozess einer zunehmenden, multidimensionalen weltweiten Konnektivität (vgl. Hepp/Krotz/Winter 2005c). Diese Formulierung versucht zumindest drei unterschiedliche Argumente zu fassen. Wenn man erstens Globalisierung als einen „Metaprozess" (Krotz 2005) versteht, verweist dies darauf, dass das Konzept der Globalisierung nicht etwas bezeichnet, das man in dem Sinne ‚beobachten' könnte, dass es sich dabei um ein einzelnes ‚empirisches Objekt' handelt. Eher ist Globalisierung ein metatheoretisches Konzept wie Individualisierung oder Kommerzialisierung, das uns hilft, zumindest in Einzelaspekten widersprüchliche und paradoxe Teilprozesse als Ganzes zu verstehen.

Zweitens ist dieser Prozess „multidimensional" (Giddens 1996: 92; Tomlinson 1999: 13). Diese Formulierung verweist darauf, dass Globalisierung auf bzw. in unterschiedlichen ‚Prozessebenen' oder ‚Scapes' operiert. Auf welche gegenwärtigen Konzepte von Globalisierung man sich auch stützt, diese stimmen darin überein, dass Globalisierung nicht auf eine ‚Hauptdimension' reduziert werden kann – z.B.

die der Ökonomie –, die die anderen determiniert. Die unterschiedlichen Subprozesse der Globalisierung scheinen eine jeweils ‚eigene Logik' zu haben bzw. durch jeweils ‚eigene Kräfte' gekennzeichnet zu sein. Nichtsdestotrotz scheint es vielfache Beziehungen zwischen den verschiedenen ‚Prozessebenen' zu geben – deren „Disjunktion" (Appadurai 1996: 27) ist relativ.

Dies verweist auf den dritten, im Zusammenhang meiner Argumentation entscheidenden Punkt, der mit dem Ausdruck der Konnektivität verbunden ist. Wie John Tomlinson (1999: 3-10) herausgestrichen hat, weist Konnektivität auf eine vorsichtige Haltung dahingehend hin, welche Folgen mit dem Metaprozess der Globalisierung verbunden werden können. Während frühe Arbeiten hierzu die Tendenz hatten zu argumentieren, dass das Resultat der Globalisierung eine fortschreitende globale Standardisierung, Homogenisierung, „McDonaldisierung" (Ritzer 1998) oder kurz eine „globale Kultur" (Featherstone 1990) sei, wissen wir jetzt, dass kulturelle Nähe eine Folge von Globalisierung in bestimmten Kontexten sein *kann*. Ebenso lassen sich aber mit der Globalisierung auch Prozesse der Zunahme von Konflikten, Missverständnissen und der kulturellen Fragmentierung ausmachen: „Globalisation divides as much as it unites; it divides as it unites" (Bauman 1998: 3).

Dies ist vor allem ein wichtiges Argument im Feld der Medien- und Kommunikationsforschung: Eine zunehmende kommunikative Konnektivität bringt Menschen nicht zwangsläufig zusammen – wie es Marshal McLuhan in seinem utopischen Entwurf eines „global village" umreißt (vgl. McLuhan/Fiore 1968) – und hat nicht eine weltweite Amerikanisierung zur unhinterfragten Folge. Eher verweist die zunehmende weltweite kommunikative Konnektivität auf quantitativer Ebene auf eine wachsende Zahl grenzüberschreitender Kommunikationsprozesse. Betrachtet man diese allerdings auf qualitativer Ebene, so haben diese Prozesse eine sehr unterschiedliche Spezifik. Entsprechend erscheint es notwendig im Detail zu analysieren, was die Folgen der Globalisierung der Medienkommunikation sind, indem man sich auf spezifische Artikulationen in bestimmten Kontexten konzentriert.

Bis zu diesem Punkt sind meine Überlegungen nicht weiter neu, sondern zielen darauf, die gegenwärtige wissenschaftliche Diskussion um Globalisierung zusammen zu fassen. So lässt sich sagen, dass die *Globalisierung der Medienkommunikation eine Dimension des Metaprozesses der Globalisierung ist, die man am ehesten als die weltweite Zunahme einer kommunikativen Konnektivität charakterisieren kann*. Dabei ist dieser Prozess nicht homogenisierend, sondern geprägt durch unterschiedliche Ungleichheiten und Konflikte. Ebenso kann er nicht auf das ökonomische Handeln einer globalen Medienindustrie reduziert werden, weil Medienprodukte nicht nur ökonomische sondern auch kulturelle Produkte sind. Als Kulturprodukte können sie nicht losgelöst gesehen werden von Prozessen der Bedeutungsartikulation, die in dem Alltagsleben und der Lebenswelt der Menschen kontextualisiert werden müssen.

Hat man diese akademische Diskussion um Globalisierung im Blick, erscheint ein weiteres Argument im Rahmen der gegenwärtigen Medientheorie wichtig. Das ist das Argument, dass die globale Konnektivität der Globalisierung es notwendig macht, die theoretischen Konzepte, derer wir uns bedienen, zu überdenken. Es war Anthony Giddens (1996: 20-28), der darauf hingewiesen hat, in welchem Maße die Soziologie als eine moderne Wissenschaftsdisziplin mit einem Konzept der Gesellschaft verbunden ist, das als Bezugspunkt für Auseinandersetzung mit der Integrationskraft sozialer Prozesse für territoriale Nationalstaaten dient. Mit fortschreitender Globalisierung müssen wir diesen unhinterfragten Ausgangspunkt zumindest problematisieren, wenn wir die Moderne – oder besser: Modernen – der Gegenwart fassen wollen. Wie es Anthony Giddens ausdrückt: „Um das Wesen der Moderne angemessen zu begreifen, müssen wir uns [...] in jeder der genannten Hinsichten von bestehenden soziologischen Betrachtungsweisen lösen" (Giddens 1996: 27). Ähnliche Argumente finden sich bei anderen Wissenschaftlerinnen und Wissenschaftlern. Ien Ang beispielsweise kritisiert den Fokus der Soziologie auf Fragen nationaler Integration, der ihr als unangemessen erscheint, wenn man sich mit gegenwärtigen Kulturen und deren Wandel befasst (vgl. Ang 2003). Arjun Appadurai argumentiert für eine „transnationale Kulturwissenschaft" (Appadurai 1998: 16) bzw. eine „kosmopolitische Ethnografie" (Appadurai 1998: 20), die die kulturellen Dynamiken analysieren sollte, die man aktuell mit dem Konzept der Deterritorialisierung umreißt.[2] Ulrich Beck hat herausgestrichen, dass die Globalisierung eine neue „Soziologie der Globalisierung" (Beck 1997: 48) notwendig macht, die jenseits des territorialen Rahmens einer Container-Theorie der Gesellschaft operiert. Vergleichbare Argumente können in den Überlegungen von John Urry gefunden werden, der eine „Soziologie jenseits der Gesellschaft" (Urry 1999, 2003) propagiert, aber auch in Manuel Castells Versuch, eine Gesellschaft „um den bipolaren Gegensatz zwischen dem Netz und dem Ich herum strukturiert" (Castells 2001: 3) zu beschreiben. Dieselben Argumente wurden auch für das Betreiben von Cultural Studies bzw. Kommunikations- und Medienwissenschaft in einer zunehmend globalisierten Welt gemacht (vgl. Hepp 2004b: 17-21).

Abbildung 1: Konnektivitätstheoretische Konzepte

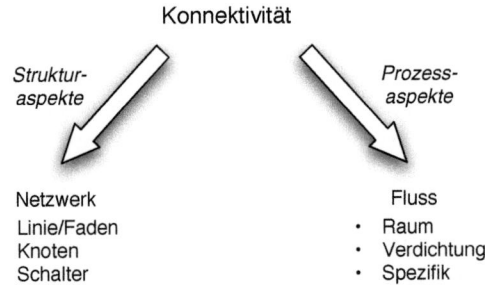

Wenn wir diese Forderungen nach neuen Konzepten in Zeiten fortschreitender Globalisierung als angemessen anerkennen, sehen wir uns mit folgendem Problem konfrontiert: Wie können wir diese im Gesamtrahmen der Begrifflichkeit einer zunehmenden globalen Konnektivität fassen? Es scheint, als ob es zumindest zwei Zugangsperspektiven zur Beantwortung dieser Frage gibt. Zum einen ist dies die Perspektive der strukturierenden Aspekte von Globalisierung, die sich mit dem bereits erwähnten Ausdruck des Netzwerks verbinden lassen. Zum anderen sind dies die prozessualen Aspekte der Globalisierung, die mit dem Ausdruck des Fluss verbunden werden (siehe dazu oben stehende Abbildung). Aus meiner Perspektive erscheint es wichtig, dass man beide Aspekte im Blick hat, wenn man sich mit Fragen der Globalisierung auseinander setzt.[3]

2.1 Netzwerk

Der Ausdruck Netzwerk bietet einen Ansatzpunkt, die strukturierenden Kräfte von Konnektivität zu fassen.[4] Um dies verständlich zu machen, bietet es sich an, Manuel Castells Definition von Netzwerk zu zitieren, die sich mit der Definition vieler anderer trifft. Für Castells sind Netzwerke

"offene Strukturen und in der Lage, grenzenlos zu expandieren und dabei neue Knoten zu integrieren, solange diese innerhalb des Netzwerks zu kommunizieren vermögen, also solange sie die selben Kommunikationskodes besitzen – etwa Werte oder Leistungsziele." (Castells 2001: 528f.)

Dieses Zitat verweist auf einige wichtige Aspekte, die man beim Theoretisieren von Netzwerk berücksichtigen sollte. In einem bestimmten Sinne ist es tautologisch zu argumentieren, Netzwerke bestehen aus Konnektivitäten (Verbindungen, Fäden, Kurven usw.), die miteinander in Knoten verbunden sind. Dies ist bloß eine Beschreibung von Netzwerken im Sinne einer alltagssprachlichen Metaphorik. In der gegenwärtigen Theoriediskussion bekommen diese Ausdrücke jedoch eine spezifische Bedeutung. Es ist zunehmend offensichtlich, dass sich die Konnektivität eines Netzwerks entlang bestimmter Kodes artikuliert. Strukturen sozialer Netzwerke sind nicht einfach da, sondern werden in einem fortlaufenden kontextualisierten Prozess (re)artikuliert. Dies macht es beispielsweise möglich, dass ein und dieselbe Person Teil unterschiedlicher Netzwerke sein kann: Er oder sie kann Teil eines Freundschaftsnetzwerks sein (wo eine bestimmte Art sozialer Beziehung der dominante Kode ist), oder auch Teil des Netzwerks einer sozialen Bewegung (wo bestimmte kulturelle Werte und politische Ziele der dominante Kode sind). Dies scheint der Grund dafür zu sein, warum Netzwerkstrukturen so offen und die Grenzen von Netzwerken so unscharf sind, während Netzwerke nichtsdestotrotz strukturierende Kräfte darstellen: Ein Freundschaftsnetzwerk stellt an uns bestimmte Anforderungen, ebenso wie das politische Engagement in einer sozialen Bewegung andere Möglichkeiten politischen Handelns ausschließt.[5]

Diese Anmerkungen helfen zu fassen, was man unter dem Ausdruck Knoten verstehen kann. Auf einer neutralen Ebene kann man sagen, ein Knoten ist der Punkt, wo eine Konnektivität (Verbindung, Faden, Kurve usw.) eines Netzwerks sich selbst kreuzt.[6] Auf einen ersten Blick mögen solche Formulierungen irritieren.

Nichtsdestotrotz helfen sie uns, den wichtigen Aspekt einzuordnen, dass Knoten innerhalb von Netzwerkstrukturen vollkommen unterschiedliche Dinge sein können. Wir können personale Kommunikation als einen Prozess der Herstellung einer bestimmten Art von Konnektivität verstehen, in der die sprechenden Personen die zentralen Knoten sind. Knoten können aber ebenso andere soziale Formen haben. Zum Beispiel kann man lokale Gruppen als Knoten in dem Netzwerk einer weitergehenden sozialen Bewegung beschreiben, oder man kann Organisationen wie lokale Unternehmungen als Knoten in einem weitergehenden Firmennetzwerk begreifen. Netzwerk-Strukturen können auf vollkommen unterschiedlichen Ebenen ausgemacht werden – und das ist der Grund, warum dieses Konzept eine Chance eröffnet, strukturierende Kräfte *über verschiedene Ebenen hinweg* zu beschreiben und zu vergleichen.

Ein dritter Ausdruck, der wichtig erscheint, wenn wir die Strukturaspekte von Konnektivität diskutieren, ist der des Schalters. Wiederum war es Manuel Castells, der diesen Ausdruck in die wissenschaftliche Diskussion gebracht hat. Für Castells ist ein Schalter ein spezifischer Knoten, der verschiedene Netzwerke miteinander verbindet (vgl. Castells 2001: 529). Der Ausdruck Schalter bezieht sich auf die Idee, dass dieser Knoten dazu in der Lage sein muss, den Kode eines Netzwerks in den eines anderen zu ‚übersetzen‘. Um dies verständlicher zu machen ist es hilfreich, sich die Knoten näher zu betrachten, die Castells als Schalter beschreibt. Die Beispiele, auf die er sich fokussiert, sind hier die Netzwerke von Kapital, Information und Management. Deren unterschiedliche Strukturen sind über spezifische Schalter miteinander verbunden, die er in so genannten globalen Städten ausmacht. Schalter sind in diesem Sinne die Orte, wo zentrale Momente von Macht innerhalb von Netzwerkstrukturen konzentriert sind, wobei sich diese Machtkonzentration in der ‚Übersetzungsfähigkeit‘ der Kodes von einem Netzwerk zum anderen manifestiert. Genau durch solche ‚Übersetzungsleistungen‘ sind globale (Medien-)Städte gekennzeichnet (vgl. Krätke 2002). Diese Idee eröffnet neue Möglichkeiten, Machtbeziehungen innerhalb von (globalen) Netzwerken zu analysieren: Während Machbeziehungen in der Gesamtheit sozialer Netzwerke fußen – wie Michel Foucault heraus gestrichen hat (vgl. Foucault 1996: 43) –, hilft uns das Konzept des Schalters zu verstehen, *wo* Machbeziehungen innerhalb von Netzwerken insbesondere *konzentriert sind*, nämlich an der Position, wo verschiedene Netzwerke miteinander interagieren.

Dieses Netzwerk-Denken, wie ich es beschrieben habe, eröffnet meines Erachtens eine Art und Weise, die strukturellen Aspekte von Konnektivität zu beschreiben, die dem Paradox der gleichzeitigen Offenheit und Geschlossenheit von Netzwerken gerecht wird. Auf der einen Seite sind die Strukturen von Netzwerken in dem Sinne ‚offen‘, dass sie (mehr oder weniger) einfach neue Knoten integrieren und wachsen können, ohne ihre Stabilität zu verlieren. Hierauf Bezug nehmend sind Netzwerke ‚offen‘. Auf der anderen Seite sind Netzwerke gleichzeitig geschlossen, indem diese Prozesse der Ausdehnung entlang bestimmter Kodes geschehen, die das Spezifische eines Netzwerks und dessen Macht bestimmen. Aber wiederum besteht eine bestimmte Offenheit von Netzwerken, indem Schalter die Möglichkeit bieten, über Kodegrenzen hinweg zu kommunizieren. Dies ist der Punkt, an dem die Netzwerkmetapher produktiver zu sein scheint als die Systemmetapher der gegenwärtigen funktionalistischen Systemtheorie: Systeme werden – wie beispielsweise in den Arbeiten von Niklas Luhmann (1997) – als geschlossene Strukturen gedacht, die sich selbst auf autopoietische Weise reproduzieren. Wegen deren autopoietischer Struktur besteht für Systeme keine Möglichkeit, auf direkte Weise miteinander zu interagieren. Anstatt dessen sind sie miteinander durch strukturelle Kopplung verbunden. Mit solchen Konzepten eröffnet die funktionalistische Systemtheorie sicherlich einen kohärenten Begriffsrahmen. Ihre Schwäche besteht aber in ihrem Fokus auf eineindeutige Systemgrenzen und Systemintegration. Netzwerk als Konzept eröffnet eine wesentlich offenere Möglichkeit des Denkens, das angemessen erscheint für die Paradoxien gegenwärtiger Medienkulturen (vgl. Karmasin 2004 zum Konzept des Paradox in der Kommunikations- und Medienwissenschaft).

2.2   Fluss

Wie ich argumentiert habe, ist der Fokus auf Netzwerke nur eine Möglichkeit, Konnektivität zu betrachten. Ebenso wichtig wie dieser Strukturaspekt ist der Prozessaspekt von Konnektivität. Der verbreiteste Ausdruck, um diese Prozesse zu beschreiben, ist der des Flusses im Sinne von Englisch „flow" oder „fluid".[7] Flüsse operieren entlang bestimmter Netzwerkstrukturen. Beispielsweise muss der Nachrichtenfluss auf der Basis unterschiedlicher Mediennetzwerke gefasst werden (vgl. Boyd-Barrett/Thussu 1992; Boyd-Barrett 1997; Boyd-Barrett/Rantanen 1998), während der Fluss von Migranten entlang bestimmter Personennetzwerke erfolgt (vgl. Pries 2001).

Insbesondere John Urry hat argumentiert, dass das Konzept des Flusses[8] in hohem Maße dafür geeignet erscheint, die sozialen und kulturellen Prozesse der Gegenwart zu fassen, indem dieses die Möglichkeit für eine neue Form von Soziologie eröffnen würde, der es gelingen kann, die zunehmend mobilen kulturellen Formen zu fokussieren. Urry argumentiert, „[the] development of a ‚mobile sociology' demands metaphors that view social and material life as being ‚like the waves of a river'" (Urry 2003: 59). Ausgehend von dieser Vorstellung favorisiert Urry das Konzept des globalen Flusses („global fluids"), mit dem er betonen möchte, dass Flüsse unzweifelhaft Netzwerke nötig machen, nichtsdestotrotz die Spezifik dieser globalen Flüsse darin besteht, dass sie Netzwerke überschreiten und zum Teil selbst organisierend sind im Hinblick auf deren Schaffen und Aufrechterhalten von Grenzen (vgl. Urry 2003: 60). Solche Argumente sind aus meiner Perspektive sehr interessant, da sie gleichzeitig hilfreich und problematisch erscheinen. Sie sind hilfreich, indem sie den überschreitenden Charakter von Flüssen betonen: Flüsse wie der Fluss bestimmter Informationen ‚überschreiten' unterschiedliche Netzwerke, und dies ist der Grund, warum das Konzept des Flusses und das des Netzwerkes voneinander zu unterscheiden sind. Auf der anderen Seite erscheinen Urrys Argumente problematisch, indem er hieraus – trotz seiner Kritik an der funktionalistischen Tradition –

einen selbstorganisierenden Aspekt globaler Flüsse folgert. Wenn wir jedoch solch abstrakte Argumentation auf die Ebene der Alltagserfahrungen herunterbrechen, stellen wir fest, dass zumindest die globalen Kommunikationsflüsse nicht ‚autonome' Phänomene sind, sondern strukturiert werden durch die Kommunikationsnetzwerke, entlang derer sie ‚reisen' – und dass diese strukturierenden Aspekte etwas mit Macht und der Machtkonzentration an bestimmten Schaltern zu tun haben.

Was ich hier deutlich machen möchte ist, dass Urry sicherlich Recht hat mit seiner Betonung der Komplexität von (globalen) Flüssen. Was problematisch erscheint, ist seine Tendenz aufzugeben danach zu fragen, was die strukturierenden Aspekte globaler Komplexität bzw. wie diese mit Machtbeziehungen verwoben sind.[9] Trotz deren provisorischen Charakters erscheinen mir theoretische Konzepte wie das des Schalters als machtgeprägter ‚Überschreitungspunkt' unterschiedlicher Netzwerke und entlang dieser verlaufender Flüsse eine geeignetere Art und Weise, über Macht in globaler Komplexität und zunehmender Mobilität nachzudenken als von selbstorganisierenden Aspekten von Flüssen zu sprechen. Es sind exakt diese Schalter, die im Alltagsleben sehr manifest sind: Wenn wir Medienflüsse betrachten, müssen wir unseren Blick auf ‚global' handelnde Medienkonzerne lenken und gleichzeitig anerkennen, dass diese Teil eines zunehmend globalen Kapitalismus mit entsprechenden Finanznetzwerken und -flüssen sind – ein Kapitalismus, der sich an spezifischen globalen Medienstädten konkretisiert (vgl. Hepp 2004b: 259-274) und eher Unsicherheit und Ambiguität produziert als ein kollektives Verstehen (vgl. Ang 2003).

Ausgehend hiervon können wir folgern, dass Flüsse kein momentanes Ereignis sind, sondern langfristige Konglomerate von Prozessen konstituieren. Es gibt unterschiedliche Begriffe, die sich etabliert haben, um diese Konglomerate zu bezeichnen, wie beispielsweise „Space" in Castells Konzept des Raums der Ströme (vgl. Castells 2001: 431) oder „Scape" wie in in Arjun Appadurais (1996: 33) bekannter Unterscheidung von Ethnoscapes, Mediascapes, Technoscapes, Financescapes und Ideoscapes. Theoretische Konzepte wie diese versuchen zu fassen, dass unterschiedliche (globale) Flüsse komplexe Landschaften konstituieren, die in deren eigener Logik zu beschreiben sind. Die Flüsse bestehender Konnektivitäten existieren nicht als isolierte Einzigartigkeiten, sondern konstituieren den Teil eines komplexeren Gefüges.

Während man im Allgemeinen zeigen kann, wie zielführend räumliche Konzepte sind, um diese Langzeitkonglomerate von Flüssen greifbar zu machen (vgl. für solche Argumente auch Morley 1996: 327-331; Couldry/McCarthy 2004), erscheint mir insbesondere ein bestimmtes theoretisches Konzept konkrete empirische Analysen zu ermöglichen, nämlich das der Verdichtung (vgl. Löfgren 2001). Wenn wir unsere Gegenwart begreifen als gekennzeichnet durch eine fortschreitende globale Konnektivität von zunehmend mobilen Netzwerken und Flüssen, die ineinander übergehen und unklare Grenzen haben, müssen wir doch die Frage beantworten, wie wir dennoch nach wie vor bestehende kulturelle, ökonomische und andere Gefüge fassen. Wenn wir diese als bedeutungstragende Verdichtungen von Flüssen entlang von und über Netzwerke hinweg beschreiben, betonen wir einerseits die Spezifik solcher Konglomerate wie staatliche Gebilde und Kulturen, gleichzeitig aber andererseits deren unscharfen Grenzen. Es ist damit offenkundig, dass das Konzept der Verdichtung den überschreitenden Charakter von Flüssen greifbar macht und gleichzeitig das Charakteristische des jeweiligen Raums oder Scapes lang anhaltender Konglomerate: Verdichtungen sind gewissermaßen eine fokussierte und bedeutungsvolle Spezifik von Flüssen mit unscharfen Grenzen. Das Spezifische von Verdichtungen basiert auf dem Charakter der sie konstituierenden Flüsse, deren Richtung und Reichweite.

Auf den zurück liegenden Seiten habe ich versucht, eine konnektivitätstheoretische Grundlegung von Globalisierung zu umreißen – insbesondere im Hinblick auf Fragen der Globalisierung von Medienkommunikation. Nach wie vor muss aber eine Frage als offen gelten: Haben solche Überlegungen nicht problematische Tendenzen einer ‚universellen' Theorie der Globalisierung? Insbesondere Ien Ang und Jon Stratton haben betont, als wie problematisch eine solche Tendenz eingeschätzt werden muss. In ihrer Auseinandersetzung mit der Unmöglichkeit eines globalen Ansatzes der Cultural Studies verweisen sie auf die Soziologie als einen ihres Erachtens problematischen „Vorläufer" (Stratton/Ang 1996: 364) der heutigen Cultural Studies. Die Soziologie war auf die Entwicklung allgemein gültiger Konzepte fokussiert, mit der Tendenz, „eine Welt von separaten, klar abgegrenzten ‚Gesellschaften' zu konstruieren, deren Differenzen als bloße Varianten desselben erfasst werden konnten" (Stratton/Ang 1996: 364). Während diese Tendenz gegenwärtig in der Soziologie der Globalisierung selbst kritisiert wird, folgern Ang und Stratton aus diesem diskursiven Muster der (funktionalen) Soziologie[10] einen zentralen Aspekt von Cultural Studies in Zeiten der Globalisierung: Diese können nicht in dem Sinne ‚globale Cultural Studies' sein, dass es ihnen darum ginge, eine allgemein gültige und universelle ‚Metasprache' zu entwickeln, die kulturelle Spezifität verallgemeinert. Ebenso macht es aber keinen Sinn, in verschiedenen nationalen Kontexten jeweils nationale Projekte der Cultural Studies zu entwickeln – auch dies würde die segmentierenden Muster und Logiken der funktionalen Soziologie reproduzieren. Eher sollten die Cultural Studies Prozesse der Artikulation von Partikularitäten als solche fokussieren, basierend auf einem kontextuell sensiblen und fortlaufenden Prozess der Theoretisierung. In den Worten von Ien Ang und Jon Stratton selbst: „Was die Cultural Studies tun müssen, wenn sie Universalisierung vermeiden wollen, ist nicht einfach jede behauptete Partikularität aufzuwerten. Vielmehr müssen sie konkrete Prozesse der Partikularisierung als solche reflektieren und ihre Politiken in Frage stellen" (Stratton/Ang 1996: 367).

In meiner Perspektive machen gerade hier die Konzepte von Konnektivität, Netzwerk und Fluss Sinn: Sie bieten eine konzeptionelle Basis, Prozesse der Partikularisierung oder – wie ich sie bezeichnen möchte – Prozesse der Verdichtung als solche zu reflektieren. Natürlich gibt es andere Möglichkeiten der Theoretisierung bzw. muss es diese auch geben. Jedoch erscheint aus meiner Perspektive der bisher umrissene Zugang vergleichsweise brauchbar zu sein. In diesem Sinne beziehen sich die genannten Konzepte auf keine ‚universelle Theorie', jedoch auf *eine Art und Weise* der Theoretisierung von Partikularitäten in Zeiten der Globalisierung. Entsprechend erscheinen sie als *ein* wichtiger Bezugspunkt sowohl für eine Kommunikations- und Medienwissenschaft als auch für Cultural Studies, die sich mit genau solchen Fragen befassen möchten. Um diese Argumente verständlicher zu machen, möchte ich im Weiteren gegenwärtige Medienkulturen in einem solchen theoretischen Rahmen diskutieren.

3 Translokale Medienkulturen und globale Konnektivität

Auf abstrakter Ebene kann jedes Medium als ,konnektivitätsschaffend' begriffen werden: Sprache beispielsweise ist ein Werkzeug, das Menschen dazu verwenden, kommunikativ in Verbindung zu treten. So kann man – wie Carsten Winter und Werner Faulstich dies tun (vgl. Faulstich 1996; Winter 1996) – Bettelmönche und Wandermönche als „Menschmedien" (ebd.) begreifen, weil diese reisenden Personen kommunikative Verbindungen zwischen verschiedenen Menschen in unterschiedlichen Regionen schaffen. Des Weiteren lassen sich elektronische Medien und Kommunikationsstrukturen wie Film, Fernsehen, Radio und Internet als Werkzeuge der Etablierung von Konnektivität begreifen: Ihre Repräsentationen konstituieren symbolische Verbindungen zwischen verschiedensten Menschen.

Diese Beispiele illustrieren zwei Aspekte. Erstens ist Konnektivität ein generelles Moment von Kommunikation – sie ist nichts Neues oder Spezifisches für elektronische Medien oder das Internet. ,Netzwerke der Medien' lassen sich in der gesamten Mediengeschichte ausmachen.[11] Vor diesem Hintergrund helfen uns konnektivitätstheoretische Überlegung zu konzeptionalisieren, dass Kommunikation die Herstellung einer bestimmten ,Beziehung' oder ,Relation' bezeichnet, deren Ergebnis ,Verstehen' sein *kann*, aber ebenso ,Missverstehen'. Zweitens hat sich im Prozess ihrer Etablierung kommunikative Konnektivität im Verlauf der Mediengeschichte verändert: Frühe Formen der Etablierung von kommunikativer Konnektivität basierten in hohem Maße auf ,physischen Aspekten', beispielsweise der Person, die reist. Im Gegensatz dazu sind die Formen von Konnektivität, die in den letzten Jahrzehnten an Relevanz gewonnen haben, in wesentlich geringerem Maße ,physisch geprägt'. Selbstverständlich haben beispielsweise Internetverbindungen nach wie vor ihre ,physische Basis' in elektronischen Kabelnetzwerken. Aber deren Formen der Konnektivität sind mehr und mehr losgelöst von dieser ,Basis': Die Inhalte, die in der Netzkommunikation über verschiedene Territorien hinweg zugänglich sind, scheinen kaum mehr auf deren ,physische Basis' rückführbar.

Wenn wir uns näher mit dem kulturellen Wandel der Globalisierung befassen, so ist es exakt dieses zunehmende Ablösen von kulturellen Formen, das als dessen Kern beschrieben wird. Néstor García Canclini beispielsweise argumentiert, dass der herausragende kulturelle Wandel der Globalisierung die Deterritorialisierung ist: Vermittelt durch den Prozess der Globalisierung zeichnet sich ein zunehmendes Aufweichen der scheinbar natürlichen Beziehung zwischen Kultur und geografischen und sozialen Territorien ab (vgl. García Canclini 1995: 229).

Im Hinblick auf die allgemeinen Anmerkungen, die ich bezüglich der Konzeptionalisierung von Konnektivität gemacht habe, wird deutlich, dass das Konzept der Deterritorialisierung einer weiteren Differenzierung bedarf, um ein analytischer Ausgangspunkt für eine empirische Auseinandersetzung mit gegenwärtigen Medienkulturen und deren Wandel sein zu können. Das Hauptproblem seiner Überlegungen ist, dass García Canclini zwei Arten von Deterritorialisierung miteinander vermischt. Zuerst einmal gibt es eine Art der Deterritorialisierung, die sich als physische Deterritorialisierung bezeichnen lässt. Es ist diese Art der Deterritorialisierung, auf die die Arbeiten von Néstor García Canclini aber auch anderer Globalisierungsforscherinnen und -forscher fokussiert sind:[12] Eine Vielzahl von Personen reist und migriert in Zeiten der Globalisierung; die Welt als Ganzes basiert in wesentlich höherem Maße auf Mobilität als in den Jahrhunderten davor. García Canclini fokussiert sich auf diesen Aspekt, wenn er mit Bezug auf Migranten den kulturellen Wandel in Lateinamerika bzw. den USA diskutiert. Aber auch in Bezug auf Europa lässt sich eine Zunahme solcher Formen der Mobilität ausmachen.[13]

Hiervon ist allerdings eine zweite Art der Deterritorialisierung zu unterscheiden, die sich als kommunikative Deterritorialisierung bezeichnen lässt. Der kulturelle Wandel der Globalisierung bezieht sich nicht nur auf die zunehmende Mobilität von Menschen und Gütern. Im Alltag ebenso zentral ist der fortlaufende Prozess der Globalisierung von Medienkommunikation. Mehr und mehr Waren, die über verschiedene Territorien hinweg verfügbar sind – Fernsehformate von Soaps und Quiz-Shows, auf ein transnationales Publikum zielende Filme oder Musik(-videos) aber beispielsweise auch mit medial kommunizierten Images operierende Marken-Kleidung – sind Medienprodukte (vgl. Hall 2002: 95-101). Hierdurch wird Medienkultur zumindest partiell deterritorial: Verschiedene Sinnangebote insbesondere im Bereich der Jugend- und Populärkultur, die in Zeiten der Globalisierung mittels Medien kommuniziert werden, lassen sich nur noch in beschränktem Maße auf bestimmte Territorien rückbeziehen.

Sicherlich können physische und kommunikative Deterritorialisierung nicht gegeneinander gesetzt werden, sondern sind vielmehr auf verschiedenen Ebenen miteinander verwoben. Wenn man Diasporas als Beispiel für physische Deterritorialisierung nimmt, so ist es offensichtlich, dass diese nur deshalb stabile „exemplarische Gemeinschaften des transnationalen Augenblicks" (Tölölyan 1991: 3) sein können, weil ihre Mitglieder gemeinsame kulturelle Repräsentationen teilen.[14] Und diese geteilten kulturellen Repräsentationen, wie beispielsweise bei der indischen Diaspora Bollywood-Filme oder das transnationale indische Fernsehen ZeeTV, sind letztlich zunehmend medial vermittelt, basieren auf einer kommunikativen Konnektivität. Nichtsdestotrotz ist es heuristisch wichtig, physische und kommunikative Deterritorialisierung voneinander zu unterscheiden. Hierfür sprechen insbesondere drei Gründe:

- *Geschwindigkeit:* Kommunikative Deterritorialisierung scheint wesentlich schneller statt zu finden als physische. Mediale Flüsse können in Zeiten einer globalen kommunikativen Infrastruktur viel schneller und billiger über verschiedene Territorien hinweg ‚bewegt' werden als Flüsse materieller Güter und Menschen.

- *Flüchtigkeit:* Kommunikative Deterritorialisierung scheint wesentlich ‚flüchtiger' zu sein als physische Deterritorialisierung. Wenn man Migration als ein bekanntes Beispiel für physische Deterritorialsierung nimmt, so ist dieser Prozess sehr manifest in der lokalen Nachbarschaft: Eine Person irritiert als ‚Fremder' in hohem Maße durch seine oder ihre Alltagspraktiken – und dies mag auch der Grund dafür gewesen sein, warum sich die klassische Soziologie in solchem Maße für den sozialen Typen des ‚Fremden' interessierte. Im Gegensatz dazu sind viele Aspekte der kommunikativen Deterritorialisierung nur schwer zu erkennen, beispielsweise ‚nationalisierte' Versionen transkulturell gehandelter Soap Operas oder Quiz-Shows, die gewöhnlicher Weise als ‚nationales Fernsehen' angeeignet werden, während das Format selbst ‚deterritorialisiert' ist (vgl. Moran 1998; Hallenberger 2002/2005; Müller 2002). Durchaus vergleichbar werden möglicherweise nationale bzw. nationalisierte Internetportale transnationaler Anbieter als etwas ‚Eigenes' angesehen. In diesem Sinne erscheint kommunikative Deterritorialisierung ‚flüchtiger' als die physische.

- *Reichweite:* In scheinbarem Widerspruch hierzu ist die Reichweite, mit der die kommunikative Deterritorialisierung das Alltagsleben durchdringt, wesentlich größer als die physischer Deterritorialisierung. Während in vielen Regionen der Welt die physische Mobilität geringer ist als man vermutet, so sind auch dort Medienprodukte unterschiedlichster Kontexte zugänglich (vgl. Morley 2000: 86-104). Auf Grund ihrer Geschwindigkeit und Flüchtigkeit durchdringt die kommunikative Deterritorialisierung das Alltagsleben auf verschiedensten Ebenen.

Diese drei Gründe einbeziehend kann man argumentieren, dass das Konzept der kommunikativen Deterritorialisierung als Konsequenz einer zunehmenden globalen kommunikativen Konnektivität es möglich macht, den Wandel von Medienkulturen in Zeiten der Globalisierung zu verstehen – ein Wandel, der aktuell bereits statt findet. Mehr und mehr Medienprodukte werden über verschiedenste Territorien hinweg zugänglich, wofür transnationale bzw. transkulturelle Nachrichtenflüsse[15] oder Hollywood-[16] und Bollywood-Filme[17] ein Beispiel sind. Und in gewissem Sinne lässt sich das Internet als die am stärksten deterritorialisierte Kommunikationsplattform verstehen, indem WWW-Inhalte zumindest auf idealer Ebene von überall her zugänglich sind. Wie kann man aber diese Prozesse der kommunikativen Deterritorialisierung im Detail analysieren? Und welche Hilfe bietet dabei ein Ansetzen bei Fragen kommunikativer Konnektivität?

Auf der Basis des bisher umrissenen theoretischen Rahmens lässt sich folgende Antwort geben: durch einen Fokus auf Translokalität (vgl. Hepp 2004b: 163-194). Grundlegend lässt sich das Wort ‚translokal' oder ‚Translokalität' als ein Konzept zur Analyse der Konnektivität von Medien in Zeiten der Globalisierung begreifen. Dieses Konzept erscheint für eine solche Analyse aus zwei Gründen angemessen, die man mit dem Wort ‚Lokalität' und dem Präfix ‚Trans-' verbinden kann: ‚Lokalität' betont, dass in Zeiten der Globalisierung die lokale Welt nicht aufhört zu existieren. Unabhängig davon wie weit die kommunikativen Konnektivitäten an einer einzelnen Lokalität gehen – welche Fernsehkanäle, Internetangebote oder andere Medienerzeugnisse greifbar sind –, berührt dies nicht die Frage, dass eine Person ihr Leben zuerst einmal lokal lebt. Als ein auch physisches Wesen lebt jeder Mensch an einem bestimmten Ort. Sicherlich verändert ein solcher Ort mit wachsender kommunikativer Konnektivität seine Bedeutung, insbesondere wenn diese Konnektivität dazu tendiert, global zu sein. Das Zuhause ist nicht mehr der kommunikativ weitgehend abgeschlossene Raum, der es vor zwei Jahrhunderten war (vgl. Hepp 2002: 452-457). Dies minimiert aber nicht die Zentralität von Lokalität in Zeiten der Globalisierung. Gleichzeitig lenkt ‚Trans-' als Präfix den Fokus von Fragen der Lokalität (auf die sich beispielsweise insbesondere die Medienanthropologie fokussiert) auf Fragen der Spezifik von Konnektivität. Wenn die Auseinandersetzung mit Medienkulturen in Zeiten der Globalisierung sich also auf ‚Translokalität' richtet, so betont dies auf der einen Seite, dass das Lokale nach wie vor seine Bedeutung hat, dass auf der anderen Seite aber heutige Lokalitäten sowohl physisch als auch kommunikativ in einem hohen Maße konnektiert sind. *Eine Beschäftigung mit Fragen der Translokalität lenkt damit den Blick auf eine Analyse des ‚Wie' der gegenwärtigen physischen und kommunikativen Konnektivität.*

Daneben bezieht sich der Ausdruck der ‚Translokalität' aber auch auf ein bestimmtes Verständnis von Kultur. Vor einiger Zeit hat Jan Nederveen Pieterse (1998) zwei grundlegende Verständnisse von Kultur unterschieden, nämlich ein territoriales und ein translokales. Seine Argumente pointiert zusammenfassend lässt sich sagen, dass territoriale Konzepte von Kultur nach innen orientiert, endogen, auf Metaphern des Organischen, Authentischen und der Identität fokussiert sind. Translokale Konzepte von Kultur sind hingegen nach außen orientiert, exogen, und auf Metaphern der Hybridität, Übersetzung und Identifikation orientiert (vgl. im Detail hierzu Hepp 2004b: 163-175). Auf der Basis meiner bisherigen Argumentation zu Konnektivität erscheint es sinnvoll, Kulturen *im Allgemeinen* in einem translokalen Begriffsrahmen zu fassen: Alle Kulturen sind *mehr oder weniger* hybrid, müssen übersetzen, ihre ‚Identitäten' wandeln usw. In Abgrenzug hierzu erscheint eine generell territorialisierende Konzeptionalisierung von Kultur als problematisch, indem sie auf das bereits kritisierte Container-Denken bezüglich Nationalstaaten verweist. Innerhalb eines solchen Konzepts werden Kulturen unhinterfragt als ‚Nationalkulturen' von ‚Territorialstaaten' gefasst.

Sinnvoller als eine solche territoriale Grenzziehung ist es zu betonen, dass Kulturen – als Summe der Klassifikationssysteme und diskursiven Formationen, auf die sich Kommunikation und Prozesse der Bedeutungsproduktion beziehen (vgl. Hall 2002) – das Lokale überschreiten, ohne dass sie sich notwendigerweise auf Territorialität als Referenzpunkt ihrer Bedeutungsproduktion beziehen. In diesem Sinne erscheinen Kulturen als eine Art von Verdichtung translokaler Prozesse der Bedeutungsartikulation. Eine solche Theoretisierung von Kultur eröffnet die Möglichkeit, Territorialisierung und analog hierzu Deterritorialisierung selbst als umkämpfte

Praktiken zu analysieren, durch die sich spezifische Kulturen in deren Partikularität artikulieren – innerhalb der Medien, aber auch jenseits von diesen. Ein solcher Ansatzpunkt gestattet die Theoretisierung von Medienkulturen auf eine neue Art und Weise. Wenn ich hierbei von Medienkulturen spreche, so bezeichne ich damit all solche Kulturen, deren primäre Ressourcen der Bedeutungsproduktion durch technische Medien zugänglich sind. Aus dieser Perspektive erscheinen alle Medienkulturen als ,translokal', indem Medien translokale kommunikative Konnektivitäten ermöglichen. Mit Bezug auf eine Konnektivitätstheorie der Medien müssen Medienkulturen damit im Allgemeinen als translokale Phänomene gefasst werden. Allerdings sind diese in manchen Fällen eher territorialisiert (bspw. ,nationale Medienkulturen'), in anderen Fällen eher deterritorialisiert (bspw. ,diasporische Medienkulturen').

Innerhalb eines solchen Analyserahmens wird es möglich, den Wandel europäischer Medienkulturen während der letzten zweihundert Jahre zu umreißen. Man kann die Arbeiten von Benedict Anderson, Orvar Löfgren oder David Morley als Beispiele hierfür nehmen. Das Aufkommen nationaler Kulturen ist verbunden mit der Verbreitung so genannter ,Massenmedien'. Wenn unterschiedliche Lokalitäten intensiv durch Medien miteinander konnektiert sind, werden verschiedenste Menschen in einen kommunikativen Prozess eingebunden, der auf die Konstruktion einer geteilten „vorgestellten Gemeinschaft" (Anderson 1996), eines „home territory" (Morley 2000) oder einer „kulturellen Verdichtung" (Löfgren 2001) zielt. Solche Überlegungen verweisen darauf, in welchem Maße Fragen der Territorialität mit solche der Translokalität zusammen hängen. Hier lässt sich die Geschichte des Fernsehens als ein Beispiel nennen: Erstens wurde das Fernsehen in den 1950er Jahren zuerst einmal als ,global' vermarktet, indem es als ein ,Fenster zur Welt' dargestellt wurde. Zweitens musste das Fernsehen lokal angeeignet werden, d.h. es musste seinen Platz im lokalen Leben finden. Und drittens hatte der Horizont seiner ersten Repräsentationen eine Tendenz zum National-Territorialen, indem die ersten wichtigen Fernsehereignisse nationale Feste, nationale Fußballspiele oder nationale serielle Produktionen waren, aber auch die Grenzen des Sendegebiets von Fernsehanstalten nationale waren. Wie auch die Printmedien und das Radio zuvor, half das Fernsehen, eine territorialisierte „vorgestellte Gemeinschaft" der Nation zu artikulieren.

David Morleys Metapher des „home territory" wird an dieser Stelle in einem doppelten Sinne wichtig. Auf der einen Seite verweist sie auf das Spezifische dieser nationalen Medienkulturen. Es ist möglich, nationale Medienkulturen als solche zu fassen, deren translokale kommunikative Verdichtungen in dem Sinne territorialisiert wurden, dass nationale Grenzen die primären Grenzen vielfältiger kommunikativer Netzwerke und Flüsse sind. Der Prozess der kulturellen Verdichtung einer nationalen vorgestellten Gemeinschaft erscheint territorial bezogen. Auf der anderen Seite zeigt uns David Morleys Metapher des „home territory" deutlich, dass diese Territorialität des medienvermittelten Zuhauses nicht mehr in einer reinen Form besteht. In Zeiten der Globalisierung werden kommunikative Konnektivitäten zunehmend deterritorialisiert. Mit der Distribution von Medienprodukten über verschiedene nationale Grenzen hinweg und dem Aufkommen des Internets nimmt eine globale kommunikative Konnektivität zu, die die Verdichtungen nationaler Medienkulturen relativiert. Man muss diese zunehmend als Teil verschiedenster Netzwerke der Medien kontextualisieren.

Das bedeutet, dass die Grenzen der kulturellen Verdichtungen, derer wir uns zugehörig fühlen, nicht notwendigerweise denen territorialer Grenzen entsprechen, während gleichzeitig Territorien nach wie vor einen hohen Stellenwert als Bezugspunkt der Artikulation nationaler Gemeinschaften sind. Nichtsdestotrotz gewinnen neben diesen deterritoriale Verdichtungen mit einer zunehmenden globalen kommunikativen Konnektivität an Relevanz.

Wenn man heutige Medienkulturen betrachtet, so fällt auf, dass diese durch beide Momente gekennzeichnet sind: Auf der einen Seite bestehen nach wie vor eher territorial fokussierte Verdichtungen kommunikativer Konnektivität, weswegen es Sinn macht von medienvermittelten ‚regionalen' oder ‚nationalen' translokalen Gemeinschaften als einem Bezugspunkt von Identitäten und Kulturen zu sprechen.[18] Aber zur gleichen Zeit haben wir auf der anderen Seite kommunikative Verdichtungen über solche territorialen Grenzen hinweg, Verdichtungen, die den Raum für deterritoriale translokale Vergemeinschaftungen mit entsprechenden Identitäten und Kulturen eröffnen. Analytisch lassen sich hier vier Arten solcher deterritorialer Vergemeinschaftungen unterscheiden im Hinblick auf deren ethnischen, kommerziellen, politischen und religiösen Aspekt. Auf der Ebene von Ethnizität haben wir eine zunehmende Zahl von kommunikativen Verdichtungen von Minderheitengruppen und Diasporas. Auf kommerzieller Ebene lässt sich eine zunehmende Zahl deterritorialer populärkultureller Gemeinschaften ausmachen wie z.B. Jugendkulturen oder Jugendszenen. Auf politischer Ebene bestehen eine zunehmende Zahl deterritorialer sozialer Bewegungen wie beispielsweise die globalisierungskritische Bewegung. Und auch religiöse Vergemeinschaftungen als eine historisch sehr alte Form deterritorialer Gemeinschaft haben in den letzten Jahren wieder an Relevanz gewonnen. Man kann argumentieren, dass all diese Beispiele auf eine translokale, medienvermittelte Konnektivität bzw. dieser entsprechende spezifische kulturelle Verdichtungen verweisen und eine zentrale Ressource für gegenwärtige Identitäten sind.

4 Globale Ungleichheiten in den Netzwerken der Medien

Die bis hierher gemachten Argumente lassen sich dahingehend zusammen fassen, dass in Zeiten der Globalisierung translokale Medienkulturen am ehesten als spezifische kulturelle Verdichtungen betrachtet werden sollten, die in einigen Aspekten territorialisiert sind, in mehr und mehr Aspekten aber als kommunikativ deterritorialisierte Phänomene erscheinen. Übersieht eine solche Perspektive auf die Globalisierung der Medienkommunikation aber nicht Fragen des Konfliktes und der Ungleichheit, wie sie beispielsweise in der Tradition des kulturellen Imperialismus diskutiert werden? Ist eine solche Perspektive nicht harmonisierend und beschönigend?

Diese Fragen sind wichtig, da eine Reihe von Konnektivitätstheorien eine solche Tendenz zur Harmonisierung haben. Allerdings möchte ich an dieser Stelle argumentieren, dass das Konzept der translokalen Medienkulturen auch einen neuen Ansatz für die Beschreibung der Ungleichheit der Globalisierung von Medienkommunikation bietet. Ungleichheiten der Globalisierung von Medienkommunikation lassen sich am Besten als ‚Ungleichheit translokaler kommunikativer Konnektivität' beschreiben. Dies kann exemplarisch sowohl auf der Ebene der Produktion gezeigt werden als auch auf der Ebene der Repräsentation und Aneignung.

4.1   Knoten der Produktion

Wenn man die Frage stellt, welche Medienorganisationen insbesondere die Medienprodukte produzieren, die kommunikative Konnektivitäten über verschiedene Territorien hinweg konstituieren, so stellt man fest, dass es eine eher beschränkte Zahl von Unternehmen ist, die ‚global agieren', d.h. Medienprodukte produzieren, die in einer großen Anzahl von kulturellen Kontexten verfügbar sind.[19]

Sieht man sich die Struktur solcher Organisationen wie beispielsweise Sony, Time Warner oder Bertelsmann an wird deutlich, dass diese selbst keine ‚integrierten Unternehmen' darstellen, sondern eher komplexe Netzwerke von Tochterfirmen und – teilweise gemeinsamen – Joint Ventures sind. In gewissem Sinne muss man deren Struktur wieder translokal und nicht territorial fassen: Zentral für die verschiedenen Tochterunternehmen und Joint Ventures dieser ‚deterritorialen Medienkonzerne' erscheint eine beschränkte Zahl „globaler Medienstädte" (vgl. Krätke 2001, 2002).[20] Man kann diese Städte auf drei Ebenen als globale Medienstädte kategorisieren: Erstens sind diese Städte die zentralen Knoten in den Netzwerken der deterritorialen Medienkonzerne. Die globalen Medienstädte sind nicht nur die Lokalitäten, an denen viele der global orientierten Medienprodukte entwickelt werden, sie sind auch die Lokalitäten, an denen die Entscheidungsprozesse in diesen Netzwerken zentriert sind. Zweitens sind die globalen Medienstädte die zentralen Knoten der Infrastruktur und Distribution der globalen medienvermittelten kommunikativen Konnektivität. Und drittens sind sie die Knoten der globalen Finanznetzwerke und -flüsse auch im Bereich der Medienkommunikation (vgl. Sassen 2000). In dieser Hinsicht lassen sie sich als die zentralen Schalter zwischen den Netzwerken deterritorialer Medienkonzerne und globaler Finanzflüsse charakterisieren.

Abbildung 2: Globale Medienstädte

Zentral an diesem Punkt ist, dass nur eine translokale Perspektive die Augen für mehrfach geschichtete Ungleichheiten globaler Medienproduktion öffnet. Diese kann nicht einfach kulturell territorialisiert werden, wie es in der Kulturimperialismuskritik gerne gemacht wird:[21] Ist beispielsweise Sony Pictures ‚japanisch‘ oder ‚amerikanisch‘, weil ihr Hauptsitz im Großraum L.A. liegt? Oder wie wäre Bertelsmanns Random House mit Hauptsitz New York einzuordnen? Als ‚deutsch‘ oder ‚amerikanisch‘? Eher sind diese Unternehmen Netzwerke über spezifische territoriale und deterritoriale translokale Medienkulturen hinweg – verdichtet an den Knoten bestimmter globaler Medienstädte. Sie handeln nicht nur im Rahmen eines zunehmend globalen Medienkapitalismus, sondern fokussieren sich auch auf kommerziellen Erfolg über verschiedene Kulturen hinweg.

Das Beispiel deterritorialer Medienkonzerne und globaler Medienstädte zeigt, wieso die Ungleichheiten global orientierter Medienproduktion als translokale Phänomene gefasst werden sollten: Auf der einen Seite findet eine global orientierte Medienproduktion in spezifischen deterritorialisierten Netzwerken statt. Auf der anderen Seite sind die Machtbeziehungen in diesen Netzwerken konzentriert in bestimmten globalen Medienstädten, die selbst ungleich über den Globus verteilt sind – auch wenn es nicht möglich ist, diese einfach mit ‚dem Westen‘ gleich zu setzen. Eine auf Fragen der Translokalität fokussierte Zugangsweise macht es damit möglich, diese Ungleichheiten zu diskutieren – jedoch ohne sie von vornherein und unhinterfragt zu territorialisieren.

4.2   Verdichtungen medialer Repräsentationen

Wie ich zu Beginn des letzten Abschnitts argumentiert habe, können auch nationale
Medienkulturen als translokal betrachtet werden – allerdings mit einer Besonderheit:
die medienvermittelte Konnektivität dieser Kulturen ist territorialisiert, sie hat territoriale Grenzen. Dieses Argument lässt sich präziser fassen, indem man formuliert,
dass die medialen Repräsentationen (Medieninhalte, Medienprodukte) innerhalb
dieser nationalen Medienkulturen primär innerhalb bestimmter nationaler Grenzen
kommuniziert werden und gleichzeitig deren Diskurse durch einen unmarkierten
nationalen Rahmen – einen „banalen Nationalismus" (Billig 1995) – gekennzeichnet
sind. Jedoch ist diese Artikulation von territorial spezifischen – und damit auch un-
gleichen – medialen Repräsentationen nur ein Aspekt von Repräsentationen translokaler Medienkulturen. In einer translokalen Zugangsweise lassen sich auch andere
Ungleichheiten ausmachen.

Betrachtet man Medienkulturen in einer translokalen Perspektive, so sind verschiedene Verdichtungen innerhalb der Konnektivität deren medialer Repräsentationen zu unterscheiden. Zunächst einmal bestehen nach wie vor regionale und nationale Verdichtungen medialer Repräsentationen. Wenn man nochmals das Fernsehen als Beispiel aufgreift, verweisen gegenwärtige Untersuchungen darauf, dass
serielle Produktionen in der Hauptsendezeit in verschiedensten Regionen der Welt
insbesondere nationale Repräsentationen sind – und zwar sowohl im Hinblick auf
deren Verfügbarbeit als auch im Hinblick auf die behandelten Themen (vgl. Sinclair
et al. 1996; Hallenberger 2002). Daneben gewinnen aber auch andere Repräsentationen des Fernsehens mit fortschreitender Globalisierung der Medienkommunikation
an Bedeutung. Beispiele dafür sind transnationale regionale Repräsentationen wie
beispielsweise indische fiktionale Fernsehsendungen, die in angrenzenden Staaten
zunehmend das Medienangebot prägen (vgl. Pendakur/Subramanyam 1996;
Becker/Luger 2002). Gleichzeitig sind indische Fernsehproduktionen auch ein Beispiel für die zunehmende Relevanz dessen, was man als ‚deterritoriale Repräsentationen' bezeichnen kann. Deterritoriale Repräsentationen sind über verschiedenste
Territorien hinweg verfügbar, gleichzeitig aber auf spezifische kulturelle Gemeinschaften, wie beispielsweise Diasporas oder populärkulturelle Gemeinschaften, ausgerichtet (vgl. zu solchen Überlegungen in Bezug auf Film Hepp 2006b). Viele indische Fernsehproduktionen werden durch Sender wie Zee-TV oder B4Y deterritorial
zugänglich und entsprechend auch außerhalb Indiens rezipiert – insbesondere durch
Mitglieder der indischen Diaspora. Vor diesem Hintergrund lassen sie sich als deterritoriale Repräsentationen charakterisieren.

An dieser Stelle ist der Kern meiner Argumentation wiederum darin zu sehen,
dass es in Zeiten der Globalisierung nicht möglich erscheint, ausschließlich innerhalb eines territorialen Begriffsrahmens zu argumentieren. Während man sagen
kann, dass territoriale Aspekte nach wie vor in Form von nationalen Repräsentati-

onen deren Relevanz haben, bestehen zunehmend daneben andere Formen medialer Repräsentationen, die eine kommunikative Konnektivität transkulturell über territoriale Grenzen hinweg artikulieren. Aus diesem Grund erscheint es notwendig, sich mediale Repräsentationen auf globaler Ebene als eine komplexe Landschaft vorzustellen. Diese Landschaft hat unterschiedliche Verdichtungen, die territorial bezogen sein können, wie bspw. im Falle nationaler oder regionaler. Daneben besteht aber eine zunehmende Zahl von Verdichtungen, die deterritorial sind. Damit werden Fragen der (globalen) Ungleichheit medialer Repräsentation innerhalb eines translokalen Begriffsrahmens greifbar – wie auch Überschneidungen unterschiedlicher Verdichtungen von Repräsentationen in den Blick geraten. In den Mittelpunkt rückt so die Frage, ob bestimmte Verdichtungen ‚ausschließende' Tendenzen haben, was es kontextbezogen zu kritisieren gilt, ohne den Gesamtblick auf die globale Landschaft unterschiedlicher kommunikativer Verdichtungen zu verlieren.

4.3   Infrastrukturen der Aneignung

Ein weiterer Aspekt der Ungleichheit von Konnektivität kann auf der Ebene der Infrastruktur der Medienaneignung gesehen werden. Dies ist die Ebene, auf der gewöhnlicher Weise Fragen des so genannten „digital divide" diskutiert werden (vgl. Norris 2001). Hierbei geht es bezogen auf Infrastrukturen um die Auseinandersetzung damit, wie viele Computer mit Internetanschluss in einem Land bzw. einer Region verfügbar sind und wer dazu Zugang hat – eine Frageperspektive, die man auch auf Fernsehgeräte, Satellitenschüsseln oder Videorekorder ausweiten kann (vgl. Balnaves et al. 2001: 46-53; Diplomatique 2003: 16-18). Der zentrale Punkt hier ist, dass solche Statistiken nicht immer wirklich hilfreich sind, indem in ihnen die Infrastruktur aber auch der Prozess der kulturellen Aneignung zu früh territorialisiert wird. Sicherlich wäre es irreführend zu behaupten, es gäbe keine Differenzen der Infrastruktur der Aneignung zwischen verschiedenen Ländern. Problematisch wird jedoch die häufig anzutreffende Ausschließlichkeit eines territorialen Fokus auf diese, durch den weitere Ungleichheiten nicht greifbar werden.

Dieses Argument lässt sich insbesondere am Beispiel der Netzkommunikation untermauern. Hier stellt man eine paradoxe Struktur fest. Erstens sind auf globaler Ebene Differenzen der Infrastruktur von Konnektivität eher ein lokales als ein territoriales Phänomen: Lokalitäten mit einer ausgeprägten kommunikativen Infrastruktur sind in Afrika, Lateinamerika, Asien aber auch Europa insbesondere die Städte. Während es technisch prinzipiell möglich ist, überall Zugang zum Internet zu bekommen, scheint eine Tendenz dahingehend zu bestehen, dass sich die Infrastruktur der Netzkommunikation eher in Städten denn auf dem Land konzentriert (vgl. auch Zook 2000). Dies überrascht nicht in der so genannten ‚Dritten Welt', da Städte dort das Gebiet sind, wo man Telefonverbindungen bzw. einen Stromanschluss findet und wo die Menschen leben, die sich einen Computer leisten können (vgl. Afemann 2002). Es überrascht aber, dass sich solche Tendenzen auch in einzelnen Regionen Europas abzeichnen (vgl. Vogelgesang 2002). Ein Fokus auf Translokalität macht also mehr Ungleichheiten greifbar als ein Fokus auf Territorialität.

Sicherlich erscheint es aber zweitens nicht angemessen für eine Perspektive, die auf translokale Medienkulturen fokussiert ist, Fragen der Infrastrukturen der Aneignung ausschließlich auf einer solchen technischen Ebene zu diskutieren. Wie jeder Aspekt von Technologie, ist die Infrastruktur der Aneignung kommunikativer Konnektivität kulturell eingebettet. Auf dieser Ebene lässt sich so etwas wie ein Prozess der Aneignung von Ungleichheit ausmachen. Hierdurch werden Ungleichheiten in der Infrastruktur von kommunikativer Konnektivität nicht eliminiert, jedoch wird es möglich zu erklären, dass eine geringe Infrastruktur kommunikativer Konnektivität nicht zwangsläufig eine Exklusion aus der Globalisierung der Medienkommunikation insgesamt bedeutet. Ethnografische Berichte zeigen beispielsweise, dass die Konnektivität der Netzkommunikation in Afrika auf eine spezifische Weise angeeignet wird (vgl. Cornu 2002). So wird das Internet wesentlich häufiger als in Europa in städtischen Internet-Cafés bzw. öffentlichen Zugangsstellen genutzt. Die Lokalitäten der Netzkommunikation sind in wesentlich stärkerem Maße öffentliche Räume. Gleichzeitig werden diese Möglichkeiten des Zugangs durch ein spezifisches Set kultureller Praktiken lokalisiert – Praktiken, die die Konnektivität der Netzkommunikation mit der Konnektivität der alltäglichen Face-to-Face-Interaktion verbinden. In Ländern Zentralafrikas ist es möglich, einen Taxi-Fahrer dafür zu bezahlen, Nachrichten aufzunehmen und sie via Internet an eine bestimmte Adresse zu schicken, wenn man auf dem Land lebt, keinen Zugang zum Internet hat und ein Familienmitglied im Ausland erreichen möchte. Der Taxi-Fahrer nimmt diese Nachricht mit sich, versendet sie und bringt später die Antwort zurück, wenn es eine gibt. Ähnliche Beispiele können für die Aneignung des Fernsehens im ländlichen Indien gefunden werden, wo die Besitzrate von Fernsehgeräten eher gering ist, die Rate des Zugangs zum Fernsehen jedoch vergleichsweise hoch (vgl. Johnson 2000). In beiden Fällen können diese Umstände als Formen der kulturellen Aneignung der Infrastruktur von kommunikativer Konnektivität interpretiert werden.

Dies zeigt wiederum, dass Muster der Ungleichheit wesentlich komplexer sind, als eine territoriale Perspektive suggeriert. Sicherlich bestehen große Differenzen bei der Infrastruktur kommunikativer Konnektivität, die möglicherweise in den meisten Fällen ökonomische Ungleichheiten reflektieren. Berücksichtigt man jedoch die öffentliche und kollektive Nutzung von Medien, ist es nicht möglich daraus zu folgern, dass die Globalisierung der Medienkommunikation als Zunahme einer weltweiten kommunikativen Konnektivität ausschließlich ein ‚westliches Phänomen' ist. Zunehmende Netzwerke der Medien sind weltweit auszumachen.

5 Transkulturalität und Translokalität als Perspektive

Meine bisherige Argumentation war ein zusammenfassender Einblick in das, was ich als Netzwerktheorie der Medien bezeichnen möchte (vgl. dazu ausführlich Hepp 2004b, 2006c). Wie ich versucht habe deutlich zu machen, erscheint eine solche Netzwerktheorie der Medien in hohem Maße geeignet, die zunehmenden kommunikativen Konnektivitäten in Zeiten der Globalisierung von Medienkommunikation mit einer historischen Perspektive auf den medienkulturellen Wandel zu verbinden. Hierzu ist allerdings ein Perspektivenwechsel zu einem transkulturellen Begriffsrahmen notwendig, in dem das Konzept der Translokalität einen zentralen Stellenwert hat. Ein solches Ansetzen bei Fragen der Translokalität erlaubt es, nicht nur bei der immer wieder gemachten Feststellung stehen zu bleiben, dass wir in einer globalisierten Welt mit auch zunehmender medienvermittelter Konnektivität leben. Darüber erlaubt es ein solcher Analyserahmen, diese Konnektivität und den sich hieraus ergebenden kulturellen Wandel der kommunikativen Deterritorialisierung von Medienkulturen auf unterschiedlichen Ebenen zu fassen, ohne nationale Medienkulturen aus dem Blick zu verlieren. Gerade deshalb ist das Konzept der Translokalität ein angemessenes Hilfsinstrument, um die vielschichtigen Netzwerke der Medien analytisch und kritisch zu beschreiben.

Anmerkungen

1 Die Argumente, die ich im Weiteren darlege, greifen die grundlegenden Überlegungen meines Buchs „Netzwerk der Medien. Medienkulturen und Globalisierung" auf und zielen darauf, diese in der aktuellen Diskussion um die Konzepte von Konnektivität, Netzwerk und Fluss einzuordnen.

2 Wiederum verweist dies auf eine Kritik der Tradition von Sozialwissenschaften, wenn man Kulturwissenschaft bzw. Kulturanthropologie als einen Teil von dieser begreift: „Die Beziehungen zwischen vorgestelltem Leben und enträumlichen Welten [Fehlübersetzung für ,deterritorialisierten Welten', A.H.] sind außerordentlich komplex und können keinesfalls mit den räumlich begrenzten Strategien der traditionellen Ethnografie alleine gefasst werden." (Appadurai 1998: 18)

3 Zwar zielt meine folgende Argumentation auf eine Auseinandersetzung mit Fragen der Globalisierung der Medienkommunikation. Wie ich an anderer Stelle aber herausgearbeitet habe, eignen sich die skizzierten Konzepte der Konnektivität, des Netzwerks und des Flusses generell für eine Beschäftigung mit Prozessen der Medienkommunikation und deren Wandel (vgl. dazu Hepp 2006a). Auch wenn es dabei inkonsistent zu sein scheint, einen Aspekt eines Metaprozesses selbst als Prozess zu fassen, besteht dieser Widerspruch nur auf den ersten Blick: Im ersten Fall bezeichnet Metaprozess einen Gesamtinterpretationsrahmen, im zweiten Fall liegt der Fokus auf kontextuellen und situierten Prozessen. Nichtsdestotrotz muss man im Blick haben, dass es bei dieser Diskussion nicht um eine Auseinandersetzung mit ,empirischen Phänomenen' sondern um spezifische Betrachtungsperspektiven auf diese geht.

4   Im Gegensatz zu John Urry (Urry 2003: 59) gehe ich nicht davon aus, ein „‚struktureller' Zugang" sei mit einer zunehmenden globalen Konnektivität obsolet. (Globale) Konnektivität scheint mir eine auch strukturierende Kraft zu sein, was es notwendig macht, diesen Aspekt theoretisch zu fassen. Auf der anderen Seite minimiert dies selbstverständlich nicht die Relevanz eines Zugangs, der sich auf „flow" und „fluid" fokussiert.

5   Selbiges lässt sich auch ausschließlich am Beispiel des Freundschaftsnetzwerks deutlich machen: Während alle diese Netzwerke entlang des ‚Kodes Freundschaft' operieren, wechselt der ‚Fokus von Freundschaft' (‚Freundschaft mit wem') über das Netzwerk. Deshalb ist es nicht möglich, eineindeutige ‚Grenzen' von Personennetzwerken zu bestimmen. Auf diese Weise lässt sich auch das „small world theorem" einordnen (selbst wenn zwei Personen keinen direkten Freund gemeinsam haben, stehen sie doch nur durch eine kurze Kette von Zwischenpersonen miteinander in Kontakt, vgl. Watts 2004).

6   Selbstverständlich erscheint es dabei wichtig, zwischen ‚starken' und ‚schwachen Verbindungen' zu unterschieden (vgl. dazu beispielsweise die klassischen Argumente von Granovetter 1983).

7   Im Englischen bestehen durchaus begriffliche Differenzen zwischen beiden Ausdrücken, indem „fluid" nicht nur ‚Strom' bzw. ‚Flüssigkeit' impliziert, sondern ebenso ‚Gas' und dessen ‚Flüchtigkeit'. Dies eröffnet sicherlich ein produktives Feld von Metaphern, wie das Buch „Liquid Modernity" (dt. „Flüchtige Moderne") von Zygmunt Bauman (2000) deutlich macht. Nichtsdestotrotz verbleibt hier das Risiko, strukturelle Aspekte von Konnektivität aus dem Blick zu verlieren, indem man sich ausschließlich auf die Auflösung traditioneller Institutionen der Moderne fokussiert, anstatt deren Transformation in neue Strukturen ebenso in das Blickfeld zu rücken.

8   Urry gebraucht beide Ausdrücke ‚flow' und ‚fluid' weitgehend synonym. Zu deren begrifflichen Nuancen siehe meine vorherige Anmerkung.

9   Dies bedeutet selbstverständlich nicht, dass Urry keine Fragen von Macht diskutieren würde (vgl. dazu Urry 2003: 104-119).

10 Man muss die Argumente von Ang und Stratton allerdings in der Form einschränken, dass es innerhalb der Soziologie – insbesondere der Kultursoziologie – immer auch Bezüge zu den Cultural Studies gegeben hat (vgl. dazu bspw. Long 1997: 15).

11 Dieser Umstand ist deshalb wichtig, weil viele gegenwärtige Konnektivitätstheorien wie beispielsweise die Netzwerktheorie von Manuel Castells dazu tendieren, diese historische Dimension über das Internet hinaus aus dem Blick zu verlieren (vgl. Castells 2001: 31-82).

12 Siehe bspw. Appadurai 1996: 27-65.

13 Für statistische Angaben siehe European Commission 2003.

14 Im Detail hat das Mary Gillespie für die Punjab Diaspora gezeigt (vgl. Gillespie 1995, 2000, 2002 sowie meine Argumente im folgenden Abschnitt zu Fragen der Medienaneignung).Vergleichbare Argumente werden auch entwickelt von Ang 2001, 2003; Aksoy/Robins 2000; Bromley 2002; Clifford 1994; Dayan 1999; Mercer 1988; Papastergiadis 1998; Zips 2003.

15 Siehe bspw. Boyd-Barrett/Rantanen 1998; Paterson 1997; Volkmer 1999; Zelizer/Allan 2002.

16 Zu Hollywood siehe During 1997; Hickethier 2001; Miller et al. 2001; Olson 1999.

17 Für die indische Filmindustrie siehe Chakravarty 1993; Dhaliwal 1994; Kazmi 1999; Pendakur 1990; Pendakur/Subramanyam 1996 sowie zunehmend verschiedenste populärwissenschaftliche Veröffentlichungen.

18 Ein Beispiel wäre die Identität verschiedener deutscher Bundesländer wie Bayern oder Bremen, ein anderes die verschiedenen nationalen Identitäten innerhalb von Europa. Darüber hinaus kann man argumentieren, dass die Artikulation Europas selbst auf einen spezifischen, territorial umgrenzten Raum kommunikativer Konnektivität verweist (siehe Kleinsteuber/Rossmann 1994; Morley/Robins 2002).

19 Siehe bspw. Hachmeister/Rager 2005 und Herman/McChesney 1997.

20 Im Hinblick auf die oben stehende Visualisierung steht sicherlich die Frage im Raum, ob deren Kriterien nicht durch einen gewissen Eurozentrismus geprägt sind, indem eine große Zahl der globalen Medienstädte innerhalb von Europa lokalisiert sind. Während eine solche Kritik nicht von der Hand zu weisen ist, sind meines Erachtens die Analysen von Krätke dennoch insofern hilfreich, weil sie greifbar machen, dass auch Medienproduktion im Hinblick auf Globalisierung eher in einem translokalen Rahmen denn in einem territorialen verhandelt werden sollte.

21 Siehe bspw. die Visualisierungen in Balnaves et al. 2001 oder Le Monde Diplomatique, 2003.

Literatur

Aksoy, A./Robins, K. (2000): Thinking Across Spaces. Transnational Television from Turkey. In: European Journal of Cultural Studies (3): 343-365.

Anderson, B. (1996): Die Erfindung der Nation. Zur Karriere eines folgenreichen Konzepts. Berlin.

Ang, I. (1996): Living Room Wars. Rethinking Media Audiences for a Postmodern World. London u.a.

Ang, I. (2001): On Not Speaking Chinese. Living Between Asia and the West. London.

Ang, I. (2003): Im Reich der Ungewissheit. Das globale Dorf und die kapitalistische Postmoderne. In: Hepp, A./Winter, C. (Hrsg.): Die Cultural Studies Kontroverse. Lüneburg: 84-110.

Ang, I. (2006): Radikaler Kontextualismus und Ethnographie in der Rezeptionsforschung. In: Hepp, A./Winter, R. (Hrsg.): Kultur – Medien – Macht. Cultural Studies und Medienanalyse. Dritte überarbeitete und erweiterte Auflage. Wiesbaden: 61-80.

Appadurai, A. (1996): Modernity at Large. Minneapolis.

Appadurai, A. (1998): Globale ethnische Räume. Bemerkungen und Fragen zur Entwicklung einer transnationalen Anthropologie. In: Beck, U. (Hrsg.): Perspektiven der Weltgesellschaft. Frankfurt a.M.: 11-40.

Balnaves, M./Donald, J./Hemelryk Donald, S. (2001): Der Fischer Atlas Medien. Frankfurt a.M.

Bauman, Z. (1998): Globalization. The Human Consequences. Cambridge u.a.

Bauman, Z. (2000): Liquid Modernity. Cambridge u.a.

Beck, U. (1997): Was ist Globalisierung? Irrtümer des Globalismus – Antworten auf Globalisierung. Frankfurt a.M.

Becker, J./Luger, K. (Hrsg.) (2002): Flimmerndes Asien. Fernsehentwicklung eines Kontinents im Aufbruch. Wien.

Billig, M. (1995): Banal Nationalism. London: Sage.

Boyd-Barrett, O. (1997): Global News Wholesalers as Agents of Globalization. In: Sreberny-Mohammadi, A./Winseck, D./McKenna, J./Bod-Barrett, O. (Hrsg.): Media in Global Context. A Reader. London: 131-144.

Boyd-Barrett, O./Rantanen, T. (Hrsg.) (1998): The Globalization of News. London u.a.

Boyd-Barrett, O./Thussu, D.K. (Hrsg.) (1992): Contra-Flow in Global News. London.

Bromley, R. (2002): Stets im Aufbau: Das Aushandeln von Diasporischen Identitäten. In: Hepp, A./Löffelholz, M. (Hrsg.): Grundlagentexte zur Transkulturellen Kommunikation. Konstanz: 795-818.

Castells, M. (2001): Der Aufstieg der Netzwerkgesellschaft. Teil 1 der Trilogie Das Informationszeitalter. Opladen.

Chakravarty, S.S. (1993): National Identity in Indian Popular Cinema 1947–1987. Austin.

Clifford, J. (1994): Diaspora. In: Cultural Anthropology (9): 302-338.

Couldry, N./McCarthy, A. (Hrsg.) (2004): Media Space: Place, Scale and Culture in a Media Age. London u.a.

Curran, J./Park, M.-J. (2000): Beyond Globalization Theory. In: Curran, J./Park, M.-J. (Hrsg.): De-Westernizing Media Studies. London u.a.: 3-18.

Dayan, D. (1999): Media and Diasporas. In: Gripsrud, J. (Hrsg.): Television and Common Knowledge. London u.a.: 18-33.

Dhaliwal, A.K. (1994): Introduction: The Travelling Nation: India and its Diaspora. In: Socialist Review (24): 1-11.

During, S. (1997): Popular Culture on a Global Scale: A Challenge for Cultural Studies? In: Mackay, H./O'Sullivan, T. (Hrsg.): The Media Reader, Continuity and Transformation, London: 211-222.

European Commission (2003): Analysis and Forecasting of International Migration by Major Groups (Part III). Luxembourg.

Faulstich, W. (1996): Die Geschichte der Medien Band 2: Medien und Öffentlichkeiten im Mittelalter (800 – 1400). Göttingen.

Featherstone, M. (1990): Global Culture: An Introduction. In: Theory, Culture & Society (7): 1-14.

Foucault, M. (1996): Wie wird Macht ausgeübt? In: Foucault, M./Seitter, W. (Hrsg.): Das Spektrum der Genealogie. Frankfurt a.M.: 29-47.

García Canclini, N. (1995): Hybrid Cultures. Strategies for Entering and Leaving Modernity. Minneapolis.

Giddens, A. (1996): Konsequenzen der Moderne. Frankfurt a.M.

Gillespie, M. (1995): Television, Ethnicity and Cultural Change. London u.a.

Gillespie, M. (2000): Transnational Communications and Diaspora Communities. In: Cottle, S. (Hrsg.): Ethnic Minorities and the Media. Buckingham: 164-178.

Gillespie, M. (2002): Transnationale Kommunikation und die Kulturpolitik in der südasiatischen Diaspora. In: Hepp, A./Löffelholz, M. (Hrsg.): Grundlagentexte zur Transkulturellen Kommunikation. Konstanz: 617-643.

Granovetter, M. (1983): The Strength of Weak Ties. A Network Theory Revisited. In: Sociological Theory (1): 203-233.

Hachmeister, L./Rager, G. (Hrsg.) (2005): Wer beherrscht die Medien? München: Beck.

Hall, S. (1988): The Toad in the Garden. Thatcherism among the Theorists. In: Nelson, C./Grossberg, L. (Hrsg.): Marxism and the Interpretation of Culture. London.

Hall, S. (2002): Die Zentralität von Kultur: Anmerkungen zu den kulturellen Revolutionen unserer Zeit. In: Hepp, A./Löffelholz, M. (Hrsg.): Grundlagentexte zur transkulturellen Kommunikation. Konstanz: 95-117.

Hallenberger, G. (2002): Fernsehformate und internationaler Formathandel. In: Hans-Bredow-Institut (Hrsg.): Internationales Handbuch Medien 2002/2003 Freiburg: 130-137.

Hallenberger, G. (2005): Vergleichende Fernsehprodukt- und Programmforschung. In: Hepp, A./Krotz, F./Winter, C. (Hrsg.): Globalisierung der Medien. Eine Einführung.Wiesbaden: 165-186.

Hepp, A. (2002): Die Globalisierung von Medienkommunikation: Translokalität jenseits von faktischer Basis und virtuellem Raum. In: Baum, A./Schmidt, S.J. (Hrsg.): Fakten und Fiktionen. Konstanz: 451-465.

Hepp, A. (2004a): Cultural Studies und Medienanalyse. Eine Einführung. Zweite Auflage. Wiesbaden.

Hepp, A. (2004b): Netzwerke der Medien. Medienkulturen und Globalisierung. Reihe „Medien – Kultur – Kommunikation". Wiesbaden.

Hepp, A. (2006a): Konnektivität, Netzwerk und Fluss: Perspektiven einer an den Cultural Studies orientierten Medien- und Kommunikationsforschung. In: Hepp, A./Winter, R. (Hrsg.): Kultur – Medien – Macht. Cultural Studies und Medienanalyse. Dritte überarbeitete und erweiterte Auflage. Reihe „Medien – Kultur – Kommunikation". Wiesbaden: 155-174.

Hepp, A. (2006b): Über Filme, die reisen. Transkulturelle Filmkommunikation in Zeiten der Globalisierung der Medien. In: Schenk, I./Rüffert, C./Schmid, K.-H./Tews, A. (Hrsg.): Experiment Mainstream? Differenz und Uniformierung im populären Kino. Berlin: 141-160.

Hepp, A. (2006c): Transkulturelle Kommunikation. Konstanz.

Hepp, A./Krotz, F./Winter, C. (2005c): Einleitung. In: Hepp, A./Krotz, F./Winter, C. (Hrsg.): Globalisierung der Medien. Eine Einführung. Wiesbaden: 2-17.

Hepp, A./Krotz, F./Winter, C. (Hrsg.) (2005b): Globalisierung der Medien. Eine Einführung. Wiesbaden.

Hepp, A./Vogelgesang, W. (2005): Medienkritik der Globalisierung. Die kommunikative Vernetzung der globalisierungskritischen Bewegung. In: Hepp, A./Krotz, F./Winter, C. (Hrsg.): Globalisierung der Medien. Wiesbaden: 229-260.

Hepp, A./Winter, C. (2003): Cultural Studies als Projekt: Kontroversen und Diskussionsfelder. In: Hepp, A./Winter, C. (Hrsg.): Die Cultural Studies Kontroverse. Lüneburg: 9-32.

Herman, E.S./McChesney, R.W. (1997): The Global Media. The New Missionaries of Corporate Capitalism. London.

Hickethier, K. (2001): Hollywood, der europäische Film und die kulturelle Globalisierung. In: Wagner, B. (Hrsg.): Kulturelle Globalisierung. Zwischen Weltkultur und kultureller Fragmentierung. Essen: 113-131.

Karmasin, M. (2004): Paradoxien der Medien. Wien.

Kazmi, F. (1999): The Politics of India's Conventional Cinema. Imaging a Universe, Subverting a Multiverse. New Delhi u.a

Kleinsteuber, H. J. (1992): Zeit und Raum in der Kommunikationstechnik. Harold A. Innis' Theorie des ‚technologischen Realismus'. In: Hömberg, W./Schmolke, M. (Hrsg.): Zeit, Raum, Kommunikation. München: 319-336.

Kleinsteuber, H.J./Rossmann, T. (Hrsg.) (1994): Europa als Kommunikationsraum. Akteure, Strukturen und Konfliktpotenziale in der europäischen Medienpolitik. Unter Mitarbeit von Arnold C. Kulbatzki und Barbara Thomaß. Opladen.

Krätke, S. (2002): Medienstadt. Urbane Cluster und globale Zentren der Kulturproduktion. Opladen.

Krätke, S./Borst, R. (2000): Berlin. Metropole zwischen Boom und Krise. Opladen.

Krotz, F. (2005): Von Modernisierungs- über Dependenz- zu Globalisierungstheorien. In: Hepp, A./Krotz, F./Winter, C. (Hrsg.): Globalisierung der Medien. Eine Einführung. Wiesbaden: 21-44.

Lakoff, G./Johnson, M. (1980): Metaphors We Live By. Chicago, London.

Le Monde Diplomatique (Hrsg.) (2003): Atlas der Globalisierung. Berlin.

Löfgren, O. (2001): The Nation as Home or Motel? Metaphors of Media and Belonging. In: Sosiologisk Årbok 2001: 1-34.

Long, E. (1997): Introduction: Engaging Sociology and Cultural Studies: Disciplinarity and Social Change. In: Long, E. (Hrsg.): From Sociology to Cultural Studies. New Perspectives. Malden: 1-32.

Luhmann, N. (1997): Die Gesellschaft der Gesellschaft. 2 Bde. Frankfurt a.M.

McLuhan, M./Fiore, Q. (1968): War and Peace in the Global Village. New York.

Mercer, K. (1988): Diaspora Culture and the Dialogic Imagination. In: Cham, M./Andrade-Watkins, C. (Hrsg.): Blackframes. Celebration of Black Cinema, Cambridge: 50-61.

Miller, T. et al. (2001): Global Hollywood. London.

Moran, A. (1998): Copycat TV. Globalization, Programme Formats and Cultural Identity. Luton.

Morley, D./Robins, K. (2002): Globalisierung als Identitätskrise: Die neue globale Medienlandschaft. In: Hepp, A./Löffelholz, M. (Hrsg.): Grundlagentexte zur transkulturellen Kommunikation. Konstanz: 533-560.

Morley, D. (1996): EurAm, Modernity, Reason and Alterity. Or, Postmodernism, the Highest Stage of Cultural Imperialism? In: Morley, D./Chen, K.-H. (Hrsg.): Stuart Hall. Critical Dialogues in Cultural Studies. London u.a.: 326-360.

Morley, D. (2000): Home Territories. Media, Mobility and Identity. London u.a.

Müller, E. (2002): Unterhaltungsshows transkulturell: Fernsehformate zwischen Akkomodation und Assimilation. In: Hepp, A./Löffelholz, M. (Hrsg.): Grundlagentexte zur Transkulturellen Kommunikation. Konstanz: 456-473.

Nederveen Pieterse, J. (1998): Der Melange-Effekt. In: Beck, U. (Hrsg.): Perspektiven der Weltgesellschaft. Frankfurt a.M.: 87-124.

Olson, S.R. (1999): Hollywood Planet. Global Media and the Competitive Advantage of Narrative Transparency. New Jersey u.a.

Papastergiadis, N. (1998): Dialogues in the Diasporas. London.

Paterson, C. (1997): Global Television News Services. In: Sreberny-Mohammadi, A./Winseck, D./ McKenna, J./Boyd-Barrett, O. (Hrsg.): Media in Global Context. A Reader. London u.a.: 145-160.

Pendakur, M. (1990): The Indian Film Industry. In: Lent, J.A. (Hrsg.): The Asian Film Industry. London.

Pendakur, M./Subramanyam, R. (1996): Indian Cinema Beyond National Borders. In: Sinclair, J./Jacka, E./Cunningham, S. (Hrsg.): News Patterns in Global Television. Oxford: 67-82.

Pries, L. (2001): Internationale Migration. Münster.

Ritzer, G. (1998): The McDonaldization Thesis. London u.a.

Sassen, S. (2000): Cities in a World Economy. Second Edition. Thousand Oaks u.a.

Sinclair, J./Jacka, E./Cunningham, S. (1996): Peripheral Vision. In: Sinclair, J./Jacka, E./Cunningham, S. (Hrsg.): News Patterns in Global Television. Oxford: 1-32.

Stratton, J./Ang, I. (1996): On the Impossibility of Global Cultural Studies: ‚British' Cultural Studies in an ‚International' Frame. In: Morley, D./Chen, K.-H. (Hrsg.): Stuart Hall. Critical Dialogues in Cultural Studies. London u.a.: 361-391.

Tölölyan, K. (1991): The Nation-State and its Others: In Lieu of a Preface. In: Diaspora (1): 3-7.

Tölölyan, K. (1996): Rethinking Diaspora(s): Stateless Power in the Transnational Moment. In: Diaspora (5): 3-36.

Tomlinson, J. (1999): Globalization and Culture. Cambridge u.a.

Urry, J. (1999): Sociology Beyond Societies: Mobilities for the Next Century (International Library of Sociology). London u.a.

Urry, J. (2003): Global Complexity. Cambridge u.a.

Volkmer, I. (1999): News in The Global Sphere. A Study of CNN and its Impact on Global Communication. London.

Watts, D.J. (2004): Small Worlds: The Dynamics of Networks Between Order and Randomness (Princeton Studies in Complexity). Princeton.

Winter, C. (1996): Predigen unter freiem Himmel. Die medienkulturellen Funktionen der Bettelmönche und ihr geschichtlicher Hintergrund. Bardowick.

Zelizer, B./Allan, S. (Hrsg.) (2002): Journalism after September 11. London u.a.

Zips, W. (Hrsg.) (2003): Afrikanische Diaspora: Out of Africa into New Worlds. Münster.

„Your Life – To Go": Der kulturelle Einfluss der neuen Medientechnologien

John Tomlinson

1 Einführung

In diesem Beitrag beschäftige ich mich mit dem kulturellen Einfluss der von mir so genannten kulturellen *Auswirkungen* dessen, was ich, ungenau und provisorisch, „globalisierende Medientechnologien" nennen werde – zum Beispiel vernetzte Computer, Mobiltelefone, und deren Zusammenfallen, etwa in der so genannten Mobiltechnologie der dritten Generation. Die bevorzugten Aussagen der Hersteller und Händler dieser Technologien sind unmissverständlich. Zum Beispiel wird das iBook von Apple Macintosh mit dem Slogan: „Your Life – To Go" verkauft. Damit wird das Produkt recht elegant einerseits an den urbanen, modernen und *mobilen* Lebensstil der Zielgruppe und andererseits an grundlegende Lebensbedingungen gebunden. Medientechnologien sind, so lässt man uns glauben, für einen erfolgreichen modernen Lebensstil unentbehrlich, dessen Schlüsselwörter ‚Freiheit', ‚Mobilität', ‚Allgegenwart', ‚Unmittelbarkeit' und (wenngleich, wie ich noch ausführen werde, in einem erheblich geringeren Umfang) ‚Globalität' heißen. Diese als kulturelle Werte verstandenen Schlüsselwörter werden niemals problematisiert. Wie die mit ihnen verbundenen körperlichen Krankheitsbilder – von dauerhafter Überlastung bis zu Gehirntumoren – bleiben auch die kulturellen Befürchtungen, die sich an solche Grundwerte knüpfen, im Marketingdiskurs verständlicherweise unsichtbar.

Mir geht es hier nicht um einen kulturkritisch-konservativen Reflex, wie er in diesem Zusammenhang unter Rückgriff auf den Humanitätsbegriff der Frankfurter Schule oft geübt wird. ‚Menschlich' zu sein, ohne in einen Widerspruch zu geraten zwischen der mit diesem Wort verbundenen Akzeptanz bestehender kultureller Differenzen auf der einen und seiner universalistischen politisch-juristischen Bedeutung auf der anderen Seite, ist ein Trick, den gerade die institutionalisierte Rahmung des Repertoires von Identitäten fertig gebracht hat, die typisch für die Moderne ist. Angesichts der zunehmenden Ausbreitung von Lokalismen, verschärften Differenzierungen von Identitäts-Unterscheidungen aber auch von Globalisierung, hat sich unser Leben verändert: Wir können unsere Einkäufe online erledigen, Emails haben unsere alltägliche Kommunikation in hohem Maße vereinfacht, und auch politische Aktivitäten verändern sich – wie zum Beispiel im berühmten Fall der zapatistischen

Guerilla in Chiapas. Aber es gibt natürlich auch Nachteile, die diesen Vorteilen gegenüber stehen, und die der Leser vielleicht schon begonnen hat aufzuzählen. Ein solches Spielen mit Vor- und Nachteilen wäre aber ein entschieden zu flacher Beitrag zur Kulturanalyse. Ich werde mich ihr, auch wenn ich zum Problem der durch neue Technologien ausgelösten kulturellen Ängste zurückkehren werde, auf einem eher indirekteren, dafür aber womöglich interessanteren Zugang nähern.

2 „Terminals" im Wandel

Meine Kulturanalyse setzt bei der Art und Weise an, wie die neuen Technologien unser gelebtes und vorgestelltes Verhältnis zu Orten verändern könnten. Damit binde ich die Analyse eng an das Konzept der Deterritorialisierung, mit dem ich die neue komplexe Konnektivität der Globalisierung in Bezug auf konkrete lokale Orte, an denen das alltägliche Leben geführt und erfahren wird, beschrieben habe. Diese Zunahme einer komplexen Konnektivität ist zugleich ein verwirrendes und zerstörendes, sowie ein belebendes und ermächtigendes Phänomen. Es berührt sowohl die gleichzeitige Durchdringung verschiedener lokaler Welten durch dieselben Kräfte von außen, als auch die Ablösung gewöhnlicher Sinnzuschreibungen von ihrer Verankerung in der lokalen Umwelt, insbesondere in geografischen Orten. Deterritorialisierung, wie ich an anderer Stelle bereits argumentiert habe (Tomlinson 1999), ist ein Merkmal aller Gesellschaften im 21. Jahrhundert und zweifelsfrei ein Phänomen mit schwerwiegenden Folgen sowohl für die kulturelle Praxis, als auch für die kulturelle Erfahrung. Hier geht es mir aber nicht um eine umfassende Konzeptionalisierung der kulturellen Folgen von Kulturwandel im Kontext von Globalisierung, sondern um die Erläuterung einiger Begriffe, die uns helfen könnten, die sich verändernde Bedeutung von Orten als solchen zu verstehen.

Mein Ausgangspunkt ist die sich verändernde Vorstellung von einem Terminal. Die Idee des Terminals ist natürlich die eines Orts sowohl der Abfahrt wie der Ankunft, des Anfangs wie des Endes – aber in jedem Sinne beinhaltet sie die Idee einer Beschränkung, einer Grenze, einer Anzahl fester Raumkoordinaten für das Reisen oder die Kommunikation. Ursprünglich, in der weit reichenden Epoche, die Zygmunt Bauman (2000) die Ära der „schweren" oder „soliden Moderne" nennt, war unser Verständnis eines Terminals, als eines Ziels oder Endpunkts, vom Bild einer „monumentalen Umwelt" gekennzeichnet – typischerweise vor allem von einer großen Bahnhofshalle, die seit Mitte des 19. Jahrhunderts ein so deutliches Charakteristikum moderner Metropolen sind. Die architektonische Grandiosität dieser frühmodernen Terminals bezeugte eine *tiefe* kulturelle Gewissheit über die zeitgenössische Geografie der Macht. Diese Terminals waren die Eingänge in die großen, expandierenden modernen Metropolen, und tatsächlich waren sie Zentren imperialer Macht, in einer Ära, in der, wie Bauman sagt, mechanische, „schwere" Technologien eine sichere und zuverlässige Beständigkeit der Lokalisierung von Zeit und Raum ermöglichten. In dieser frühen „schweren Modernität" galt: „Größe

ist Macht und Menge ist Erfolg, eine Epoche von gewichtigen und immer schwerfäl-
ligeren Maschinen, von immer länger werdenden Fabrikmauern, die immer ausge-
dehntere Stockwerke umschließen und immer größere Fabrikbelegschaften aufnehmen, eine Epoche von massigen Eisenbahnen und gigantischen Ozeanriesen" (Bauman 2003: 114). In dieser Periode war Macht wahrnehmbar, da sie in einem physischen Ort konzentriert war, „verkörpert und fixiert, gebunden in Stahl und konkret"
(Bauman 2003: 137). Eine Möglichkeit, die Ikonografie der Transportarchitektur
dieser Epoche zu lesen, ist die der schlichten räumlichen Expansion: die zunehmende Besitznahme des Raumes und die Kontrolle über die Zeit. Diese Architektur
deutet auf den Höhepunkt von räumlicher Kontrolle und Eroberung hin: Von Kolonisation, von der Kontrolle (die Zeitnahme und damit die Vereinheitlichung der
Zeit) über die Zeit und von der Koordination von Raum-Zeit – Es war die Ära des
Vermessens, der Tabellierung, des Fahrplans, der Kontrolle.

Doch die Ästhetik solcher Terminals, so behaupte ich, enthält noch eine andere
bedeutende Botschaft über den Triumph der mechanischen Moderne: Sie führten
vor, wie die vormodernen Beschwerlichkeiten des Reisens – das englischen Wort
„travel" ist etymologisch eng verwandt mit dem Wort für mühsame Arbeit („tra-
vail") – insbesondere durch die Kraft der Lokomotiven hinweg gefegt wurden. Die
Grandiosität der Bahnhofshallen kündigte sozusagen die Überwindung der Distanz
der Reise an. Paul Virilio (1997: 56) schreibt dazu, dass die Revolution des Trans-
ports im 19. Jahrhundert die Bedeutung einer Reise auf zwei Punkte reduziert:
Abfahrt und Ankunft. Damit ging ein gewisser kultureller Heroismus einher: die
Aufwertung des Versuchs, die Raum-Zeit-Kluft maschinell zu schließen. Bahnhofshallen zelebrieren somit eine bestimmte Art der Mobilität, die im Zentrum der frühmodernen „großen Erzählung" vom technologischen Fortschritt stand: die Emanzipation des Menschen von der Natur, hier verstanden als die Überwindung des natürlichen Widerstands des physischen Raumes zur Erfüllung des menschlichen Wun-
sches nach Mobilität. Diese Erzählung enthält bestimmte Paradigmen, die typisch
für die „frühe" oder „schwere Moderne" sind: Zielorientierung, Organisation und
Steuerung, ein heroisches Image von Maschinen und Arbeit. Laut den Analysen von
Bauman verlieren diese gegenüber einem anderen Set kultureller Vorurteile und
Werte jedoch an Boden, die kaum mehr als eine „Erzählung" bezeichnet werden
können. Bauman nennt diese neue Epoche die „leichte" oder „flüssige" oder „flüchtige Moderne"[1].

Unser Eintauchen in die „flüssige Moderne" ist das Eintauchen in eine Welt, in
der Beständigkeit und Ausdehnung des Raumbesitzes nicht länger automatisch ein
Gewinn sind; eine Welt, in der Kapital fließt und Unternehmer mobil sind, Lieferun-
gen „just-in-time" erfolgen und Beschäftigungsverhältnisse temporär sind, in der
Planung flexibel und anpassungsfähig und die Logik unscharf ist – die Welt des Dot-
Com-Unternehmertums und der Schichtarbeit im Call-Center, im Gegensatz zu den
Produktionsbedingungen bei Ford oder Renault. Werte wie „Dauer", „Stabilität"
oder „Lokalität" – in unserem alltäglichen Lebensstil und unseren Verhaltensweisen
– weichen neuen Werten wie „Beweglichkeit", „Flexibilität" und „Offenheit für
Wandel". Ebenso weicht das Gestalten, Planen und Regulieren den Versuchen, die

Unsicherheit, das „sich mit dem Strom bewegen", zu bewältigen; Dauer weicht der Flüchtigkeit, Langfristigkeit der Kurzfristigkeit. Vor allem ist Distanz in der „flüssigen Moderne" nicht mehr gegenständlich. Bei Bauman heißt es: „Im Softwareuniversum auf Lichtgeschwindigkeit beschleunigter Daten lässt sich jeder Raum im wahren Sinne des Wortes ‚ohne Zeitverlust' überwinden, den Unterschied zwischen „‚weit weg' und ‚gleich hier' gibt es nicht mehr" (Bauman 2003: 140).

Nun scheint mir die Vorstellung, dass der Raum dem Handeln keine Grenzen mehr setzt, unmittelbare Auswirkungen auf die Verwandlung des Terminals zu haben. Während die Terminals der frühen Moderne präzise Grenzpunkte waren – Punkte des Aufbruchs und der Ankunft – zeigen die neuen Terminals, die wir mit uns tragen, oder bald sogar in uns, ein ganz erheblich verändertes Set von Eigenschaften und Merkmalen, mit denen sie der Transzendenz, oder eher der imaginären Transzendenz, von Raum und Zeit begegnen. Für Virilio (1997: 56) bedeutet der Anbeginn des neuen Kommunikationszeitalters, dass „der Aufbruch jetzt gelöscht wird und die Ankunft in den Vordergrund tritt, eine verallgemeinerte Ankunft von Daten". Von jetzt an basiert die Ästhetik der Terminals der „flüssigen" Moderne, die Technologien einer allgemeinen Ankunft verwenden, auf einem der Ästhetik der Terminals der „festen", mechanischen Moderne entgegen gesetzten Prinzip: Wie insbesondere im Design und Marketing von Mobiltelefonen offensichtlich wird, gilt nun die ganz andere Ästhetik der Verkleinerung, Privatisierung und Diskretion statt einer Ästhetik der Grandiosität und Zurschaustellung.

Diese Ästhetik ist eng mit dem nun auftretenden Wert einer „medialen Mobilität" verbunden, die auf die einzelne Person zugeschnitten ist und damit im Gegensatz steht zum frühmodernen Wert der Überwindung physischer Distanz, bei dem, der kulturellen Vorstellung zu Folge, der Ort (als Voraussetzung der Körperlichkeit) die Person verortet und einzwängt. Mediale Mobilität versammelt noch eine Reihe anderer Werte, Einstellungen und Stile: vor allem die allgegenwärtige Anwesenheit, aber auch die Mühelosigkeit der Kommunikation, die mit einer gewissen Sorglosigkeit im Kommunikationsverhalten einhergeht. Den Eindruck, den wir beim Benutzen der neuen Kommunikationstechnologien erhalten – wenn sie richtig funktionieren –, ist der einer allgemeinen Leichtigkeit und Verfügbarkeit. Dinge und speziell auch Menschen scheinen unmittelbar verfügbar zu sein. Man benötigt nur noch einen geringen Aufwand für das Kommunizieren, und man scheint dafür nur wenige Hindernisse überwinden zu müssen. Diese diskrete „Soft"-Technologie scheint mit einer Art Taschenspielertrick die während der Ära der schweren, mechanischen Moderne aufrechterhaltene Kluft zwischen hier und anderswo, jetzt und später, Wunsch und Erfüllung überwunden zu haben.

Trotz ihrer kulturellen Macht, bleibt dies aber lediglich ein Eindruck. Die Zwänge des Ortes und der Körperlichkeit und die konkreten Realitäten der Entfernung gelten natürlich weiterhin. Ihr hartnäckiges Fortbestehen zeigt sich in der andauernden und zunehmenden Bedeutung fester Terminals – wie Bus- und Bahnstationen, Flughäfen, Parkplätze – und den Transporttechnologien, die von Menschen in der Kultur des 21. Jahrhunderts benutzt werden. Die Beschwerlichkeiten des Reisens sind andere als die, von denen uns die frühe, mechanische Moderne befreit hat: Heute lassen sie sich unterscheiden in die milderen Unbequemlichkeiten von Verspätungen auf der einen und das Risiko spektakulärer Katastrophen oder absichtlicher Sabotage auf der anderen Seiten. In jedem Fall bezeugen sie die Grenzen, die die Verletzbarkeit und die schlichte existenzielle Tatsache der menschlichen Körperlichkeit setzen. Wollen wir also die vorrangige kulturelle Folge der neuen Kommunikationstechnologien zusammenfassen, dann könnten wir sagen, dass sie vor allem die trügerische Ansammlung von Erwartungen produziert haben, das menschliche Dasein könne von den Zwängen des Raumes befreit werden. Und wenn wir dies in einem – ein wenig banalen – Bild zusammenfassen wollen, das den übertriebenen Anspruch auf Unmittelbarkeit bezeichnet, brauchen wir nur an die frustrierte Geste zu denken, mit der z.b. eine Menge Zugreisenden gleichzeitig zum Mobiltelefon greift, sobald eine Verspätung bekannt gegeben wird.

Zusammengefasst: Ich gehe davon aus, dass die Möglichkeit unmittelbarer, allgegenwärtiger, telemedialer Kommunikation unsere reale und imaginäre Beziehung zum Raum verändert. Dies geschieht aber auf eine zweideutige Weise, die wahrscheinlich ebenso viele kulturelle Ängste schafft, wie sie ernsthafte Chancen zur Emanzipation von existierenden Zwängen anbietet.

3 Kulturell-technologische Ängste

Zu diesen Ängsten gehören die bekannten – und durchaus begründeten – Bedenken bezüglich der möglichen Spätfolgen unserer Preisgabe an neue Technologien. Zum Beispiel die Warnung, die die Psychologin Susan Blackmore bei einem Treffen von britischen Geschäftsführern und E-Learning-Experten im Oktober 2001 ausgesprochen wurden. Sie befürchtet, das Internet könnte die Lernfähigkeit von Kindern untergraben, indem es die Entwicklung kognitiver Funktionen von der Informationsspeicherung zum Informationszugang verlagert (Millar 2001).

Interessanter erscheinen mir aber die Ängste, die das menschliche Sein selbst betreffen, weil sie uns viel mehr über die verbreiteten kulturellen Prämissen der Gegenwart enthüllen. Besonders auffällig erscheinen hier die durch die Einführung neuer Kommunikationstechnologien hervorgerufenen Befürchtungen bezüglich Natur und Grenzen unserer Körperlichkeit. Es handelt sich einerseits um die Angst vor der verstörenden Möglichkeit, wir könnten zur Modifikation unseres Körpers gezwungen werden, und andererseits der Furcht vor der womöglich noch beunruhigenderen Aussicht, unser Verhältnis zur Körperlichkeit würde sich überhaupt verändern. Diese Ängste betreffen die kulturell annehmbare Grenzen von „Kommunikations-Prothesen" sowie die Vorstellung, der Körperlichkeit zu entkommen. Viel ist über diese Probleme geschrieben worden, vor allem in der oft hitzigen Literatur über Cyberspace und Cyborg-Kultur. Ich werde nicht versuchen, alle in diesem Zusammenhang geäußerten Behauptungen anzuschneiden, sondern lediglich zwei prominente Positionen vorstellen.

Die Angst vor „Kommunikations-Prothesen" kann mindestens bis zu McLuhans berühmter Beschreibung der Medien als „Erweiterung des Menschen" (McLuhan 1964) zurückverfolgt werden. Die den Ausführungen McLuhans folgende theoretisch-spekulative Auseinandersetzung neigt oft zu Übertreibungen. Eine weniger hitzige Art, sich dieser Sache anzunähern, ist die über die fortschreitende Verkleinerung des Terminals, wie ich bereits erwähnt habe. Der Wandel vom Schreibtisch zum Laptop und weiter zum Miniaturcomputer und der ästhetischen Aufwertung der immer kleiner werdenden Mobiltelefone scheint eine simple Frage von Transportabilität und Mobilität zu sein. Jedoch ist es nicht unplausibel, in ihnen eine Fluchtbahn der Schnittstelle zwischen Körper und Technik zu sehen, die auf eine endgültige Vereinigung von Mensch und Maschine zuzustreben scheint. Paul Virilio argumentiert beispielsweise präzise, dass Kommunikationsprothesen wie der Walkman und das Mobiltelefon – gemäß dem, was er das „Gesetz der Nähe" oder der „kleinsten Anstrengung" nennt – „die zukünftige Transplantationsrevolution und das Schlucken von Mikromaschinen" vorwegnehmen (1997: 43). Unser Alltagssinn für die unmittelbare kulturelle Tagesordnung, die von Kommunikationstechnologien gesetzt wird, würde überbeansprucht werden, wenn wir solche Befürchtungen zu ernst nähmen. Die kommerzielle Anwendung einer Technologie der Kommunikationsimplantate wird von der Industrie jedoch längst als eine ernsthafte Möglichkeit angesehen.

Wie Radford (2000) berichtet, arbeiten Forscher am *Roke Manor Research,* das zur Siemens-Gruppe gehört, an der kommerziellen Entwicklung einer Technologie, die es innerhalb der nächsten zehn Jahre erlauben wird, Mikrosensoren in die optischen Nerven von Fernsehjournalisten einzupflanzen. Dies würde ihnen ermöglichen, das, was sie sehen, live auf unsere Fernsehschirme zu übermitteln. Die grundlegende Technologie dafür, so wird behauptet, existiere bereits. Es liegt eine gewisse Anziehungskraft in der Idee – sie mag ziemlich pervers sein – einer direkten, *unmittelbaren* Kommunikation von Bildern über die menschliche „Hardware" von Journalisten, die ohne deren subjektives Wahrnehmungsvermögen auskäme. Dies stimmt mit einer Entwicklung in der Verwendung von Kommunikationstechnologien überein, die neue normative Muster für den Journalismus schafft – mit Werten wie „Objektivität", „Realitätsnähe" und „Unmittelbarkeit". Das besorgniserregende daran ist nicht nur die grundlegende Modifikation des Körpers zu rein instrumentellen Zwecken, oder, noch schlimmer, zu kommerziellen Zwecken. Die viel tiefer gehende kulturelle Befürchtung bezüglich der Prothesen ist die Angst, die Technologien könnten die für selbstverständlich gehaltene Wahrnehmung dessen, was einen Menschen ausmacht, untergraben.

Obwohl bestimmte Körpermodifikationen, vom Piercing zu Brustimplantaten, in Mode stehen, bleibt doch eine Grenzlinie, die nur widerwillig überschritten wird, in unserer Kultur bestehen. Es ist das Äußere des menschlichen Leibes, das im Allgemeinen immer noch von humanistischen Diskursen der Unversehrtheit, sowohl im körperlichen als auch im ethischen Sinne, beherrscht wird. Virilios Befürchtungen vor dem, was er die Kolonisation des letzten „Territoriums" nannte – „die Tragödie von der Fusion des Biologischen und des Technischen" (1997: 57) –, sind zum Teil

Einwände gegen das Eindringen von Instrumentalität, Technik und Kontrolle in unsere Körper. Aber sie berühren meines Erachtens auch die Angst, die menschliche Kultur könnte das Vertrauen in ihre ontologische Grundlage verlieren. Eine ganz ähnliche Befürchtung steht im Zentrum der Sorgen über den entkörperten Charakter der Internet-Kultur. Die Skepsis gegenüber dem sonnigen Optimismus, mit dem Techno-Enthusiasten wie Howard Rheingold (1994) davon träumen, „unsere Körper hinter uns zu lassen", wenn wir im Internet „reisen", gründet sich auf das veränderte Verhältnis zur Körperlichkeit, das damit einhergehen könnte. Wie Hubert Dreyfus in seinem kenntnisreichen Essay „On the Internet" (2001) argumentiert, besteht die Besorgnis, dies könnte die kulturelle „Speerspitze" eines Zustandes sein, der zu einer verstörten oder sogar pathologischen Beziehung zu unserem Körper führen kann: die Betrachtung unserer Körper als biologischem Hindernis statt als Bedingung unserer Existenz. Dreyfus gekonnte Entfaltung von Nietzsches Feier der Körperlichkeit gegen den Neoplatonismus der zeitgenössischen Enthusiasten einer Befreiung vom Körper ist keineswegs eine abstrakte philosophische Reflexion über ontologische Fragen. Sie entspringt gerade der Wahrnehmung jener spezifischen kulturellen Möglichkeiten und Verhaltensweisen, die von der alltäglichen „quasi-Entkörperlichung" in der Kommunikation hervorgebracht wird.

4 In Verbindung bleiben

All diese Befürchtungen verdeutlichen, dass die „Halb-Transzendenz" unseres körperlich-existenziellen Zustandes, die uns von den Kommunikationstechnologien angeboten werden – die trügerischen Erwartungen, die ich weiter oben erwähnte –, unser kulturelles Selbstbewusstsein in nicht unerheblicher Weise verunsichert haben. Unser Eintauchen in die flüssige Moderne und die Deterritorialisierung hat ebenso unrealistische kulturelle Erwartungen wie kulturelle Bedürfnisse erzeugt. So könnten wir, wenn auch nur spekulativ, den Befürchtungen bezüglich der Körperlichkeit eine umfassendere Angst darüber hinzufügen, ob es uns gelingen wird, dauerhaften kommunikativen Kontakt zueinander aufrecht zu erhalten. Um beim Thema der Körperlichkeit, diesmal als Metapher, zu bleiben: Gibt es nicht eine weit verbreitete, diffuse Unruhe, ob es gelingen wird, sich „wieder zu treffen"? Ich denke zum Beispiel an die eigenartige unterschwellige Kommunikationsschuld, die einem permanent anhaftet, wenn man die neuen Technologien *nicht* besitzt oder benutzt. Ist das nicht mittlerweile ein Zeichen kultureller Marginalisierung geworden, etwas, das ausgekostet oder verteidigt wird, als eine eher trotzige, exzentrische Umschreibung von persönlichem Raum? Ist diese Ablehnung sofortiger Verfügbarkeit nicht eine Verletzung der unausgesprochenen „Pflicht" zur Kommunikation?
     Natürlich gibt es den unmittelbaren Bezug darauf in der Rede vom Übergriff der Sphäre der Arbeit in persönliche Zeit und Raum, von der institutionellen Kolonisierung der Privatsphäre, die ein Teil der „Flexibilität" des Kapitalismus in der flüssigen Moderne ist: vernetzte Computer zu Hause, trostlose, rein zweckdienliche

Netzwerk-Partys für die Unternehmer des E-Business, der unerbittlich trillernde Ruf
der Mobiltelefons, der für immer die kurzen Ferien abschafft, die eine Geschäfts-
reise einmal gewesen ist. Dies sind, wie ich denke, nahe liegende Überlegungen.
Aber geschieht nicht noch etwas anderes? Lässt sich nicht eine Angst davor, oder
zumindest ein Unbehagen daran nachweisen, nicht mit unseren Freunden und unserer Familie in Verbindung zu stehen – und sei es noch so kurz? Ist das nicht eine
plausible Erklärung für die bemerkenswerte Zunahme von gewöhnlicher Kommunikation der Art „Hallo, ich bin jetzt im Zug...", die durch die Mobiltelefone erst hervorgebracht wurde? Um dies zu veranschaulichen, will ich kurz in der Zeit zurück-
gehen, in eine frühere, aber nicht weniger revolutionäre Epoche der Kommunika-
tionsgeschichte.

Im dritten Band der „Suche nach der verlorenen Zeit" beschreibt Marcel Proust
die Befürchtungen, die den Gebrauch des Telefons in den ersten Jahren des vergangenen Jahrhunderts begleiteten. Dies ist eine besonders interessante Beschreibung,
weil Proust mit der Beobachtung beginnt, wie schnell das Telefon, in den achtziger
Jahren des 19. Jahrhunderts eingeführt, als selbstverständlich hingenommen wurde:

„Das Telefon war zu jener Epoche noch nicht so gebräuchlich wie heute. Und doch brauchte
die Gewohnheit so wenig Zeit, die heiligen Kräfte, mit denen wir in Kontakt stehen, ihres
Geheimnisses zu berauben, dass ich, als die Verbindung nicht sofort zu Stande kam, einzig
den Gedanken, die Sache sei sehr langwierig und sehr unbequem, sowie beinahe die Absicht
hegte, mich deshalb zu beschweren: Wie wir alle jetzt, fand ich, dass der an jähen Überra-
schungen reiche, bewunderungswürdige, märchenhafte Vorgang nicht rasch genug funktioniert, obwohl nur ein paar Augenblicke notwendig sind, um das Wesen, mit dem wir sprechen wollen – unsichtbar und doch gegenwärtig [...]." (Proust 1996: 182f.)

Daraufhin beschreibt er jedoch die Verwirrung, die durch die Möglichkeit entsteht,
die körperlose Stimme seiner kränklichen Großmutter zu hören, obwohl er physisch
nicht vollständig bei ihr ist. In einem schönen Satz beschreibt er, wie er zum ersten
Mal seine Großmutter hört: ein winziger Klang, ein abstrakter Klang, der Klang
überwundener Entfernung. Sie ist „da", und doch nicht da. Er stellt sie sich allein in
ihrem Haus in Paris vor, er kann seine Hand nicht nach ihr ausstrecken und sie
berühren. Außerdem setzt die Verbindung mehrfach aus und wird von den Tele-
fonisten unterbrochen. Das Telefongespräch endet abrupt, nachdem die Verbindung
komplett verloren ist, und Marcel Proust bleibt mit einem Gefühl von Ergebnislosig-
keit, Verlust und Unglück zurück, das uns heute noch vertraut ist, wenn uns die
Technik in entscheidenden Momenten im Stich lässt. Einen Proust führt das zu
Betrachtungen über die Beziehung zu seiner Großmutter, ihren bevorstehenden Tod
– die endgültige Trennung – und, wie vorherzusehen war, über seine eigene
Sterblichkeit. Sein Thema ist natürlich die existenzielle Angst vor Trennung, die
durch die Technologie dieser Tage eher hervor gehoben als überwunden wird. Bevor
es das Telefon gab, bedeutete Entfernung eine vollständigere, eindeutigere Trennung, die der ferne andere nicht für ein paar beunruhigende Momente, durch ein
plötzliches und geisterhaftes Eindringen in unsere Lebenswelt, überwinden konnte.
Trennungen mussten ausgehalten werden, aber zumindest gab es keine verwirrenden
Übertritte der Abwesenden in unsere Gegenwart, mit denen man zurecht zu kommen
hatte.

Könnte man also sagen, dass die Leichtigkeit, mit der wir heute gewohnheitsmäßig unmittelbaren Zugang zueinander erlangen, dieses existenzielle Problem zwar nicht wirklich gelöst, aber doch einfach seine Auswirkungen gelindert hat? Wahrscheinlich quälen wir uns nicht allzu viel mit dieser sonderbaren Kommunikationsstörung, aber könnte es nicht sein, dass wir riskieren, eine ganz bestimmte Fähigkeit zu verlieren, nämlich die, mit Behagen Distanz zueinander zu wahren? Könnte nicht das konstante, scheinbare Bedürfnis, zu jeder Zeit, an jedem Ort, uns unserer andauernden Verbindung zu versichern – „Hallo, ich bin's" – auf diese Weise verstanden werden?

5 Kosmos oder Zuhause? Die phatische Funktion der neuen Technologien

Aber lassen Sie mich an dieser Stelle aufhören, da ich Gefahr laufe, exakt das zu tun, wogegen ich mich in meiner Einführung entschieden habe – nämlich kulturelle Veränderungen zu pathologisieren. So werde ich in der Schlussbetrachtung die Richtung ein bisschen verändern und eine Metapher aus dem Essay des Kulturgeografen Yi-Fu Tuan über Kosmopolitismus und die Verbindungen zur Lokalität, „Kosmos und Heimat", wiedergeben. Tuan unterscheidet zwischen „Unterhaltung" einerseits und „Gespräch" andererseits. Das Gespräch, so argumentiert er, ist charakteristisch für komplexe moderne Gesellschaften. Es findet statt, wenn ein ernsthafter Versuch unternommen wird, das Selbst und die Welt mit einem anderen gemeinsam zu erkunden. Es setzt einen Grad von soziopsychologischer Unabhängigkeit von der Gruppe und deren Druck voraus, sowie die Bereitschaft, dem anderen zuzuhören, auch wenn dieser nicht mit formaler Autorität ausstaffiert ist. Das Gespräch ist typischerweise etwas, das zwischen Fremden und in unpersönlichen öffentlichen Räumen stattfindet, „die Individuen ermutigen, mehr sie selbst zu sein, befreit von der stickigen Atmosphäre von Verwandtschaft und Familie". Das Gespräch ist somit, für Tuan, „vielmehr eine Leistung des Kosmos denn des Zuhauses" (Tuan 1996: 175f.).

Ganz anders die Unterhaltung. Sie gehört zum Zuhause. „Menschen sitzen um eine Mahlzeit, ein Feuer oder einfach einen Flecken Erde. Wortströme bewegen sich vor und zurück, weben den individuellen Sprecher in ein Ganzes ein. Was wird ausgetauscht? Nicht viel. Soziale Unterhaltungen bestehen fast vollständig aus folgenlosem Gerede, kurzen Auflistungen der Erlebnisse und Ereignisse des Tages" (1996: 176). In der Tat schreckt die Unterhaltung oft von ernsthaften Gesprächen ab, da diese eine eher bedrohliche „Infiltration des Zuhauses durch den Kosmos" darstellen. Die Unterhaltung, so Tuan, entspricht als Kommunikationsakt eher der fast verlorenen Praxis des gemeinschaftlichen Singens als dem Gespräch. Ihre grundlegende Funktion ist eine phatische: die Entwicklung und der Erhalt von Zugehörigkeit, die Bindung menschlicher Wesen an Gruppenidentitäten.

Wollen wir nun Tuans Unterscheidung nutzen, um den vorherrschenden sozialen Gebrauch der neuen Kommunikationstechnologien zu verstehen, wird bald klar, dass wir uns irren könnten, wenn wir sie als globalisierende Technologien betrachten: als Werkzeuge für einen sich ausweitenden Kulturhorizont, als Ausgänge aus den engen Fesseln der Lokalität, als Erleichterung für eine kosmopolitische Ordnung. Sie könnten, im Gegenteil, viel eher als Technologien des Zuhauses betrachtet werden: als unvollkommene Hilfsmittel, mit denen Menschen versuchen – unter den Bedingungen einer weltweiten Deterritorialisierung – etwas von der Sicherheit eines kulturellen Ortes, von Beständigkeit in einer Kultur des Flusses, zu bewahren.

Übersetzung: Christian Walf

Anmerkungen

1 Im Deutschen wurde das Englische „Liquid Modernity" mit „Flüchtige Moderne" übersetzt.

Literatur

Bauman, Z. (2003): Flüchtige Moderne. Frankfurt a.M.
Dreyfus, H.L. (2001): On the Internet. London.
McLuhan, M. (1964): Understanding Media: The Extensions of Man. London.
Millar, S. (2001): Internet Could Damage Children's Ability to Learn. In: The Guardian (12. Oktober 2001): 6.
Proust, M. (1981): Remembrance of Things Past.Volume 2: The Guermantes Way. London.
Radford, T. (2000): Robotic Future Rushes Towards Us. In: The Guardian (1. Mai 2000): 5.
Rheingold, H. (1994): The Virtual Community. London.
Tomlinson, J. (1999): Globalization and Culture. Cambridge.
Tuan, Y.-F. (1996): Cosmos and Hearth: A Cosmopolite's Viewpoint. Minneapolis.
Virilio, P. (1997): Open Sky. London.

TIMES-Konvergenz und der Wandel kultureller Solidarität

Carsten Winter

1 Einleitung

Mein Beitrag behandelt die Bedeutung konvergenter mobiler Medien für die Zukunft der Zivilgesellschaft im Allgemeinen und von kultureller Solidarität im Besonderen. Konvergente mobile Medien wie Mobiltelefon und Laptop entstanden mit der Konvergenz der fünf TIMES-Branchen „Telecommunication", „Information", „Media", „Entertainment" und „Security". Als konvergente Medien sind sie keine Telefone und Computer mehr, sondern enthalten Technologien und Kompetenzen aller TIMES-Branchen. Sie machen den Laptop und das Mobiltelefon als Medien interessant, weil sie eine neue andere Medialität konstituieren, die die Bedingungen und Voraussetzungen von Kultur und kultureller Solidarität verändert.

Mein Ausgangspunkt ist das fehlende konzeptuelle Verständnis von Medien in der Diskussion zu Kulturwandel und der TIMES-Konvergenz, das ich exemplarisch erläutere, bevor ich die TIMES-Konvergenz rekonstruiere und mobile konvergente Medien definiere (1). Vor diesem Hintergrund wird Medienentwicklung und die Logik von Flüssen, Netzwerken und Konnektivität zum Wandel kultureller Solidarität in Beziehung gesetzt (2), den ich am Beispiel von Printkampagnen zu Mobiltelefonen und Laptops erläuterte (3). Abschließend formuliere ich Thesen über den Zusammenhang von Medien und solidarischen Werten wie Liebe, Freiheit und Gleichheit im Wandel mit denen ich einige medienkritische Perspektiven auf die Zukunft der Zivilgesellschaft und von Solidarität entfalte (4).

2 Medien als Bezugspunkt der Konzeptualisierung von TIMES-Konvergenz

Medien sind, ohne einen Anfangspunkt nennen zu wollen, seit Giddens' Hinweis auf technische Medienentwicklung als treibende Kraft von Globalisierung (1990) ein fixer Gegenstand in der Diskussion um Kultur- und Gesellschaftswandel.[1] Ein Beispiel gibt Tomlinsons plausible Argumentation „globalisierender Medien- und Kommunikationstechnologien" bei der Verbreitung „deterritorialisierter kultureller

Erfahrung" (1999) oder Baumans Illustration, die „Einführung des Handys" sei der
„symbolischen K.-o.-Schlag gegen die Raumgebundenheit" (Bauman 2003: 18), die
er noch um den Hinweis ergänzt, Mobiltelefone und Laptops seien die Insignien des
neuen flüchtig-flüssigen Kapitals. Sie sind ins Zentrum der soziologischen Aufmerksamkeit gerückt.[2]

Dort angekommen, war es nicht mehr weit bis zu Urrys (2003) These eines 21.
Jahrhunderts „bewohnter Maschinen",[3] als die er vor allem das Mobiltelefon und
den Laptop versteht. Urrys technizistisches (Miss-)Verständnis von konvergenten
Medien als „bewohnten Maschinen" – in der wichtigen konzeptuellen Arbeit über
globale Komplexitäten – weist Medien in einer Deutlichkeit als Großbaustelle der
Kultur- und Sozialtheorie aus, die es nötig macht, ausführlicher auf sie einzugehen.

Urry entwickelt sein Verständnis von „bewohnten Maschinen" in seiner Diskussion über globale Komplexitäten, die zeigt, wie Netzwerke und Ströme von „neuen
Maschinen und Technologien" (2003: 56) abhängen und wie diese Netzwerke und
Ströme komplexe, widersprüchliche irreversible Beziehungen eingehen, die neue
Formationen von Ordnungen mit zunehmender Ordnungslosigkeit" (2003: 124) konstituieren. Urrys Thema ist aber nicht Kultur oder Kulturwandel, sondern Komplexität. Also zeigt er vor allem, dass lineare Konzeptualisierungen von globaler Entwicklung unangemessen sind, weil sie die komplexe Relationalität in und zwischen
verschiedenen Ordnungen nicht berücksichtigen. Für Urry bedingt diese Relationalität zwischen – wie er es nennt – „Moorings" und „Mobilities" die Komplexität globaler Prozesse.[4] Sie ist der Bezugspunkt seiner These, dass das 21. Jahrhundert zum
Jahrhundert „bewohnter Maschinen" wird, der mobilen Knotenpunkte der neuen
Ordnungen aus Strömen und Netzwerken, die er wie folgt beschreibt:

„Such inhabited machines are miniaturized, privatized, mobilized and depend on digital
power. This power is substantially separate from material form and involves exceptional
levels of miniaturisation and mobility. Many of these machines are portable, carried around
by ‚digital nomads'. [...] Such machines are desired for their style, smallness, and lightness
and demonstrate a physical form closely interwoven with the corporeal. Early examples
include walkmans, new generation mobile phones, the individual TV, the networked compu-
ter/Internet, the individualized smart car, virtual reality ‚travel', smart small personal aircraft
and others yet to emerge. These machines involve interesting reconfigurations of storage: the
portals to these machines are carried around with the individual, they are stored on ore close
to the person and yet their digital power derives from their extensive connectivity. These
inhabiting machines enable ‚people' to be more readily mobile through space, or to stay in
one place because auf the capacity for ‚self retrieval' of personal information at any time or
spaces. Through such machines people inhabit global networks and fluids of information,
image and movement. ‚Persons' thus occur as various nodes in these multiple machines of
inhabitation and mobility. The storage in such machines is digitized and hence not only ‚just
in time' but also ‚just in space'. There is a person-to-person connectivity that represents a further shift in the dematerialisation of information and mobility [...]. The global fluids of ‚travelling people', ‚Internet' and ‚information' increasingly overlap and converge generating
irreversible changes that further move social life towards what Wellman (2001) terms ‚per-
sonalized networking'. This involves the further linking-together of ‚physical space', and
‚cyberspace'. This convergence across the various global fluids further transcends divisions of
structure and agency, the global and the local." (Urry 2003: 127)

Urrys Erläuterung der „bewohnten Maschinen" kommt ohne Bezug auf konkrete
Personen und normative Kategorien aus: Seine relationalitätstheoretische Logik

gruppierter Ordnungen mit zunehmender Ordnungslosigkeit und ihrer „dialektischen" Komplexität beweglicher und verankerter Teile ist nicht für die Analyse von Medien und Kommunikation gemacht: Sie kommen in seiner luziden Argumentation gar nicht vor. Diese sollte aber, wenn sie nicht historisch und empirisch ist, zumindest plausibel sein. Schon ihr zentrales Merkmal, ihre „extensive Konnektivität", trifft aber nicht auf alle sieben genannten „bewohnten Maschinen" zu: Ein Walkman verbindet bestenfalls zwei Personen. Weiter sehe ich auch dessen „digitalen power" nicht. Offenkundiger ist diese Kraft bei individualisierten Fernsehern, Flugzeugen und Autos, die seit ihrer Entstehung die Verbindung von Menschen zu Menschen und Dingen einfacher gemacht haben. Das Argument schließlich, das die „bewohnten Maschinen", die extensive Konnektivität ermöglichen, klein, privatisiert und tragbar sind und den Trägern „einverleibt" werden können, trifft sogar nur noch auf Mobiltelefone und Laptops zu.

Die maßgebliche Rolle im 21. Jahrhundert nehmen nach Urry also eindeutig konvergente Mobiltelefone und Laptops ein. Auf sie ist seine Argumentation letztlich zugeschnitten: Mit ihnen werden kompetente Nutzerinnen und Nutzer unabhängiger von Raum und Zeit und erhalten Zugang zu Netzwerken und Strömen von Information, Bildern und sozialen Bewegungen, in denen sie Knotenpunkte werden (können). Die neu entstehende Person-zu-Person Konnektivität hat, da bin ich mit ihm einer Meinung, eine neue Qualität von Information und Mobilität zur Folge: Die Bedeutung persönlichen Netzwerkens sowie persönlicher Netzwerke wird weiterhin immer wichtiger. Die zunehmende Virtualität des Netzwerkens verändert die Beziehung zur realen Welt und damit zu anderen Menschen. Die Extensivierung von Person-zu-Person Konnektivität transformiert bestehende Strukturen und Lebensweisen auf der ganzen Welt.

Trotzdem greift ein konzeptuelles Verständnis von Laptop und Mobiltelefon als Maschinen zu kurz. Es wäre ein Trugschluss anzunehmen, dass sie ihre Leistungsfähigkeit ausschließlich ihren technischen Eigenschaften verdanken. Ihre extensive Konnektivität war lange keine Frage der Technologie, sondern einer Vielzahl politischer und ökonomischer Wünsche, Zwänge und Entscheidungen. Ihre „extensive Konnektivität" entfalten konvergente Medien weiterhin auch noch nicht von allein. Sie ergibt sich nicht durch ihren Besitz: „Digitale Macht" und „extensive Konnektivität" können ihre Nutzer nur entfalten, wenn sie (intensiv) dafür bezahlen und auch (extensiv) Zugang zu Flüssen und Netzwerken haben, die ihnen eine Konnektivität möglich machen. Konvergente Mobiltelefone und Laptop sollten nicht (essenzialistisch) auf Technologie reduziert werden.

Die nicht-technischen, politisch-kulturellen und ökonomisch-sozialen Voraussetzungen ihrer Konnektivität als Medialität dürfen nicht ausgeblendet werden – sonst bliebe die TIMES-Konvergenz als Ursache für einen tief greifenden Wandel der Bedingungen von kultureller Solidarität unverstanden. Sie werden hier deshalb ausführlicher zum Thema. Wenn wir die TIMES-Konvergenz und konvergente Medien verstehen wollen, sollten wir nicht nur John Urry folgen, der wie Gibson in seinen Cyberpunk Romanen „Neuromancer, Idoru und Futurematic" emergente technologische Entwicklungen und im Sinne von Komplexitätsschwellen annimmt.

Die Entwicklung von Medien und die TIMES-Konvergenz sind keine Entwicklungen, die menschlichem Handeln nicht mehr zugänglich sind. Sie sind auch keine biologische Entwicklung, in der es um Reaktion und Anpassung geht.[5] TIMES-Konvergenz, konvergente Medien und mediale Flüsse, Netzwerke und Konnektivitäten sind klare Resultate ökonomischer und politischer Entscheidungen – sie kamen nicht wie ein Wirbelsturm über die Menschen. Das gilt es zuerst zu verstehen, bevor dann der Wandel kultureller Solidarität zum Thema wird.

Die Entstehung der TIMES-Konvergenz hat mit der Konvergenz von privaten und öffentlichen Rundfunkangeboten und der von TK und IT-Technologie bei der Entwicklung von Endgeräten und Übertragungstechnologien einen kommerziellen, politischen und klaren technischen Ausgangspunkt. Der kommerzielle Ausgangspunkt war der gesättigte Medienmarkt der USA. Kein börsennotiertes Medienunternehmen konnte damals steigende Aktienkurse ohne einen Verweis auf künftige globale Erfolge argumentieren. Tatsächlich war den USA diese kommerzielle Option so wichtig, dass sie die UNESCO unter anderem deshalb im Streit um die Weltkommunikationsordnung verlassen haben.[6] Der technische Ausgangspunkt der Konvergenz von TK- und IT-Technologie war die Digitalisierung. In der Folge dieser Entwicklungen veränderten sich seit der Mitte der 1980er Jahre die Bedingungen und Voraussetzungen von Kommunikation und Medienkultur erheblich. Ausgehend von der Liberalisierung des Rundfunks in den 1980er Jahren kam es 1993 mit Al Gores Idee einer „National Information Infrastructure" zum Verkauf von wichtiger Internetverwaltungsfunktionen der National Science Foundation an US-amerikanische Unternehmen. Bereits im Jahr 1994 überrundete die Zahl der kommerziellen Hosts (.com) die der wissenschaftlichen (.edu) und setzte sich an die Spitze der Host-Rangliste. Damals begann, nach der globalen Kommerzialisierung von Radio und Fernsehen, die Kommerzialisierung des Internet. Sie beschränkte sich nicht auf Netzangebote und Netzinhalte, sondern weitet sich mit der Entstehung von Multimedia erst zur TIM- und dann mit der Entstehung neuer Computer-Spiele zur TIMES-Konvergenz aus. Das internationale Telekommunikationsabkommen beendet 1997 vor diesem Hintergrund die regulatorische Macht der Länder, die Bedingungen zu bestimmen, nach denen medial vermittelte Kommunikation in ihren Grenzen strukturiert und zugänglich wird.

Die Grenzen der Branchen und deren Gesetze, Behörden, Regeln usf. wurden nun weitgehend hinfällig. Es entstanden in den TIMES-Branchen neue komplexe Formationen von neuen Ordnungen und tatsächlich (zunächst) zunehmende Ordnungslosigkeit. In den 1990er Jahren war Konvergenz daher vor allem ein Kampf um Größe. Die Kosten für die Entwicklung konvergenter Dienste, Produkte, Infrastruktur (UMTS) und Märkte sprengten sogar die Budgets der großen Telekommunikationsunternehmen. Daher gingen alle (!) Unternehmen der TIMES-Branchen Allianzen und Kooperationen untereinander ein, kauften andere Unternehmen oder taten sich mit ihnen zusammen. Das war kein linearer, sondern ein offener relationaler Prozess, dessen Erfolg kein Unternehmen vorhersehen konnte, weil dieser von zu vielen zu unterschiedlichen Einflüssen abhing, wie von regionalen und globalen

Marktentwicklungen, Endprodukten und Diensten, der Unternehmensentwicklung usf. Die maßgebliche Produktion der mobilen konvergenten Laptops und Mobiltelefone, für Urry die zentralen Maschinen des 21. Jahrhunderts, begann erst im neuen Jahrtausend. Nun zeichnet sich langsam ab, ob und wie mit Zugang zu Inhalten wie Nachrichten, Wetter oder Börsenkursen, dem Laden und auch Ansehen von Filmen und Clips, der Unterhaltung in Form von Spielen und ausgeklügelter Sicherheitstechnologie, im Hinblick z.b. auf Wetten, Geld verdient werden kann und wie diese kleinen medialen konvergenten Knotenpunkte das Leben gewöhnlicher Leuten verändern. Aber schon diese wenigen Hinweise zeigen, dass sich die mobilen konvergenten Medien von uns bekannten Medien erheblich unterscheiden: Sie können prinzipiell jederzeit und an jedem Ort eine Verbindung mit Menschen und Medien herstellen und sie verfügen weiter über Protokoll- und Übertragungstechnologien, mit denen sie den bekannten Ablauf medialer Kommunikation prinzipiell umkehren können. Inhalte werden dadurch z.b. nicht mehr redaktionell aufbereitet und zusammengestellt alloziiert, sondern können selektiv auf der Basis personalisierter und privatisierter Profile abgerufen werden. Die (technische) Möglichkeit auf die Produktion und die Allokation von medialer Kommunikation Einfluss zu nehmen konstituiert eine neue Gruppe von Medien. Im 21. Jahrhundert sind sie – und darauf kommt es mir an – als neue Medien wichtig.

Die neue Gruppe von konvergenten Medien wurde in der Medien- und Kommunikationswissenschaft in Anlehnung an die an der Technik ansetzende Unterscheidung von Primär-, Sekundär- und Tertiärmedien als Quartärmedien bestimmt.[7] Primärmedien sind Medien, die für Kommunikation und kultureller Orientierung keine Technik erfordern. Das ist beim Theater der Fall oder wenn Kommunikation durch Träger von Rollen wie „Priester" oder „Prediger" konstituiert wird. Primärmedien werden daher auch Menschmedien genannt. Dagegen sind Sekundärmedien wie Buch und Zeitung bei der Produktion von Kommunikation auf Technik angewiesen. Tertiärmedien wie Radio oder Fernsehen sind zusätzlich bei der Reproduktion auf Technik angewiesen. In dieser Logik unterscheiden sich die Quartärmedien von den Tertiärmedien dadurch, dass sie zusätzlich zum Einsatz von Technik bei der Produktion und Reproduktion Protokoll- und Übertragungstechnologie aufweisen, die aus Sendern eben auch Empfänger und aus Empfängern auch Sender machen.

Mit dieser Möglichkeit tragen konvergente Medien, wie Urry richtig hervorhebt, zur weiteren Erhöhung der Komplexität der Relationalität zwischen den „Moorings" und „Mobilities" sozialer und kultureller Formationen bei. Was Urry jedoch nicht sagt ist, dass diese Komplexität noch durch jedes neue Medium erhöht worden ist. In diesem Punkt stehen die mobilen konvergenten Medien anderen ehemals neuen Medien in Nichts nach. Medien konstituierten schon immer (neue) Beziehungen zwischen Menschen und zu Bezugspunkten von Gemeinschaft und kultureller Solidarität, die nun zum Thema werden. Die ersten mobilen Quartärmedien wie Laptop und Mobiltelefon sind also zugleich ein End- und ein Anfangspunkt der TIMES-Konvergenz. Sie sind Endpunkt, da weltweit viel getan werden musste, damit sie ,jenseits' vormaliger nationaler Medien- und Telekommunikationsgesetze Wirklichkeit werden konnten. Sie sind ein Anfangspunkt, weil immer mehr Leute beginnen, ihre Kommunikation und kulturelle Orientierung mit ihnen zu organisieren. Das ist für jede und jeden ein Neuanfang, der für das eigene Leben, Gesellschaft und Kultur in dem Maß an Bedeutung gewinnt, in dem Laptops und Mobiltelefon bei der kulturellen und wirtschaftlichen Selbstorganisation und der Vermittlung der eigenen Lebensweise mit gesellschaftlichen Bedingungen wichtiger werden – als andere Medien.[8]

3 Die TIMES-Konvergenz der Medialität von kultureller Verbundenheit im Leben von Leuten

Der Wandel der medialen Organisation und der Vermittlung der eigenen Lebensweise mit den gesellschaftlichen Verhältnissen vollzieht sich quasi unterhalb der Relationalität von Urrys „Moorings" und „Mobilities". Kulturelle Bedeutung und Werte werden im täglichen Leben vermittelt, in das konvergente Medien wie Mobiltelefone und Laptops – wie andere „neue" Medien vor ihnen – über den Umgang mit ihnen integriert werden. In diesem praktischen Umgang mit Medien verändern sich die Beziehungen zwischen Menschen und Dingen, zwischen Wirklichkeiten und Formen kultureller Solidarität.

Der erste, der das erkannte und konzeptuell berücksichtigte, war kein geringerer als Max Weber. Seine Medien waren keine Quartärmedien, sondern die Medien, die ihn im Zusammenhang mit der Entstehung okzidentaler Rationalität interessierten: Primärmedien wie Zauberer, Priester und Prophet, die bei ihm freilich nicht „Primärmedien" heißen. Weber entwickelt seine Überlegungen zu Trägern maßgeblicher Rollen als Trägern der kulturellen Rationalität von Gemeinschaften in seiner so genannten „systematischen Religionssoziologie",[9] die posthum veröffentlicht worden ist und die er noch nicht abgeschlossen hatte. Darin entwickelt er sein Konzept von Kultur zwischen Marx und Durkheim: Während Durkheim in „Die elementaren Formen des religiösen Lebens" zeigt, dass Religion als Kultur nicht ohne gemeinsam gelebte Praktiken, Rituale und Kulte bestehen kann, weil nur diese sie als gesellschaftliche Realität erhalten, und Marx die gesellschaftlichen und materiellen Bedingungen von Kultur und ihre Bedeutung vor allem als Ideologie hervorhebt, fragt Weber nach der Vermittlung von beidem, danach, wie gesellschaftliche Verhältnisse in und durch gelebte religiöse Praktiken und Ritualen naturalisiert und deren Werte und Normen konkret in Vermittlungsprozessen konstituiert werden.

Weber erkennt, dass diese Vermittlung durch ganz bestimmte gesellschaftliche Einrichtungen geleistet wird: konkret zuerst durch Zauberer oder Priester, die Weber deshalb als Träger von kultureller Rationalität identifiziert. Deren Erforschung macht er zu der Herausforderung der Soziologie: Die „soziologische Seite" der historischen Scheidung der Religion von der Zauberei, ist für Weber die „Scheidung" des Priesters vom Zauberer.[10] In dieser historischen Reihe sieht Weber in der Folge den Prophet und die ethische Religion und später dann Druckmedien als wieder neue

Träger kultureller Rationalität. Webers Idee, dass die Träger der maßgeblichen Kommunikation und kulturellen Orientierung auch die Träger der kulturellen Rationalität der Gruppe sind, ist für sehr übersichtliche Gruppen und für die Zeit vor der Entstehung der Printmedien plausibel. Die kulturelle Rationalität von Gruppen, deren Mitglieder mehrere Medien für Kommunikation und Orientierung nutzen, kann freilich nicht über einzelne Medien bestimmt werden.

Meines Erachtens sollte die Idee einer medialen Rationalität oder Vermittlungs-Rationalität aber nicht aufgegeben, sondern weiterentwickelt werden, weil sie das kulturelle Moment von Medialität nicht unterschlägt, das in technischen Konzepten oft unter den Tisch fällt. Medien ließen sich gleichermaßen im Sinne der Mediendefinition von Urry und Weber verstehen. Sie wären dann nicht nur technische Knoten in relationalen Zusammenhängen, sondern auch Träger einer Rationalität von Kommunikation (nicht von kommunikativer Rationalität!). Der Rationalitätsanspruch würde so nicht mehr für ‚die' Kultur einer Gemeinschaft gelten, sondern (nur noch) für mediale Kommunikation als Zusammenhang des Umgangs mit einem Medium im Rahmen einer historisch spezifischen Kommunikation. Es interessiert also nur ein sehr kleiner kommunikativ-medialer Baustein der kulturellen Rationalität einer Gemeinschaft.

Dieses Verständnis von Kommunikation steht in der Tradition von antiessentialistischen und empirisch arbeitenden Medium-Theoretiken wie Joshua Meyrowitz (1985) und Vertretern der Cultural Studies wie Raymond Williams (1973) und Stuart Hall (1981). Sie kennzeichnet, dass sie mediale Kommunikation weder allein vom Medium her, noch unabhängig von Inhalten, Beteiligten und ihre Kontexten zu verstehen versuchen.

Meyrowitz hat empirisch am deutlichsten gezeigt, wie ein neues Medium wie das Fernsehen die Informationsumwelt seiner Nutzer verändert, weil es Einsichten vermittelt, die sonst unzugänglich oder „uneinsichtig" sind oder die, wie Raymond Williams ergänzen würde, nur für das Fernsehen und die neue immer üblicher werdenden privaten Lebensformen geschaffen wurden, worauf weiter unten zurück zu kommen sein wird. Ohne einen Wirkungszusammenhang unterstellen zu müssen, verändern Medien also nur durch ihre Präsenz ihre Umgebung, wenn in dieser etwas mit ihnen gemacht wird. Diese Einsicht nimmt Stuart Hall zum Anlass, Medien differenziert in Relation zu den Momenten oder Kontexten von Kommunikation zu erforschen, der Produktion, Allokation, Rezeption und sozialen Nutzung, in denen im Rahmen von Kommunikation etwas mit ihnen gemacht wird. Ich stimme mit Hall überein, dass mediale Kommunikation im Zusammenhang mit dieser Differenzierung empirisch angemessen analysiert und historisch verglichen werden kann.[11]

Dieses Verständnis medialer Kommunikation als Zusammenhang der Produktion, Allokation, Rezeption und Nutzung von Medien zur Kommunikation berücksichtigt Medien in der Abhängigkeit von den Kontexten und denen, die in etwas mit ihnen machen. Wie Hall verstehe ich den Zusammenhang der Menschen mit Medien in diese Kontexten als Artikulation, als eine temporäre Verbundenheit, die gelöst werden kann. Sodann nenne ich den Kommunikations-Zusammenhang der verschiedenen Artikulationen über alle Kommunikations-Kontexte mediale Konnektivität. Sie, die mediale Konnektivität, verweist also immer auf den Zusammenhang von Differentem sowie über ein Medium. Die Produktion medialer Kommunikation ist demnach keine Kommunikation, sondern erst die mediale Konnektivität der Artikulationen mit Medien in allen Momenten bzw. Kontexten von Kommunikation.

Dieses Verständnis von medialer Kommunikation, das Medien zu Bezugspunkten hat, erlaubt ein konzeptuelles Verständnis der TIMES-Konvergenz als Wandel sowohl der technischen wie der kulturellen Bedingungen der Medialität von Kommunikation und von Kultur auf der Basis eines differenzierten empirischen Verständnisses des konkreten Umgangs mit Medien. Dies lässt sich wie folgt darstellen:

Abbildung 1:   Das Medien-Konnektivitätsmodell von Kommunikation

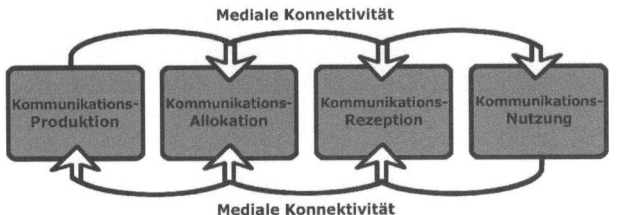

Die Momente bzw. Kontexte medialer Kommunikation werden als ‚Kommunikations-Produktion' usf. bezeichnet und nicht als ‚Medien-Produktion' usf. Damit wird dem Sachverhalt Rechnung getragen, dass der Umgang mit einem Medium und die mediale Konnektivität auf Kommunikation gerichtet sind und nicht auf ein Medium. Die Nutzung von Medien zur Kommunikation erfolgt in diesen Kontexten und Momenten in der Regel auf der Basis von bestimmten gemeinsam geteilten Vorannahmen. Sie ändern sich im Lauf der Zeit mit den Medien oder wenn sich, wie mit der TIMES-Konvergenz, basale Bedingungen und Voraussetzungen von Kommunikation generell verändern.

Ursprünglich war der Bereich der Produktion in der Regel mehrfach geschützt durch Kulte, Tempel, Rituale usf.: Nicht jeder konnte und durfte – und auch die Verteilung erfolgte im Rahmen von Ritualen unter spezifischen Regeln, die oft der Kontrolle dienten. Kontrolle ist bei den Sekundär- oder Printmedien nur noch bedingt möglich, weil sie die Momente der medialen Produktion, Allokation, Rezeption und Nutzung voneinander treffen. Sie machen diese Momente und Kontexte unabhängiger von bestimmten Zeiten und Orten. Printmedien wie die Zeitung werden in der Aufklärung aus dem sakralen Schutz befreit, mit dem Kirchen häretische Kommunikation bis heute verhindern will. Die Produktion und Allokation von Kommunikation mit den neuen Druckmedien produziert in der Folge neue Öffentlichkeiten, die, obwohl sie umkämpft sind, im Zuge entsprechender Kämpfe, durch spezifische Rechte wie Meinungs- und Pressefreiheit geschützt werden. Dieser Schutz wird als so wichtig angesehen, dass die neuen elektronischen Medien Radio und Fernsehen einen völlig neuen Status als ausschließlich öffentliche Güter bekommen: Sie werden in den meisten Ländern der Welt öffentlich-rechtlich organisiert.

Wie im Zusammenhang mit Urrys These über die Bedeutung von „bewohnten Maschinen" im 21. Jahrhundert, meiner sehr kurzen Rekonstruktion der TIMES-Konvergenz und der Definition von konvergenten Medien als Quartärmedien angeführt, verändern die konvergenten Medien Laptop und Mobiltelefon Bedingungen und Voraussetzungen von Kommunikation durch die Entstehung neuer medialer Flüsse, Netzwerke und Konnektivitäten. Wie sie dies im Hinblick auf die Bedingungen und Voraussetzungen der Zivilgesellschaft und von kultureller Solidarität tun, zeigt ein kurzer historischer Vergleich. Die TIMES-Konvergenz wird mit ihren konvergenten Medien die kulturellen Grundlagen von Kommunikation und Solidarität verändern, weil mit ihnen wohl erstmalig direkt Einfluss auf die Allokation und Produktion von medialer Kommunikation genommen werden kann.

Diese Veränderung, die wahrlich kein Geheimnis ist, ergibt sich seit der Entwicklung von Primärmedien über Sekundär- und Tertiärmedien zu den Quartär- oder konvergenten Medien und wird als Privatisierung und Personalisierung medialer Kommunikation diskutiert, die dabei mit der Produktion und Allokation allerdings auch die Rezeption und soziale Nutzung von Kommunikation verändern. Wichtig erscheint mir an diesem Punkt nicht nur die kritische Diskussion von Neuem, sondern auch der Bedeutungsverlust älterer Formen der Produktion und Allokation sowie der Rezeption und sozialen Nutzung medialer Kommunikation. Mir geht es zunächst nicht um eine Wertung, die kulturkritisch ‚Neues' gegen ‚Altes' abgrenzt, sondern darum, mit dem Neuen im Licht des Alten besser umzugehen. Um das zu können, müssen wir die Leistungen der politisch und kulturell bedeutsamsten Primär-, Sekundär- und Tertiärmedien kennen. Mit ihnen wurde jeweils auf der Basis spezifischer kultureller Grundannahmen kommunikative Leistungen erbracht und in Anspruch genommen, die Einfluss auf Gemeinschaft und Gesellschaft und Formen von kultureller Solidarität hatten. Diese Medien hatten ihre ganz eigene Macht auf der Basis der besonderen kulturellen Bedingungen und Voraussetzungen ihrer medialen Konnektivität. Erst wenn diese Macht und ihre jeweilige historische Bedeutung für den Wandel kultureller Solidarität verstanden worden sind, kann auch der aktuelle Wandel kultureller Solidarität im Zuge der TIMES-Konvergenz nachvollzogen werden. Die Medialität von Kommunikation war und ist eng mit Formen kulturelle Solidarität verknüpft.

Der christliche Prediger – das sicher folgenreichste Medium der Gruppe der Primärmedien – versammelte vor sich erstmalig in der Geschichte alle als Gleiche (weil sie vor ihrem Gott gleich waren) und als frei zur Kommunikation mit Jedem und Jeder. Diese in der medialen Rolle christlicher Prediger angelegte Gleichheit und Freiheit konnte die Bedingungen und Voraussetzungen von Kommunikation aber nur auf der Basis der christlichen Nächstenliebe revolutionieren. Sie war sicher die wichtigste Bedingung dafür, dass mehr als die Hälfte der 60 Millionen umfassenden Bevölkerung des Römischen Reiches vor der Anerkennung des Christentums durch Konstantin, trotz grausamster Verfolgungen, Christen wurden. Sie konvertierten zu einer durch neuartige christliche Prediger konstituierten Kommunikations- und Orientierungsgemeinschaft. Der Umgang mit ihnen hatte die Produktion, Allokation, Rezeption und Nutzung von Kommunikation im Römischen Reich so grundlegend verändert, dass Konstantin überhaupt keine andere Wahl mehr hatte, als die Prediger zu verstaatlichen.

Der christliche Prediger erhielt seine Macht also auf der Grundlage der christlichen Nächstenliebe, die ihm überhaupt erst die Möglichkeit gab, Gleichheit und Freiheit im Rahmen von Kommunikation zu konstituieren. Diese neue christliche Nächstenliebe, in der die Christen die Liebe ihres Gottes zu den Menschen durch ihre Liebe Teil der gesellschaftlichen Wirklichkeit werden ließen, war eine notwendige Bedingung für den Erfolg der christlichen Prediger als öffentliche und kulturell orientierende Medien. Ihre Bedeutung ging in dem Maße zurück, in dem Gleichheit, Freiheit zur Kommunikation und die christliche Solidarität im Kontext des Umgangs mit christlichen Predigern im Rahmen von Kommunikation in der Geschichte zurückgingen. Dies soll hier aber nicht weiter vertieft werden.[12]

Dieser Basis von Kommunikation, auf der Christen mit dem Primärmedium Prediger zur kulturellen Orientierung umgingen, war die längste Zeit nichts entgegen zu setzen. Das war möglich, als die Kirche Teil der gesellschaftlichen Macht wurde und sie ihre Prediger kommerzialisierte und in Verruf brachte. Ihren Einfluss verloren sie jedoch erst, als man anfing, an der Stelle von Predigern, also von Menschmedien, Druckerzeugnisse zur Konstitution von Kommunikation und von kultureller Orientierung zu verwenden. Die Dominanz des Predigers in der öffentlichen Kommunikation war dann gebrochen, als man nicht mehr Prediger verbrannte, sondern Drucke. Dieser Wandel ist mit dem Augustinerprediger, Bibelprofessor und Bestsellerautor Martin Luther verbunden, von dem im Jahr 1520 etwa 500.000 Drucke verkauft wurden – mehr als jemals zuvor: Bekanntlich hat Luther Drucke der Bannbulle gegen ihn verbrannt, als die Katholische Kirche zur Verbrennung seiner Schriften aufgerufen hat.

Gänzlich ersetzt wurde der Prediger als aktuelles, universales und periodisches Medium aber viel später. Das Medium, das ihn in dieser Hinsicht ersetzte, war die Zeitung. Sie war das politische Medium der Aufklärung und Bezugspunkt der Forderung, dass das, was alle angeht ‚öffentlich‘ werden müsse. Ohne das Medium Zeitung wäre diese Forderung so niemals gestellt noch (partiell) durchgesetzt worden.[13] Die historische Durchsetzung dieser Forderung veränderte den Charakter von Medien, weil sie diese zu mehr oder weniger ‚öffentlichen Gütern‘ gemacht hat. Dieser Status galt für sie auch, wenn sie eigentumsrechtlich Privatleuten gehörte. Die Zeitung war ein öffentliches und zugleich ein privates Gut und ein Kultur- und ein Wirtschaftsgut. Sie konnte nicht auf das eine oder das andere reduziert werden.

Wie der christliche Prediger erhielt die Zeitung ihre Macht als Medium nicht allein aufgrund formaler Merkmale wie ihrer Aktualität, Universalität oder Periodizität. Ihre kulturelle Basis war nicht die christlichen Nächstenliebe, also ihr Beitrag zu einer Glaubensgemeinschaft, sondern ihr Beitrag zu etwas, dass sie ähnlich wie die Prediger selbst mit der ethischen Religion erst konstituierte: die Nation. Denn ihre Publizität, die sie als Medium auszeichnete, war nationale Publizität. Die neue nationale Publizität hat die Zeitung konstituiert als Teil der gesellschaftlichen Wirklichkeit, die zunehmend nationale Wirklichkeit wurde (vgl. Anderson 1991, 1983). Ihre Bedeutung ging in dem Maße zurück, in dem ihre generelle Bedeutung im

Leben von Leuten als Staatsbürgern zurückging. Heute existieren überregionale Zeitungen zwar noch als nationale, Bedeutung haben sie jedoch vor allem als universalistisches, aktuelles, periodisches und publizistisches Medium der Region. National rangiert ihre Bedeutung und Glaubwürdigkeit weit hinter dem Fernsehen, das die druckmedienspezifische gesellschaftliche Medienordnung nach einem Radio-Zwischenspiel als dominantes Medium in den meisten Gesellschaften ablöst.

Das Fernsehen hat den medialen öffentlichen Raum nachhaltig geprägt, ohne dass es für die nationale Öffentlichkeit viel mehr Raum geschaffen hätte. Die bürgerliche Öffentlichkeit, die Habermas (1990) als normative bürgerliche Öffentlichkeit einer Nation vor Augen hatte, machte das Fernsehen zu einer historischen Öffentlichkeit. Obwohl Fernsehen vor allem ein öffentlich-rechtliches Kulturmedium war, hat es die Nation nur in seltensten Fällen versammelt. Das Charakteristikum, mit dem sich das Fernsehen gesellschaftsweit als Leitmedium durchsetzt, war der in technologischer und kultureller Sicht völlig neue „geplante" und „mobile" Fluss des Fernsehens.

Raymond Williams (1974, 2003) beschreibt das Merkmal Fluss („flow")in dieser Hinsicht zuerst. Er reflektiert das Mediale systematischer als Weber und zeigt auf, wie das Fernsehen mit dem Fluss-Erleben eine neuartige Verbindung der Produktion und Allokation mit der Rezeption medialer Inhalte konstituiert. Dabei bezieht sich Williams nicht nur auf die in den USA damals im Gegensatz zu England bereits übliche übergangslose Programmgestaltung und die ebenfalls in den USA übliche durchgehende „pausenlose" Fernsehnutzung. Er bezieht ähnlich wie ich es oben mit Blick auf den Prediger und die Zeitung gemacht habe, grundlegende kulturellen Aspekt mit ein, die die „Fernseh-Kommunikation" prägt, wie ‚christliche Kommunikation' durch die Gleichheit vor Gott und christliche Nächstenliebe geprägt ist, oder ‚Zeitungskommunikation' durch Publizität, die weitestgehend nationale Publizität war und die Zeitung als Medium nationaler und regionaler Öffentlichkeit prägt.

Mit „geplantem Fluss"[14] bezeichnet Williams die fernsehseitige Planung des Zusammenhangs von Programmteilen einerseits und die entsprechende rezeptionsseitige Planung eines eben diese Programmteile übergreifenden Erfahrungszusammenhanges.[15] Als Charakteristikum der technologischen sowie der kulturellen Form Fernsehen gilt ihm weiterhin ihr Programm als mobiler Fluss. Dieser Fluss charakterisiert die Rolle des Fernsehens in Gesellschaften, in denen Bürgerinnen und Bürger mobiler geworden sind, ihre Wohnorte öfter wechseln müssen und kaum mehr ein öffentliches, sondern vor allem ein privates Leben führen. Der mobile Fluss des Fernsehens macht sie von den Orten unabhängig, in denen sie leben, weil er die soziale Verbundenheit mit dem Leben an diesen Orten durch ein Leben mit Fernsehstars und ihren Serien ersetzt.

Fluss wird heute nicht mehr in dem von Williams geprägten Sinn eines Mediums verstanden – auch wenn sich dieser Fluss als Prototyp des Fernseherlebens global durchgesetzt hat. Seit Appadurai (1990) wird von Fluss medienübergreifend im Sinne globaler „mediascapes" gesprochen, die kein Objekt der geordneten Fernseh-Programmplanung eines Intendanten sind, oder eines Rezipienten, der einen gemütlichen Fernsehabend plant. Als Flüsse gelten Ströme von Bedeutung und Daten, die durch ortlose und flexible TIMES-Netzwerke getrieben werden, deren kleinste Knotenpunkte Leute mit mobilen konvergenten Medien sind, die zwar auf die Konnektivität mit diesen Flüssen und Netzwerken angewiesen sind, denen sie jedoch nicht mehr *kulturell* verbunden sein müssen.

Anders als früher, als die kulturelle Verbundenheit in der Form der christlichen Nächstenliebe oder der Zugehörigkeit zu einer Nation die Wahrscheinlichkeit erheblich erhöht hat, dass Kommunikation gelingt, weil es eine gemeinsame Basis gab, oder einem die Verbundenheit mit Fernsehstars und den verschiedenen Serien eine kulturelle Verbundenheit möglich gemacht hat, kann kulturelle Verbundenheit in Netzwerken zu einem Problem werden. Netzwerke, deren Leistungsfähigkeit gegenüber anderen Formen von Verbundenheit vor allem in ihrer Aktions- und Reaktionszeit gesehen wird, räumen – wie Urry sagen würde – den „Mobilities" häufig mehr Bedeutung ein als den „Moorings". In solchen Netzwerken kann dann der Eindruck entstehen, dass die technische Verbundenheit der beteiligten Elemente, seien es Unternehmenseinheiten, Firmen oder Partner die Leistungsfähigkeit eines Netzwerkes stärker oder fast allein bestimmt. Kulturelle Verbundenheit, die als gemeinsamer Bezugspunkt von Lebensweisen, Werten, Praktiken und Orientierungen kann die Aktions- und Reaktionszeit von Netzwerken verringern. Unternehmen, die Netzwerke geworden sind, weisen kaum mehr feste Strukturen auf, haben sich mehr und mehr in temporäre und ortlose Projekte aufgelöst und ihre Mitarbeiterinnen und Mitarbeiter haben auch keine fixen Arbeitsplätze mehr, sondern kleine und mobile Büroeinheiten. Die Organisations- und Unternehmenskultur dieser Firmen hat sich entsprechend verändert. Die Mitarbeiterinnen und Mitarbeiter müssen sich selbst um ihre neuen Aufgaben und Projekte kümmern, wenn die alten auslaufen. Sie müssen eine Professionalität entwickeln, die ihnen wie ihren konvergenten Medien unmittelbare Verbundenheit mit dem neuen Projekt und den Leuten in diesem Projekt erlaubt.

Die mobilen konvergenten Medien Mobiltelefon und Laptop unterscheiden sich von bisherigen Medien auch dadurch, dass sie bei der Herstellung der Verbindung mit Menschen und mit Inhalten im Rahmen von Kommunikation nicht mehr so sehr auf gemeinsame Werte angewiesen sind. Anders als Prediger, die Zeitung oder das Fernsehen sind die mobilen konvergenten Medien unabhängig von – um es sehr plakativ auszudrücken – christlicher Liebe, Vaterlandsliebe oder der Liebe zu einem Fernsehstar. Da ist es kein Wunder, wenn das Medium selbst, das so lange eher unsichtbar geblieben war, stärker als je zuvor in den Vordergrund rückt. Mobile konvergente Medien erlauben einen anderen Zugang zur Verbundenheit mit anderen. Einen anderen, als eine gemeinsame Religion, eine gemeinsame Nation oder ein gemeinsamer Fernsehstar, christliche Liebe, Nationenzugehörigkeit und Sprache als kulturelle Verankerung („Mooring") war historisch immer eine Voraussetzung medialer Kommunikation, also des kommunikativen Zugangs zu anderen.

4 „It's Possible to Fall in Love With a Computer and the People you Need are Only a Touch Away!"

Eine Frage, die sich im Hinblick auf den Wandel kultureller Solidarität durch neue konvergente Medien stellt, betrifft den Verbleib der alten Liebe, die Menschen einmal christlich ihrem Nächsten, patriotisch ihrem Land oder ihren Idolen und Lieblingsserien entgegen gebracht haben. Nicht nur vor dem Hintergrund der jeweils fragilen Wahrscheinlichkeitsbedingungen von medialer Kommunikation, die unverstanden bleiben, wenn deren kulturelle Dimensionen ausgeblendet bleiben, sondern auch, weil in der Werbung ganz unverhohlen Vorschläge dahin gemacht werden, diese Liebe jetzt dem Medium selbst zukommen zu lassen, das heute das leistet, was früher zu einem großen Teil auf Grund kultureller solidarischer Werke möglich war.

Diese neue Situation, in der das Medium in den Mittelpunkt der Zuwendung und des Interesses rückt, und in der einiges dafür spricht, dass mobile konvergente Medien das Leben und Zusammenleben auf nachhaltige Weise zu verändern beginnen, illustriere ich im Weiteren mit Bildern. Mein Ausgangspunkt ist ein Reklamebild aus der Sammelbildserie „Zukunftsfantasie" vom Anfang des letzten Jahrhunderts (vgl. Abb. 2). Es zeigt zwei Frauen, die über ein Bildtelefon vermutlich mit ihren Kindern sprechen. Obwohl das Bildtelefon ganz eindeutig die Zukunftsfantasie ist, steht die Interaktion und nicht dieses neue Medium im Vordergrund. Die Technologie ist eindeutig der bestehenden familiären gemeinschaftlichen Verbundenheit ein- und untergeordnet. Diese ist praktisch nicht tangiert.

Abbildung 2: Sammelbild aus der Serie „Zukunftsfantasie"

Die Beziehung bzw. die kulturelle Verbundenheit, die auf dem Bild im Vordergrund steht, ist eindeutig die zwischen den über das Bildtelefon miteinander kommunizierenden Personen. Diese kulturelle Verbundenheit, die hier zum Ausdruck kommt, findet sich auch in vielen Kampagnen zu Mobiltelefonen, wie etwa in einer Siemens-Kampagne, in der einem Mädchen bereits am ersten Tag eines USA-Aufenthaltes alles schief zu laufen scheint, dass aber kein Heimweh zu haben braucht, weil ihr Triband-Mobiltelefon auch in den USA funktioniert. In dieser Kampagne ist Heimweh und die kulturelle Beziehung nach Hause zu den Eltern Teil der Beziehung, die durch das Mobiltelefon erhalten und gelebt wird.

Bei immer mehr Kampagnen steht aber die Beziehung zum Medium im Mittelpunkt – insbesondere des Lebens der abgebildeten Personen. Dieser besondere kulturelle Wert des Mobiltelefons wird in einer Sony-Ericsson Kampagne (vgl. Abb. 3) durch den Claim deutlich zum Ausdruck gebracht: „Das neue Sony Z7. Sie werden es nicht mehr loslassen." Er steht mit einer intimen Situation in Beziehung, in der eine Frau einen Mann verführt oder von ihm verführt wird – trotzdem wird sie ihr Z7 nicht loslassen.

Abbildung 3:   Sony Z7: Sie werden es nicht mehr loslassen

Mit einem anderen Aspekt der kulturellen Dimension von Verbundenheit mit einem Mobiltelefon spielt Siemens in einer Kampagne, in der das Mobiltelefon der „beste Freund" eines Mädchens ist. Das macht den Stellenwert des Mediums sogar noch deutlicher, auch wenn der Claim das Bild relativiert:

„Sophisticated, sexy und ultimativ klein. Wen mag es da verwundern, dass das CL 50 einen festen Platz an deiner Seite hat? In seinem eleganten Clamshell Design, dem balu-funkelnden Display und den persönlichen, polyphonen Melodien bezaubert das CL 50 so einfach jeden. Und sorgt so für noch mehr Glanz in deinem Leben." (vgl. Abb. 4)

Abbildung 4: Siemens: A Girl's Best Friend

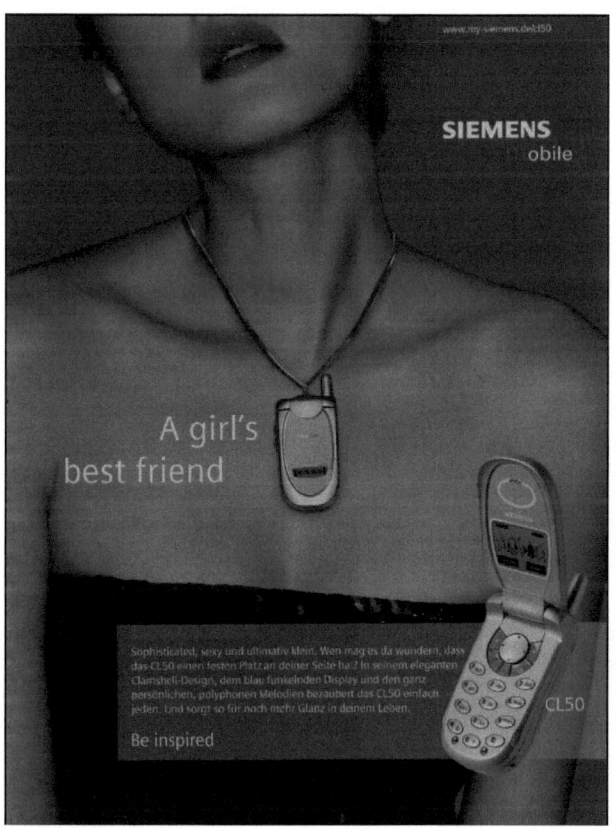

Die neue kulturelle Bedeutung mobiler konvergenter Medien kommt meines Erachtens aber am Besten in der folgenden Apple-Werbung zum Ausdruck. Sie fragt schlicht und einfach, ob es möglich ist, sich in einen Computer zu verlieben – und sie beantwortet diese Frage: „Oh ja !" (vgl. Abb. 5).

Ist es möglich, dass eine Frau ihr Sony Z7 in intimen Momenten nicht loslässt? Dass ein Siemens CL 50 ‚der beste Freund eines Mädchens' wird? Kann man sich in das Apple iBook verlieben? Die Werbung würde wahrscheinlich nicht mit diesen Claims arbeiten, wenn das völlig absurd wäre. Feldforschungen in einem größeren Projekt zur Erforschung von Konvergenzprozessen bestätigt diese hohe kulturelle Bedeutung mobiler konvergenter Medien, die insbesondere bei Kindern und Jugendlichen oft unkritisch ist. An ihnen wird sich die Zukunft von Zivilgesellschaften und kultureller Solidarität erweisen. Im Zusammenhang mit Webers Frage nach dem Wandel der Vermittlung kultureller Praktiken und Lebensbedingungen, stellt sich also die Frage, welche neuen Praktiken im Umgang mit mobilen konvergenten Medien wie welche Solidaritätsbeziehungen verändern können.

Abbildung 5:   Apple iBook: Is it Possible to Fall in Love With a Computer? Oh yes.

Ein Apple iBook ist für viele seiner Besitzer Kult und die Arbeit mit ihm ein Ritual. Das gilt auch für Mobiltelefone, zumindest für einige, und den Umgang mit ihnen. Diese ganz eindeutig privaten und persönlichen Formen des Umgangs mit Laptops und Mobiltelefonen betreffen zunächst niemanden oder eine Gemeinschaft. Trotzdem verändern sie unser Verständnis von kultureller Verbundenheit, das bislang ausschließlich Verbundenheit auf der Basis von Solidarität verstand, in die man hinein geboren wurde oder zu der man sich, zuletzt immer häufiger, sogar entschließen konnte. Mit den mobilen konvergenten Medien entsteht eine neue Verbundenheit, die „Konnektivität" genannt wird, weil sie eine technologische Verbundenheit ist. Als solche hat sie – wie ausgeführt – sogar Vorteile gegenüber kultureller Verbundenheit, die in vielen Fällen wenig flexibel ist. Solidarität ist nun keine exklusive Bedingung für die Verbundenheit von Menschen mehr.

Abbildung 6: Vodaphone: „We're Groovy."

Kulturelle Solidarität verliert für Menschen an Bedeutung, wenn sie von immer mehr Menschen immer seltener ‚gebraucht' wird. In der Folge verlieren solidarische Gemeinschaften wie die Zivilgesellschaft notwendig an Bedeutung gegenüber neuen anderen sozialen Formationen. Als Gemeinschaft ist auch eine Zivilgesellschaft auf gemeinsame Praktiken und Rituale oder gar Kulte zivilen Lebens und ziviler Kommunikationsweisen angewiesen. Diese hatten freilich bereits das Fernsehen und sein mobiler Fluss ausgehöhlt. Zivilgesellschaft muss als gemeinschaftliche Erfahrung zugänglich sein, sonst ist sie zum Scheitern verurteilt. Prinzipiell wäre das leichter möglich als je zuvor, denn heute sind die Menschen, die man braucht, „nur einen Tastendruck entfernt" (vgl. Abb. 6)

Tatsächlich ist aber nicht diese Nähe, dieser Tastendruck entscheidend, sondern seine kulturelle Form. Sie kommt nicht in dem Claim „We're groovy" zum Ausdruck, sondern vor allem in der Frage: „How are you?" Sie bezieht sich auf jeden von uns und verknüpft unser Wohlbefinden, ob wir „groovy" sind oder nicht, auf unterschwellige Art und Weise damit, ob wir nun zu denen gehören, die ihren Freunden eine Textmessage senden können oder nicht. Eine solidarische Gemeinschaft ist hier kein Thema. Statt dessen betreibt diese Kampagne eine kulturelle Exklusion, die an alte längst vergessen geglaubte Zeiten erinnert, als Glaubensbekenntnisse gefordert waren. Diese Vodaphone-Ideologie ist keine der Zivilgesellschaft. Es sind aber immer stärker TIMES-Unternehmen wie Vodaphone, die nach dem internationalen Telekommunikationsabkommen von 1997 die Bedingungen bestimmen, unter den (in ihren privaten Netzen) die für Leute maßgebliche Kommunikation erfolgt. Vodaphone bestimmt sie nicht nur über den Preis mit, sondern auch über öffentliche – oder, wie manche noch sagen Werbe-Kommunikation. Diese Etats der TIMES-Unternehmen, die global zu den größten gehören, machen Kultur- und

Identitätspolitik und beginnen zunehmend zu bestimmen, wer ‚in‘ und wer ‚out‘ ist, wie wir kommunizieren oder nicht kommunizieren –– und dessen sind sich diese Unternehmen meines Erachtens auch bewusst (vgl. Abb. 7).

Abbildung 7: Vodaphone: „We're out."

Die Geschichte mobiler konvergenter Medien und ihrer Flüsse, Netzwerke und Konnektivität ist aber noch nicht zu Ende. Und es wäre voreilig, ein dieses prognostizieren zu wollen. Wer die Geschichte vor Augen hat weiß, dass niemand den Erfolg des christlichen Predigers vorher sagen konnte. Niemand hat erwartet, dass sich einmal andere als religiöse Drucke gut verkaufen würden und profane Inhalte mehr als einige lausige Prozent aller Druckereierzeugnisse ausmachen. Niemand hat den Erfolg der Zeitung voraus gesehen und die kulturelle Bindung, die einmal die Idee einer Nation stiftet. Keiner hat erwartet, dass Medien wie Radio und Fernsehen einmal fast überall auf der Welt öffentlich-rechtlich organisiert sein werden und dass verschiedenste öffentlich-rechtliche mediale Errungenschaften so schnell aufgeben würden. Wer ahnte vor zehn Jahren, dass mobile konvergente Medien so rasch globale kulturelle Bedeutung erlangen?

5   Medienkritische Perspektiven auf die Zukunft kultureller Solidarität und ziviler Gesellschaften

Die globale kulturelle Bedeutung mobiler konvergenter Medien steht heute außer Zweifel. Trotzdem ist die Bedeutung, die Medien für die Konstitution von Gemeinschaft und kultureller Verbundenheit von Menschen haben (sei es für Freundschaften, Familien, Gemeinschaften, ethnischen Gruppen, Fangruppen, Organisationen,

Online-Gemeinschaften oder auch nur formale und informelle Netzwerke usf.) kaum erforscht. Das gilt auch für mobile konvergente Medien und die Konnektivitäten, Netzwerke und Flüssen, die sie mitkonstituieren, beschleunigen und immer weiter verändern. Ist diese Rolle der Medien erst einmal erkannt, dann wird es Zeit, ihrer Erforschung neben der Erforschung von Kontexten oder Orten, Inhalten und Beteiligten mehr Platz einzuräumen. Dazu sollten sie ethnografischer kontextbezogen in den vier Momenten von Kommunikation erforscht werden, weil nur so die Besonderheiten und unerwartete Entwicklungen entdeckt werden können, deren Darstellung oft die beste Kritik am Wandel von Kommunikation und Medienkultur ist, zu dessen Symptomen auch die Kategorien Fluss, Netzwerk und Konnektivität zählen.

Die Zukunft der Zivilgesellschaft und die von kultureller Solidarität ist die Zukunft spezifischer Formen kultureller Verbundenheit. Deren Bedingungen und Voraussetzungen ändern sich durch mobile konvergente Medien, die zu grundlegenden Bedingungen und Voraussetzungen neuer und anderer Formen von Verbundenheit werden, deren Rationalität und Relationalität, die vom Umgang mit ihnen abhängt, noch kaum erforscht ist. Wissen wir, ob und wie jemand, der zu jeder Zeit, an jedem Ort mit prinzipiell jedem und allem verbunden sein kann, in Zukunft noch mit Dingen und Menschen verbunden sein wird?[16]

Dies von mir so genannten Konvergenz-Paradox und die Kulte, Praktiken und Rituale im Umgang mit den neuen konvergenten Medien müssen im Hinblick auf Kommunikation und also einen kleinen Baustein von Zivilgesellschaften und von kultureller Solidarität noch besser erforscht und verstanden werden. Das ist die notwendige Voraussetzung dafür, dass wir Laptops und Mobiltelefone nicht nur als Objekt oder Technologie, sondern als Medien – als kulturelle Mittler – zwischen Lebensweisen und ihren gesellschaftlichen Verhältnissen verstehen. Dieses ist die Voraussetzung dafür, dass wir auch in Zukunft nicht nur Ideen und Konzepte von Zivilgesellschaft und kultureller Solidarität vermitteln, sondern uns diese erarbeiten können.

Anmerkungen

1   Die Diskussion um Kulturwandel und Globalisierung ist die erste internationale und interdisziplinäre Diskussion in den Sozial- und Kulturwissenschaften in denen Medien von Anfang an, also seit den beginnenden 1990er Jahren eine Rolle spielen. Zu nennen ist weiter Appadurais Diskussion medialer kultureller Flüsse (1990), Castells Konzept Netzwerkgesellschaft (1996), Tomlinsons Darstellung von „mediatisierter kultureller Erfahrung" (1999), Baumans Diskussion einer Verflüssigung oder Verflüchtigung der Moderne (2000), Rifkins Idee eines Zeitalters des Zugangs (2000) und vor allem Urrys insbesondere auf konvergente Medien bezogene Postulat eines 21. Jahrhunderts bewohnter mobiler Maschinen mit extensiver Konnektivität (2003). Zur Entstehung einer Diskussion über Kulturwandel und Globalisierung und der Berücksichtigung der Medien dabei vgl. ausführlicher Winter (2000).

2   „Der schwere Kapitalismus hielt das Kapital und die von ihm beschäftigten Arbeiten fest auf dem Boden. Heute reist das Kapital mit […] Laptop und Handy" (Bauman 2003: 73).

3   „The twenty-first century will be the century of what I call ‚inhabited machines'" (Urry 2003: 127).

4   „Overall it is these moorings that enable movement. And it is the dialectic of mobility/moorings that produces social complexity. If all relationality were mobile or ‚liquid', then there would be no complexity. Complexity, I suggest, stems from this dialectic of mobility and moorings" (Urry 2003: 126).

5   Diese These einer quasi biologischen Eigendynamik kennzeichnet auch den aktuellen Konvergenzbestseller „It's Alive. The Coming Convergence of Information, Biology, and Business" von Christopher Meyer und Stan Davis (2003). Beide schrieben außerdem bereits den ersten Konnektivitäts-Bestseller „Blur: The Speed of Change in the Connected Economy" (1998).

6   Vgl. dazu ausführlicher Herman/McChesney 1997: 10ff.

7   Zur Definition vgl. ausführlich meine Diskussion in Winter 2003.

8   Diesen Wandel von kulturellen Vermittlungsprozessen erforsche ich in einem größeren Projekt zur TIMES-Konvergenz. Vgl. dazu im Hinblick auf neue mediale Mehrwertdienste Karmasin/Winter (2002) und die kulturelle Bedeutung konvergenter Medien für Identitäten und Lebensweisen und Lebensräume von Kindern Bug/Karmasin (2003). Zum Projekt gehören ein Forschungskolleg und die multidisziplinäre Vortragsreihe „TELEmediaCULTURES".

9   Als systematische Religionssoziologie wird in Abgrenzung zu den religionshistorischen Studien seine positive Konzeptionalisierung der Entwicklung kultureller (religiöser) Rationalität der Beitrag „Religionssoziologie" aus Wirtschaft und Gesellschaft verstanden, der erst nach Webers Tod unvollendet veröffentlicht wurde.

10 Weber entwickelt diese Konzeptionalisierung am Übergang vom ersten zum zweiten Kapitel: „Man kann diejenigen Formen der Beziehungen zu den übersinnlichen Kräften, die sich als Bitte, Opfer, Verehrung äußern, als ‚Religion' und ‚Kultus' von der ‚Zauberei' als dem magischen Zwange scheiden und dementsprechend als ‚Götter' diejenigen Wesen bezeichnen, welche religiös verehrt, als Dämonen diejenigen welche magisch gezwungen und gebannt werden." Im Anschluss beginnt das zweite Kapitel „Zauberer-Priester" wie folgt: „Die soziologische Seite jener Scheidung aber ist die Entstehung eines Priestertums als etwas von den ‚Zauberern' zu Unterscheidendem."

11 Zur Entwicklung dieser Konzeptionalisierung medialer Kommunikation vgl. ausführlicher Winter 2003.

12 Mit dem christlichen Prediger als Medium habe ich mich in zwei Arbeiten auseinander gesetzt. Zuerst in einer Arbeit über die bis dahin unerklärten Erfolge der Bettelorden, die im 13. Jahrhundert ohne Geld, Macht und soziale Möglichkeiten relativ rasch zu den größten Organisationen des damaligen Europa wurden (Winter 1996), dann in der umfassenden Medienkulturgeschichte des christlichen Predigers, in der erstmals die Entstehung der Rolle rekonstruiert wird und ihre Geschichte bis in die Gegenwart. Die Arbeit wird im Jahr 2006 veröffentlicht.

13 Die Übersetzung von Publizität durch Öffentlichkeit verdeckt längst diesen Bezug zum Volk, der im französischen „publicité" und im englischen „publicity", die beide auf „populus" (lat. Volk) verweisen, noch enthalten ist.

14 „This phenomenon, of planned flow, is then perhaps the defining characteristic of broadcasting, simultaneously as a technologie and as a cultural form" (Williams 2003: 86).

15 „It is evident that what is now called ‚an evening's viewing' is in some ways planned, by providers and the by viewers, *as a whole*; that is in any event planned in discernible sequences which in this sense override particular programme units. Whenever there is a competition between television channels, this becomes a matter of conscious concern: to get viewers in at the beginning of a flow" (Williams 2003: 94).

16 Zu dieser von mir so genannten Konvergenz-Paradoxie, dass jemand, der zu der Zeit an jedem Ort mit prinzipiell allem und jedem verbunden sein kann, mit nichts und niemandem mehr wirklich verbunden ist, vgl. ausführlicher Winter 2005.

Literatur

Anderson, B. (1991/1983): Imagined Communities. Reflections on the Origin and Spread of Nationalism. Revised Edition. London u.a.

Appadurai, A. (1990): Disjuncture and Difference in the Global Cultural Economy. In: Featherstone, M. (Hrsg.): Global Culture. London: 295-310.

Castells M. (1996): The Information Age: Economy, Society and Culture. Volume 1: The Rise of the Network Society Oxford.

Durkheim, E. (1912/1994): Die elementaren Formen des religiösen Lebens. Frankfurt a.M.

Faulstich, W. (2002): Die Geschichte der Medien. Band 4: Die bürgerliche Mediengesellschaft (1700-1830). Göttingen.

Habermas, J. (1993/1962): Strukturwandel der Öffentlichkeit: Untersuchungen zu einer Kategorie der bürgerlichen Gesellschaft; mit einem Vorw. zur Neuaufl. Frankfurt a.M.

Hall, S. (1999/1980/1973): Encoding/Decoding. In: Bromley, R. et al (Hrsg.) (1999): Cultural Studies: Grundlagentexte zur Einführung. Lüneburg: 92-110.

Hall, S. (1977): Culture, the Media and the ‚Ideological Effect'. In: Curran, J./Gurevitch, M./ Woollacott J. (Hrsg.): Mass Communication and Society. London: 315-348

Hepp, A. (2004): Netzwerke der Medien. Medienkulturen und Globalisierung. Wiesbaden.

Karmasin, M. (2005): Paradoxien der Medien. Über die Widersprüche technisch erzeugter Wirklichkeiten. Wien.

Krotz, F. (2003): Zivilisationsprozess und Mediatisierung: Zum Zusammenhang von Medien- und Gesellschaftswandel. In: Behmer, M. et al. (Hrsg.): Medienentwicklung und gesellschaftlicher Wandel. Wiesbaden: 15-35.

Krotz, F. (2001): Die Mediatisierung kommunikativen Handelns. Der Wandel von Alltag, sozialen Beziehungen, Kultur und Gesellschaft durch Medien. Wiesbaden.

Lash, S./Urry, J. (1994): Economies of Signs & Space. London u.a.

Meyer, C./Davis, S. (2003): It's Alive: the Coming Convergence of Information, Biology, and Business. New York.

Meyrowitz, J. (1985): No Sense of Place. The Impact of Electronic Media on Social Behaviour. New York.

Rifkin, J. (2000): The Age of Access. New York. (Dt.: *Access. Das Verschwinden des Eigentums*. Frankfurt)

Tomlinson, J. (1991): Cultural Imperialism. A Critical Introduction. London.

Tomlinson, J. (1999): Globalization and Culture. Cambridge.

Tomlinson, J. (2003): Culture, Modernity and Immediacy. In: Beck, U./Sznaider, N./Winter, R. (Hrsg): Global America? The Cultural Consequences of Globalization. Liverpool.

Urry, J. (2003): Global Complexity. Cambridge.

Weber, M. (1980/ca.1922): Religionssoziologie. In: Ders.: Wirtschaft und Gesellschaft. Grundriss der verstehenden Soziologie. 5. revidierte Auflage. Tübingen: 245-381.

Weiß, J. (1981): Rationalität als Kommunikatibilität. Überlegungen zur Rolle von Rationalitätsunterstellungen in der Soziologie. In: Seyfarth, C./Sprondel, W.M. (Hrsg.): Max Weber und das Problem der gesellschaftlichen Rationalisierung. Stuttgart: 39-58.

Williams, R. (2003/1974): Television. Technology and Cultural Form. London u.a.

Williams, R. (1983): Problems of the Coming Period. In: New Left Review (140): 7-18.

Winter, C. (2000): Kulturwandel und Globalisierung: Eine Einführung in die Diskussion. In: Robertson, C.-Y./Winter, C. (Hrsg.): Kulturwandel und Globalisierung. Baden-Baden: 13-73.

Winter, C. (2002): Die Zukunft medialer Mehrwertdienste: Eine kommunikationswissen-schaftliche fächerübergreifende Einführung. In: Karmasin, M./Winter, C. (Hrsg.): Mediale Mehrwertdienste und die Zukunft der Kommunikation. Wiesbaden: 9-32.

Winter, C. (2003): Die konvergente Re-Artikulation von Jugendkulturen im Spannungsfeld zwischen spielerischen Taktiken und kommerziellen Strategien. In: Bug, J./Karmasin, M.: Telekommunikation und Jugendkultur. Eine Einführung. Wiesbaden: 47-75.

Winter, C. (2006): Medienentwicklung und der Aufstieg einer neuen konvergenten Bezie-hungs- und Zugangskunst im Leben gewöhnlicher Menschen. In: Karmasin, M./ Winter, C. (Hrsg.): Grundlagen von Medienentwicklung und Konvergenzmanagement. München: im Druck.

Akteur-Netzwerk-Theorie und Medien: Über Bedingungen und Grenzen von Konnektivitäten und Verbindungen

Nick Couldry

1 Einleitung

Die Akteur-Netzwerk-Theorie (ANT) ist ein hoch einflussreicher Ansatz innerhalb der Wissenssoziologie, der die soziale Ordnung nicht über eine essenzialistische Idee ‚des Sozialen' zu erklären versucht, sondern über die Netzwerke der Verbindungen zwischen menschlichen Handelnden („agents"), Technologien und Objekten. Entitäten (gleich ob menschlich oder nicht) innerhalb dieser Netzwerke erlangen Macht durch die Zahl, Reichweite und Stabilität der Konnektivitäten, die durch sie führen – und durch nichts Anderes sonst. Solche Konnektivitäten sind kontingent, historisch und nicht-natürlich – doch wenn ein Netzwerk erfolgreich ist, verfügt es über die Gewalt der ‚Natur': Es wird, mit einem Lieblingswort der ANT, zur ‚Blackbox'. Oberflächlich gesehen, scheint die ANT also perfekt platziert, um eine Theorie der Rolle(n) der Medien- und Kommunikationstechnologien in heutigen Gesellschaften hervor zu bringen: Auch sie sind historisch entstanden und haben doch nach mehr als einem Jahrhundert ‚Naturgewalt' erworben. Nichtsdestotrotz wurde dieser Verbindung bisher überraschend wenig nachgegangen. Dieser Aufsatz versucht dem Gehalt und den Grenzen auf den Grund zu gehen; sie versucht herauszufinden, was die ANT zur Theoretisierung der von den Medien ermöglichten Konnektivitäten beitragen kann.

Die Tatsache, dass eine stabile Verbindung zwischen ANT und Medientheorie bislang *nicht* hergestellt wurde – ironischerweise ist die ANT nicht mit der Medientheorie ‚vernetzt' –, lässt sich nicht mit Unwissenheit erklären. Die ANT besitzt nicht nur ein hohes Ansehen innerhalb der Sozialwissenschaften (was sich in der großen Verbreitung von „Wir sind nie modern gewesen" zeigt, dem Hauptwerk eines Begründers der ANT, Bruno Latour [vgl. Latour 1998]). In den späten 1980er Jahren gingen Untersuchungen, wie Medientechnologien – insbesondere das Fernsehen – im häuslichen und sozialen Raum eingebettet sind, eng überein mit Arbeiten in der Wissens- und Techniksoziologie, die von der ANT beeinflusst wurden. Besonders bedeutsam war hier die Arbeit des Mediensoziologen Roger Silverstone (vgl. Silverstone 1994; Silverstone/Hirsch 1992). Silverstone prägte die wissenschaftliche Diskussion dahingehend, die Analyse der häuslichen Aneignung des

Fernsehens mit breiteren Ansätzen der Soziologie zu verbinden, welche jene hochspezifischen Weisen untersuchten, durch die verschiedene ‚Technologien' – von Schlössern bis zur heimischen Heizung – seit dem 19. Jahrhundert in das Sozialleben eingebettet worden waren. Jedoch verwarf Silverstone den Netzwerk-Begriff der ANT als den einer geringfügigen Metapher, die das grundlegendere Konzept des Systems nicht ersetzen könne – das heißt, der Systeme, die soziales Handeln strukturieren und von ihm strukturiert werden. Dies wird an Silverstones Kritik an den Überlegungen eines anderen Begründers der ANT, des Soziologen John Law, deutlich:

„Law bevorzugt den Begriff Netzwerk gegenüber dem des Systems [...]. In Bezug auf die System-Metapher deutet Law an, dass sie dazu neigt, die Zerbrechlichkeit des entstehenden Systems angesichts der konfliktreichen Umwelten und Bedingungen zu unterschätzen, in die es eingebettet ist. [...] In Bezug auf die Konstruktions-Metapher argumentiert er, dass die Privilegierung des Sozialen, die [jene Metapher] verlangt, [...] die Komplexität der Beziehungen verfehlt, die man verstehen muss, soll das Entstehen einer neuen Technologie erklärt werden [...]. Man kann dies jedoch zugestehen und trotzdem das Soziale privilegieren; *tatsächlich muss man das, da das Natürliche, das Ökonomische und das Technische, in ihrer Hartnäckigkeit oder Formbarkeit, keinerlei Bedeutung erlangen außer durch soziales Handeln [...]. Das sozio-technische System ist daher genau das: Eine mehr oder weniger fragile, mehr oder weniger sichere Verkettung menschlicher, sozialer und materieller Elemente und Beziehungen, strukturiert durch und strukturgebend für soziales Handeln [...]. Aus dieser Sicht hat das Konzept des Netzwerks dem des Systems nicht viel hinzuzufügen."* (Silverstone 1994: 84f., Hervorhebung N.C.)

Hier treffen sich ANT und Medientheorie kurz und gehen dann rasch wieder auseinander. Seit dieser Artikel geschrieben wurde, hat es gelegentliche Anerkennungen ihrer möglichen Affinität gegeben, insbesondere im Zusammenhang mit computervermittelter Kommunikation (vgl. Bingham 1999; Bolter/Grusin 2000: 50, 62, 67, 77f.; MacGregor/Wise 1997), doch sind diese Ansätze nicht weiter verfolgt worden. Auf den ersten Blick könnte das an zwei recht unterschiedlichen Gründen liegen: Erstens, weil die ANT selbst keine substanzielle oder kohärente Theorie ist, und zweitens, weil die Medien Probleme für die Anwendbarkeit der ANT bereiten oder ihr Grenzen setzen, unbeschadet ihres allgemeinen Wertes als Theorie. Sollte der erste Fall zutreffen, wäre dieser Aufsatz überflüssig; ob dem so ist, ist jedoch nicht die Angelegenheit der Medien- und Kommunikationswissenschaft, sondern die Aufgabe einer umfassenderen Techniksoziologie. Ich möchte mich auf die zweite Möglichkeit konzentrieren: Es geht mir darum, die substanzielle Natur der ANT als soziologischer Theorie für gegeben zu nehmen und daher offen für ihren Beitrag zu einer Theoretisierung der Medien zu sein, aber ebenso wachsam für ihre Grenzen und Bedingtheiten. Es steht, so glaube ich, beim Nachdenken über die ANT in der Medien- und Kommunikationswissenschaft etwas Wichtiges auf dem Spiel – aber was genau ist das?

2 Die Herausforderung der Akteur-Netzwerk-Theorie

Die ANT hat ihren Ursprung in der Wissenschaftsforschung, zum Beispiel bei der einflussreichen Untersuchung des Laborlebens von Latour und Woolgar (1979). Von Anfang an zielte die ANT darauf ab, den impliziten Idealismus der Wissenssoziologie zu dekonstruieren: Statt wissenschaftliche Theorien und Entdeckungen als ‚Ideen' zu betrachten, die auf mysteriöse Weise über der Oberfläche sozialer Interaktion schweben, beharrten Latour und Woolgar darauf, dass die Ergebnisse der Wissenschaft unauflöslich darin eingebettet sind, was bestimmte Wissenschaftler an bestimmten Orten der Wissensproduktion tun – wie eben in Laboratorien. Die Dekonstruktion von Latour und Woolgar ist derart gründlich, dass sie sogar den binären Gegensatz von ‚Idee' und ‚Materie' untergräbt.

In seinem späteren, programmatischen Buch „Wir sind nie modern gewesen" lehnt Latour auf gleiche Weise die Unterscheidung in eine absolute ‚Gesellschaft' und eine absolute ‚Natur' ab, da praktisch alles auf der Welt Hybride aus beiden betreffe. Die ANT ist folglich eine Soziologie, aber in einem paradoxen Sinne, da sie die Existenz des offenkundigen Gegenstands der Soziologie hinterfragt, nämlich ‚die Gesellschaft' oder ‚das Soziale'. Latours Ansicht ist nicht, dass unsere Existenz keine soziale Dimension besäße, sondern vielmehr, dass ‚das Soziale' immer schon technisch gewesen sei, und ‚das Technische' von jeher sozial. Sein Ziel ist es,

„die doppelte Fallgrube des Soziologismus und Technologismus zu vermeiden. Wir haben es nie mit Objekten oder sozialen Beziehungen zu tun, wir haben es mit Ketten zu tun, die Assoziationen aus Menschen […] und Nicht-Menschen sind […]. Niemand hat je eine soziale Beziehung an sich gesehen […], noch eine technische Beziehung." (Latour 1991: 110)

Diese fundamentale Skepsis gegenüber ‚der Gesellschaft' (oder ‚Ideen') wie auch ‚der Technik' (oder ‚Materie') ist, so werde ich ausführen, eine wesentliche und für die Medientheorie immer noch fruchtbare Einsicht, die uns helfen kann, den impliziten Funktionalismus großer Teile der Medientheorie zu vermeiden. Ich werde später einen größeren Kontext für diese Behauptung schaffen; zunächst müssen wir jedoch auf Roger Silverstones gegenläufiges Argument zurückkommen, die Metapher des Netzwerks füge unserem Verständnis des Sozialen kaum etwas hinzu; beziehungsweise unserem Verständnis der sozialen Dimensionen der Technik. Denn wenn das zuträfe, würde es den Nutzwert der ANT für die Medientheorie fundamental untergraben. Silverstone leugnet nicht, dass menschliche Akteure („agents") ständig in Beziehungen mit Medientechniken verstrickt sind, die im Gegenzug einen Bestandteil der Infrastruktur weiter reichender sozialer Beziehungen bilden; es geht ihm jedoch um die Handlungsfähigkeit („agency") und die Notwendigkeit, bei der Untersuchung der Handlungen und Intentionen menschlicher Akteure („agents") zu verstehen, wie diese als mehr kontextualisiert werden als bloße Netzwerke. Durch das spezifische Set an Konnektivitäten, das sie zusammenfügen, verstärken sie bestimmte Möglichkeiten der Verknüpfung, während sie andere tilgen; doch bringt ein Netzwerk Handelnde („agents") höchstens in relative Positionen zu anderen Handelnden („agents") und Dingen; d.h. relativ zu anderen Aktanten („actants"), wie die ANT sie mit einem Begriff nennt, der absichtlich uneindeutig in Bezug auf Menschen und Nicht-Menschen bleibt (vgl. Latour 1991: 123). Diese Positionen begrenzen die jeweiligen Handlungsmöglichkeiten auf bestimmte Weise, aber sie sagen uns nichts über die Dynamiken des Handelns. Insbesondere erklärt die Existenz von Netzwerken nicht, ja, thematisiert nicht einmal die von den Handelnden („agents") produzierten Interpretationen jener Netzwerke und die daraus folgenden Handlungsmöglichkeiten – und es sind nur menschliche Akteure („agents"), die die Welt deuten, selbst wenn, wie Woolgar argumentiert hat, Objekte und Technologien bestimmte Kodes und Handlungsanweisungen in sich eingeschrieben tragen (vgl. Woolgar 1991). Netzwerke (und damit die ANT) sagen uns etwas Wichtiges über die Einbettung des sozialen Lebens in Medien- und Kommunikationstechnologien, aber sie bieten uns keine Grundlage für eine völlig neue Theoretisierung der sozialen Ordnung, geschweige denn einen neuen Weg, soziales Handeln zu analysieren – obwohl sie, laut Silverstones Argumentation, behaupten genau das zu tun.

In einer Hinsicht möchte ich dem nicht widersprechen. Egal wie anregend ihre Darstellungen davon sind, wie verschiedene Technologien ins soziale Leben eingebettet werden, bietet uns die ANT trotz ihrer programmatischen Ambitionen doch keine vollständige Neukonzeption der Gesellschaft oder Soziologie. Wir werden im nächsten Abschnitt auf einige ihrer Beschränkungen zurückkommen. Bei diesen Beschränkungen stehen zu bleiben, hieße jedoch zu riskieren, dass uns die anhaltende Bedeutung des Beitrags der ANT zur Medientheorie entgehen würde, der in einem bestimmten Sinne ein rhetorischer ist – nämlich uns zu jeder Zeit davor zu warnen, so zu reden, als ob die alltäglichen Tätigkeiten der Medien nahtlos im Sozialen aufgingen. Das Beharren der ANT auf der notwendigen Hybridität dessen, was wir ‚soziale Beziehungen' nennen, bleibt ein wertvolles Antidot gegen das selbstverschleiernde, naturalisierende Potenzial des Mediendiskurses und großer Teile des Diskurses in der Medien- und Kommunikationswissenschaft. Das ist letztlich eine Frage der Macht, wie ich im Folgenden erklären werde.

Ich habe an anderer Stelle über den problematischen Funktionalismus in vielen Arbeiten der Medien- und Kommunikationswissenschaft geschrieben (vgl. Couldry 2004) und werde diese Argumente hier nicht wiederholen. Einfach gesagt, geht es mir um die Tendenz in akademischen wie populären Texten über die Medien, so zu tun, als ob Medien das Soziale oder die natürlichen Kanäle des sozialen Lebens und sozialer Auseinandersetzungen wären, anstatt hoch spezifische und institutionell fokussierte Mittel der Repräsentation des sozialen Lebens und der Kanalisation sozialer Teilnahme. Beachten Sie folgendes Beispiel von Michael Real, der wichtige, Bahn brechende Arbeiten über die rituellen Dimensionen der Medienberichterstattung über globale Sportereignisse wie den Olympischen Spielen geschrieben hat:

„Medien dienen als das zentrale Nervensystem der modernen Gesellschaft. Die Suche nach dem Verständnis der Medien führt uns in eine Suche nach dem Zentrum von allem, was das Leben im 20. Jahrhundert ist. Unsere Medien, wir selbst." (Real 1989: 13)

Mein Anliegen ist nicht zu entscheiden, ob dieser Abschnitt etwas von der Rhetorik der Medien oder über sie einfängt. Dies tut er, auch wenn die biologische Metapher Reals eigene ist. Mir geht es vielmehr um den offensichtlichen Mangel an Distanz zu ebenjener Rhetorik. Schauen wir uns im Gegensatz dazu einmal den weit skeptischeren Ton des folgenden Abschnitts an, in dem Latour die Eigenart globaler Netzwerke behandelt. Er hat hier zwar nicht nur Medien im Sinn, aber andere Passagen in seinem Buch machen klar, dass er an den Eigenschaften der Medien interessiert ist (vgl. z.B. Latour 1998: 7-9):

„Sagen wir also, dass die Modernen ganz einfach die großen Netze erfunden haben durch Rekrutierung eines bestimmten Typs nicht-menschlicher Wesen. [...] Mit der Vervielfachung der Hybridwesen [...], die wir Maschinen und Fakten nennen, haben die Kollektive jedoch ihre Topographie verändert. [...] Wir neigen dazu, in den erweiterten Netzen der Abendländer systematische und globale Entitäten zu sehen. Um dieses Mysterium aufzulösen, brauchen wir nur den ungewohnten Wegen zu folgen, die diese Maßstabsveränderungen ermöglichen; wir brauchen bloß die Netzwerke der Fakten und Gesetze in etwa wie Abwasser- oder Energieversorgungsnetze zu betrachten. [...] Bei den technischen Netzen haben wir also keinerlei Schwierigkeiten, ihren lokalen Aspekt mit ihrer globalen Dimension zu vereinbaren. Sie setzen sich aus partikularen Orten zusammen, die durch eine Reihe von Anschlüssen miteinander verbunden sind, welche andere Orte durchqueren und ihrerseits neue Anschlüsse erfordern, wenn sich die Netze weiter ausdehnen sollen. [...] Die technischen Netze sind [...] Netze, die über Räume geworfen sind und nur einige wenige Elemente von diesen belegen. Es sind verknüpfte Linien und keine Oberflächen. Sie haben nichts Totales, nichts Globales, nichts Systematisches, auch wenn sie Oberflächen umschließen – aber nicht bedecken – und in die Ferne führen." (Latour 1998: 156f.)

Ein wenig später formuliert er diesen Anti-Idealismus in Form einer Medien-Metapher: „Die Vernunft gleicht heute eher einem Kabelnetz als den platonischen Ideen" (Latour 1998: 159). Dieser Anti-Idealismus stellt sich gegen diverse offenbar beruhigende Abstraktionen, und dabei nicht nur gegen ‚Natur' und ‚Gesellschaft', sondern auch gegen ‚Kultur' (vgl. Latour 1998: 139ff.) und – daraus folgend, wenn wir Real und Latour zusammen lesen – die mythische Vorstellung von Medien als Gesellschaft. In der Tat ist die Neigung, Vermittlung so zu behandeln, als seien sie etwas Anderes, d.h. sie als solche unsichtbar zu machen, für Latour exakt eines der Charakteristika des philosophischen Gerüsts der Moderne, das er hinterfragen möchte. ‚Vermittlung' im weiteren Sinne des Prozesses der Konstruktion technologisch-sozialer Hybride ist wesentlich für die Moderne, und wird in ihr zugleich „unsichtbar, unvorstellbar, undenkbar" (Latour 1998: 50) gemacht. Folglich ist der Irrglaube an eine soziale ‚Funktion' der Medien, den ich an anderer Stelle als den ‚Mythos des mediatisierten Zentrums' beschrieben habe (vgl. Couldry 2003a), nicht zufällig, sondern Teil jener Verschleierung der Einbettung der Technologie in das Soziale, die kennzeichnend für die Moderne selbst ist.

Wo die Medien- und Kommunikationswissenschaft über Medien spricht, als ob sie ‚die Gesellschaft' wären – wie sie es stets tut, wenn sie in funktionalistischen Begriffen spricht –, trägt sie zu dieser irreführenden Verschleierung der enormen Verflechtung von Netzwerken, aus denen der Medienprozess besteht, bei. Dieser Irrglaube ist nicht neu: Er kann bis zu einigen der frühesten Theorien über die soziale Rolle der Medien zurück verfolgt werden. Um dies zu illustrieren, können

wir zu einem weniger bekannten Zeitgenossen Durkheims zurück gehen: Gabriel
Tarde, der wie Durkheim mit der Frage der sozialen Ordnung begann, oder anders
gesagt, der Frage, wie wir einen Sinn für uns selbst als soziale Individuen entwickeln können. Anders als Durkheim kombinierte Tarde dies jedoch mit einer Analyse der Rolle der Medieninstitutionen für den sozialen Zusammenhalt:

„Es ist [...] lebensnotwendig, dass sich jedes einzelne Individuum [in einer Gesellschaft]
mehr oder minder über die Ähnlichkeit seiner Urteile mit denen anderer bewusst ist; denn
wenn sich jeder Einzelne in seinen Bewertungen für isoliert hielte, würde sich niemand durch
die enge Verbundenheit mit anderen wie ihm gebunden fühlen (und wäre es damit auch nicht)
[...]. Damit nun das Bewusstsein für die Gleichheit der Ideen unter den Mitgliedern einer
Gesellschaft besteht – muss die Ursache dieser Gleichheit nicht die Manifestierung einer Idee
sein – in Wort, Schrift, oder in der Presse –, die zuerst privat war, und dann Stück für Stück
allgemein wurde?“ (Tarde 1969: 300)

Für Tarde ist die Gleichsetzung der Medien mit dem sozialen Gewebe absolut und
nahtlos: „Die Presse eint und belebt die Gespräche, macht sie über den Raum ein-
heitlich, und verschieden über die Zeit. Jeden Morgen geben die Zeitungen ihren
Leserschaften die Gespräche für den Tag. [...] Aber diese Themen ändern sich jeden
Tag und jede Woche [...]. Diese wachsende Übereinstimmung gleichzeitiger
Gespräche über ein immer weiteres geografisches Gebiet ist eines der wichtigsten
Kennzeichen unserer Zeit“ (Tarde 1969: 312). Diese Macht der Medien ist unauf-
haltsam und, so scheint es, jenseits aller Kritik, weil die implizite Gleichung von
Medien und ‚dem Sozialen‘ nicht hinterfragt wird: „Dies ist eine enorme Macht,
eine, die nur zunehmen kann, denn das Bedürfnis, mit jener Öffentlichkeit überein-
zustimmen, von der man ein Teil ist, in Übereinstimmung mit der allgemeinen
Meinung zu denken und handeln, wird um so stärker und unwiderstehlicher, je zahl-
reicher die Öffentlichkeit, je größer der Druck der Meinung und je häufiger das
Bedürfnis selbst befriedigt wird“ (Tarde 1969: 318).

Was hier fehlt, ist jeder Sinn für die Machtasymmetrien, die in diese Mediatisierung (vgl. Thompson 1995: 46) des Sozialen eingebaut sind. Genau hier bietet
die Skepsis der ANT die notwendige kritische Distanz, selbst wenn sie sich überzo-
gen in Form einer Hinterfragung des Sozialen äußert. So schreiben Callon und
Latour das Projekt der ANT sei „unsere Aufmerksamkeit nicht auf das Soziale zu
richten, sondern auf die Prozesse, durch die ein Akteur dauerhafte Asymmetrien
schafft“ (Callon/Latour 1981: 285f.). Will man eine wirkliche Perspektive auf die
Medien gewinnen, ist diese Einsicht wesentlich. Medieninstitutionen, wie umfassend ihre Reichweite auch sein mag und wie sehr sie auch auf ihre Publika eingehen
mögen, bleiben doch die Nutznießer riesiger und dauerhafter Asymmetrien in der
Verteilung symbolischer Ressourcen. Die Idee der ‚Medienmacht‘ ist natürlich ein
Gemeinplatz, aber ihre Untersuchung wurde bislang regelrecht verhext vom komplexen Zwei-Weg-Charakter der Interaktionen zwischen Medieninstitutionen und dem
Rest der sozialen Welt; sei es in Gestalt sozialer Inputs bei der Medienproduktion,
oder bei den Auswirkungen von Medienproduktionen auf soziale Erfahrungen und
Normen. Es ist die ANT, die uns die präziseste Sprache liefert, um zu formulieren,
wie dieser komplexe Fluss nichtsdestotrotz eine distinkte Form von Macht darstellt.
Denn Medieninstitutionen – wie sehr sie auch auf die Publika und die kulturelle

Welt um sie herum reagieren mögen – bleiben die „obligatorischen Passierpunkte" (Tarde 1969: 287; vgl. Callon 1986: 27) in den meisten Kreisläufen der Kommunikation. Das ist zumindest ein guter Anfangspunkt für eine Analyse der Medienmacht, die den Funktionalismus vermeidet und den Blick auf die Materialität der Flüsse zu, durch und von den Medieninstitutionen fixiert hält (vgl. Couldry 2000: 3-61).

Bis hierher habe ich argumentiert, dass die ANT für die Medientheorie eine wichtige Inspiration bleibt, um uns zu bestimmten Ansätzen der Medientheorie hinzuwenden und uns an anderen zu orientieren. Als wirksames Gegengift zum Funktionalismus sollte sie in unserem theoretischen Werkzeugkasten bleiben. Aber kann die ANT mehr sein als das, und vielleicht sogar die Basis für eine umfassendere Theorie der Medien in all ihren Dimensionen liefern?

3 Die Anwendungsgrenzen der Akteur-Netzwerk-Theorie auf die Medien

In diesem Abschnitt werden wir sehen, dass es bedeutsame Einschränkungen in der Nützlichkeit der ANT als allgemeiner Theorie der Beteiligung von Medien an der sozialen Erfahrung und sozialen Ordnung gibt. Die Einschränkungen ergeben sich aus der Begrenztheit der ANT als Versuch, menschliches Handeln („action") zu verstehen, wie es schon im obigen Zitat Roger Silverstones anklang. Diese Grenzen sind jedoch nicht endgültig, und zum Ende hin möchte ich dafür argumentieren, dass die ANT ein wichtiger Teil der Palette der Medientheorien sein kann, sofern wir von ihren hochtrabenden Behauptungen Abstand nehmen, sie sei ein total und radikal neu erdachtes Modell sozialen Handelns.

Als Vorteile der ANT habe ich bisher ihren Anti-Funktionalismus und ihre generelle Skepsis gegenüber essenzialistischen Ideen ‚des Sozialen', ‚des Technischen', ‚des Kulturellen' usw. genannt. Der Wert der ANT für das Verständnis der Medien lässt sich auch direkter formulieren: Es ist ihre überwiegende Betonung des Raumes. Die Anerkennung der räumlichen Dimension der Macht innerhalb der ANT – der räumlichen Verstreuung der Macht und des Auftretens von Macht, nicht in mysteriösen Substanzen, die an bestimmten Punkten und in bestimmten Individuen verortet sind sondern in der Tätigkeit ausgedehnter Netzwerke – leitet sich natürlich von Foucaults Rekonzeptionierung der Macht ab (vgl. Foucault 1980; Callon/Latour 1981). Diese doppelte Verbindung der ANT zum Raum und zu Foucault hilft uns, die augenscheinlich paradoxe Nichtverbindung von ANT und Medientheorie besser zu begreifen: Denn es ist genau die räumliche Dimension der Medienmacht, die lange Zeit vernachlässigt wurde, und deren Vernachlässigung wiederum erklärt die bis vor kurzem so gut wie vollständige Abwesenheit Foucaultscher Gesellschaftstheorie in Darstellungen der Medienmacht (vgl. jedoch Mattelart 1996). Doch die Vernachlässigung des Raumes lässt sich in Beschreibungen der Medien als komplexer Konnektivität eindeutig nicht aufrecht erhalten, wie Anna McCarthy und ich an anderer Stelle ausgeführt haben:

„Mediensysteme und -institutionen als räumliche Prozesse zu verstehen, untergräbt den endlosen Raum der Erzählung, den die Medien zu versprechen scheinen; es beharrt darauf, dass der Gegenstand unserer Analyse niemals bloß eine Sammlung von Texten ist, sondern eine spezifische und materielle Organisation des Raumes. Wie alle sozialen Prozesse, sind die Medien von Natur aus auf bestimmte Weisen im Raum ausgedehnt, und auf andere Weisen nicht [...]. Die Medien erscheinen somit als eine der bedeutendsten Ver-Lagerungen, die in der relativ zentralisierten ‚Ordnung' gegenwärtiger Gesellschaften am Werk sind." (Couldry/McCarthy 2004: 2-4)

Die räumliche Stärke der ANT ist jedoch unausweichlich mit einer Begrenzung verbunden, bei der es sich um die relative Vernachlässigung der Zeit handelt, zumindest der Zeit in Gestalt eines dynamischen Prozesses, der Netzwerke andauernd weiter umformt, nachdem sie gebildet wurden. Gleichzeitig ist es auf einer Ebene aber wiederum unzutreffend zu sagen, dass die ANT die Zeit vernachlässige.

Aus dem Blickwinkel der Sammlung von Aktanten, die gemeinsam ein bestimmtes Netzwerk bilden, hilft uns die ANT auf zwei Arten, die Bedeutung der Zeit zu verstehen: Erstens dahingehend, wie die Koordination von Akteuren („actors") um bestimmte Handlungsketten herum unausweichlich eine zeitliche Koordination einschließt – sei es in der Unterwerfung von experimentellen Ergebnissen unter Laborpläne oder bei der Produktion von Buchhaltungs-Informationen, um die Festlegung von Preisen für die Stromversorgung zu ermöglichen: Zeit ist untrennbar mit der Koordination von Handlungssequenzen in Netzwerken verbunden. Zweitens taucht die Zeit in typischen ANT-Beschreibungen in Bezug darauf auf, wie Netzwerke schrittweise als normal, gewöhnlich und ‚natürlich' etabliert werden. Das ist die Grundlage der wesentlichen Einsicht der ANT in den Prozess der Naturalisierung. Obwohl sie nicht alleiniges geistiges Eigentum der ANT ist, sondern ebenso grundlegend für die Arbeit von Pierre Bourdieu, besitzt diese Erkenntnis eine besondere Relevanz für das Verständnis der sozialen Dynamiken der Medien, wie wir noch sehen werden. Wie Latour und Woolgar in „Laboratory Life" formulierten, „ist das Ergebnis der Konstruktion eines Fakts, dass er als von allen unkonstruiert erscheint" (1979: 240). ANT irritiert somit die klassische Wissenssoziologie, indem sie räumliche und zeitliche Asymmetrien betont, wenigstens bis zu dem Punkt, an dem ‚Fakten' hergestellt werden. Besser noch, Callon und Latour (1981) lassen zumindest in der Theorie die Möglichkeit offen, dass ‚Fakten' reversibel sind und die ‚Blackboxes' aufgestemmt werden könnten, sprich: Akteure („actors") wie Wissenschafts- oder Medieninstitutionen, in denen Ansammlungen verborgener Netzwerke liegen.

Das Problem ist wie gesagt jedoch, dass die ANT stets viel mehr Interesse für die Herstellung von Netzwerken aufbrachte als für deren spätere Dynamiken. Die Schließung, die bei der Etablierung eines Netzwerks erfolgt, ist real, aber wie hilft sie uns dabei zu verstehen, wie sich ein Netzwerk verändert und vielleicht destabilisiert wird? Die Antwort ist, dass sie uns nicht hilft – zumindest nicht ohne eine Erweiterung der Theorie. Während die einseitige Betonung der Leistungen von Akteur-Netzwerken innerhalb der ANT in ihrem Mut erfrischend sein mag, ist das

Endergebnis der Arbeiten in diesem Gebiet – so die Argumentation von Barry Barnes –, dass die Analyse in Richtung einer Erzählung über Erfolg kippt, was von ihm „schein-heroische Geschichte" genannt wird (Barnes 2001: 344). Schlimmer noch, was bejubelt wird, beschränkt sich auf menschliches Handeln, das durch technische Netzwerke ausgedehnt wird:

> „Denn so sehr die Akteur-Netzwerk-Theorie auf einer Ebene bescheiden ‚den Akteuren' folgt und keine besondere Unterscheidung zwischen Menschen und Dingen macht, ist sie auf einer anderen Ebene ein enorm aufdringlicher Monismus, beteiligt an der Hochfeierung menschlichen Handelns." (Barnes 2001: 344)

Die ANT interessiert sich für die Feier des menschlichen Handelns, wo es in Technologie verwickelt ist, und für keine andere Dimension menschlichen Handelns – und all das trotz der Tatsache, dass aus anderen Blickwinkeln betrachtet Netzwerke allerhöchstens die Infrastruktur menschlichen Handelns sind, nicht ihr dynamischer Inhalt.

Ein Problem beim Umbau der ANT zu einer vollständigeren Darstellung der Medien ist also ihre Vernachlässigung der Zeit, oder besser ihre Konzentration auf einen Typus zeitlicher Dynamik und historischer Ergebnisse zum Preis von anderen. Diese erste Beschränkung hängt mit einer zweiten zusammen: Die ANT vernachlässigt die langfristigen Konsequenzen von Netzwerken für die Verteilung von sozialer Macht. Wieder einmal handelt es sich um keine vollständige Vernachlässigung, sondern eher um eine Sache des Schwerpunkts, die sich nichtsdestotrotz konsistent durchzieht und deren Schweigen unzufriedenstellend ist. Wie wir im letzten Abschnitt gesehen haben, bietet die ANT eine genaue und nicht-funktionalistische Beschreibung davon, wie Akteure („actors") als machtvoll durch die Stabilität der Netzwerke, die durch sie verlaufen, etabliert werden. Der menschliche oder nichtmenschliche Akteur („actor"), der in einem Netzwerk einen obligatorischen Passierpunkt bildet, besitzt Macht, und in je mehr Netzwerken das der Fall ist, desto größere Macht besitzt er. Als Folge bildet sich über die Zeit hinweg die Fähigkeit des Akteurs („actor") heraus, effektiv in größeren Maßstäben zu handeln. Obwohl es noch viel Arbeit erfordert (vgl. Couldry 2003b), liegt hier die Grundlage für ein taugliches Modell davon, wie Medieninstitutionen nach und nach Macht über große Territorien erworben haben, und zwar durch ihre schrittweise Einfügung in ein zunehmend dichteres Netz aus Kommunikationskreisläufen.

Was die Tauglichkeit der ANT als Forschungstradition für die Medien- und Gesellschaftsanalyse allgemein begrenzt, ist ihr verhältnismäßiger Mangel an Interesse für die langfristigen Machtkonsequenzen der Herstellung von Netzwerken – im sozialen Raum als Ganzem, und was seine Gleichheit oder Ungleichheit angeht. Trotz ihres intellektuellen Radikalismus trägt die ANT doch eine schwere Last an politischem Konservatismus mit sich, der, so würde ich argumentieren, direkt mit ihrem ausgestellten Desinteresse an menschlichem Handeln zusammenhängt. Machtunterschiede zwischen menschlichen Akteuren („actors") zählen in einer Weise, in der Machtunterschiede (wenn das überhaupt das richtige Wort ist) zwischen Nicht-Menschen dies nicht tun: Sie haben gesellschaftliche Konsequenzen, die damit zusammenhängen, wie diese Unterschiede interpretiert werden und wie sie die

Fähigkeit der verschiedenen Handelnden („agents") beeinflussen, die eigene Interpretation der Welt durchzusetzen. Die ANT kann viel zum Verständnis des ‚Wie‘
dieser Asymmetrien beitragen, aber sie ist merkwürdig still, wenn es darum geht zu
beurteilen, ob und warum sie zählen. Ihre Dekonstruktion des menschlichen Sub-
jekts ist hier hinderlich – was nicht überrascht, denn genau dieses Paradox ethischer
Werte ist die Krux von Foucaults Werk, wie von vielen argumentiert wurde (vgl.
Taylor 1988; Best/Kellner 1991: 64f.) – und wie schon erwähnt, wurde die ANT auf
Foucaults intellektuellem Erbe errichtet. MacGregor Wises Kritik, die ANT vernachlässige sowohl größere Machtstrukturen als auch Möglichkeiten ihrer Herausforderung und des Widerstandes gegen sie, ist somit überaus angebracht (vgl. Wise
1997: 31-39). Da die Medien ziemlich eindeutig einen Hauptaspekt der gegenwärtigen Machtstrukturen und ebenso ein Gebiet intensiver Machtkämpfe bilden, sind die
Grenzen der ANT als Grundlage für eine allgemeine kritische Medientheorie
offensichtlich.

Diese ersten beiden Beschränkungen teilen ein gemeinsames Muster: Die
anfänglichen Einsichten der ANT in eine bestimmte Dimension sozialer Ordnung
(Räumlichkeit von Netzwerken, Machtasymmetrien) werden nicht weiterentwickelt,
wenn es um die langfristigen Konsequenzen eines Netzwerkes für den sozialen
Raum und deren Implikationen für Macht geht. Dies deutet auf eine dritte Beschränkung der Tauglichkeit der ANT als allgemeiner Medientheorie hin, die die Interpretation betrifft: ihr Mangel an Interesse für die Möglichkeit, dass Netzwerke und ihre
Produkte lange nach ihrer Etablierung weiter kontinuierlich uminterpretiert werden.
Dies ist ein besonders gravierendes Problem bei Netzwerken, die Objekte herstellen,
deren Hauptzweck wiederum darin besteht, Interpretationen hervorzubringen – so
wie eben die Medien. Wieder einmal war die ANT Bahn brechend darin zu zeigen,
wie scheinbar rein ‚materielle‘ Prozesse (die Herstellung von Autos oder die Distribution von Elektrizität) entscheidend von Interpretationen und dem Kampf um Deutungen zwischen verschiedenen Akteuren („actors") abhängen, und wie bestimmte
Deutungen die Vorherrschaft erlangen, indem ihr Weltbild fest in Handlungsabläufen ‚verdrahtet‘ wird. Dies sagt uns allerdings wenig über das Leben von Gegenständen wie zum Beispiel Texten, die zur Deutung hergestellt werden; noch sagt es uns
viel darüber, wie andere Gegenstände, während sie jenseits ihrer ursprünglichen
Kontexte zirkulieren, in verschiedenem Maße für Umdeutungen durch Gebrauch,
Konsumenten und Publika offen bleiben. Das führt uns zu Silverstones schon ange-
sprochener Kritik der ANT zurück, sie versuche auf eine unmögliche Weise, den
sozialen Prozess auszuschließen, indem sie einen Großteil dessen ignoriere, wie
materielle Prozesse und Infrastrukturen für uns Bedeutung erlangen. Man könnte
auch sagen, die ANT versucht, ‚die Kultur‘ auszuschließen, den ganzen Bereich
symbolischer Produktion, wo er nicht direkt zur Etablierung stabiler Akteur-Netz-
werke beiträgt. Wenn dem so ist, dann kann uns die ANT nicht genug sagen, um
eine umfassendere Theorie der Medien hervorzubringen.

Das wird noch klarer, wenn wir uns einen seltenen Fall anschauen, in dem die
ANT nicht Technologie, sondern Kultur behandelt (vgl. Gomert/Hennion 1999). In
ihrem Aufsatz „A Sociocology of Attachment: Music Amateurs, Drug Users"

behaupten Gomert und Hennion, die ANT eröffne eine neue Zugangsweise zur kulturellen Produktion und zur kulturellen Auseinandersetzung. Dies ließe sich vom großen Interesse der ANT an Vermittlung herleiten. Die ANT, so Gomert und Hennion, geht über die Analyse der Handlungen („actions") einzelner menschlicher Akteure („actors") hinaus, um die Handlungs-Ereignisse („action-events") zu untersuchen, die aus Netzwerken hervorgehen. Die Kompetenzen der Akteure („actors") könnten nicht auf individualistische Weise verstanden werden; vielmehr „werden sie geformt von der sozialen und materiellen Organisation der Arbeit, der Anlage der [...] Institutionen, den Mitteln der Kommunikation" (Gomert/Hennion 1999: 224). All dies werde in der ANT entwickelt, ohne dabei die Handlung menschlicher Handelnder („agents") als Haupteinheit der Analyse zu behandeln. Stattdessen sei die ANT in der Lage, die wirklich bedeutsamen Prozesse offener ins Blickfeld zu nehmen: *„‚Was passiert', nimmt nur manchmal die Form einer Handlung an, die klar definierten Quellen zugeschrieben werden kann" (Gomert/Hennion 1999: 255, Hervorhebung N.C.).* Genau das ist es, was Gomert und Hennion mit ‚Vermittlung' meinen: „Vermittlung ist die Hinwendung zu dem, was emergiert, was geformt und zusammengesetzt wird, was nicht auf eine Kreuzung von kausalen Gegenständen und intentionalen Personen reduziert werden kann" (1999: 226). Ein Beispiel hierfür sei die Emergenz der Leidenschaft, die der Musikliebhaber für Musik empfindet, die, so führen Gomert und Hennion aus, nicht auf eine einfache Beziehung zwischen Akteur („actor") (der Musikliebhaber) und Gegenstand (der musikalische Text) reduziert werden könne: „Aus einer langen Abfolge von Vermittlungen (Notenhefte, Instrumente, Gesten und Körper, Bühnen und Medien), in bestimmten Augenblicken, an der Spitze von allem anderen – mag etwas passieren" (Gomert/Hennion 1999: 245, Fn. 6). Das ist eine fast mystische Beschwörung der Emergenz musikalischer ‚Erfahrung' aus einer komplexen Kette von Vermittlungen und Verknüpfungen. Aber ihr Lyrismus offenbart die Tatsache, dass die ANT, als Theorie der Netzwerke zwischen menschlichen und nicht-menschlichen Akteuren („actors"), wenig über die Prozesse zu sagen hat, die auf die Herstellung dieser Netzwerke folgen: Was danach kommt – die Akte der Interpretation und Sympathie – wird rätselhaft, weil es per Definition nicht in einer Darstellung enthalten sein kann, die sich darum kümmert, wie die weiten Infrastrukturen von Akteuren („actors") und Objekten (von denen diese Akte sicher abhängen) entstanden sind.

Das soll nicht heißen, dass wir von der ANT nichts darüber lernen können, wie zum Beispiel Musikliebhaber oder Filmliebhaber ihr eigenes Handeln verstehen, sondern, dass die Einsichten der ANT von einer reinen Soziologie der Netzwerke erweitert werden müssen zu dem, was Gomert und Hennion scheinbar vermeiden wollen: nämlich zu einer Soziologie der Handlung und Interpretation. Wir müssen, anders gesagt, darüber nachdenken, wie die emotionalen und kognitiven Rahmen der Menschen geformt werden von den ihnen zu Grunde liegenden Eigenschaften der Netzwerke, in denen sie sich befinden. So gewendet, gibt es von der ANT eine ganze Menge über die alltäglichen Praktiken um die Medien und mit ihnen zu lernen.

Der Anfangspunkt hierfür ist, dass man auf der Makro-Ebene ein Medium wie zum Beispiel das Fernsehen als einen weit vernetzten Raum begreifen kann, der sich durch eine fundamentale Trennung zwischen Bedeutungs-Produzenten (d.h. denjenigen, die als solche anerkannt sind: Medieninstitutionen und einzelne Akteure in ihnen) und Bedeutungskonsumenten (Publika) auszeichnet. Nicht, dass jene, die für Institutionen arbeiten, nicht auch Bedeutungskonsumenten wären, oder dass Publika keine Bedeutungen produzierten – die Rezeptionsforschung betont seit langem, dass sie es tun. Aber der Raum des Fernsehens ist so organisiert, dass nur unter bestimmten und kontrollierten Bedingungen die Bedeutungen der Publika in die Medieninstitutionen zurückgeleitet werden, und selbst dann bleiben sie den Produktionen der Medieninstitutionen untergeordnet. Viele der Paradoxien und Spannungen im Umgang der Medieninstitutionen mit den Menschen, die ihre ‚Publika' sind, können in den Begriffen formuliert werden, die der ANT-Theoretiker John Law verwendete, um die Produktion von Wissen zu beschreiben: die „Formen der Ordnung", die bestimmte Typen von Praktiken als Experten-Praktiken auszeichnen, und „das relativ konsistente Muster der Auslöschung", das andere Praktiken entmachtet (Law 1994: 110f.; vgl. Couldry 2000: 49). Halls frühe, aber wichtige Untersuchung, wie bestimmte Personen beim Zugang zur Produktion von Medienerzählungen „systematisch überberechtigt" werden, während andere im selben Zug systematisch unterberechtigt werden, fügt sich gut in die Sprache der ANT, denn sie versucht, unter jene Regelmäßigkeiten zu blicken, mit denen Medien bestimmte Handelnde und Gegenstände in ihrem Produktionsprozess einbinden, und andere nicht.

Das erklärt, warum ich anfangs darauf beharrte, dass wir Silverstone nicht darin folgen sollten, auf der Suche nach einer umfassenderen Theorie der Medien die ANT als Sackgasse abzulehnen. Im Gegenteil, die ANT bietet grundlegende Einsichten in die Räumlichkeit von Netzwerken und in die Eigenart der gegenwärtigen Machtformationen, insbesondere in die Weise, wie bedeutende Machasymmetrien fest in die Organisation von Handlung und Gedanken verdrahtet werden, so dass sie eben nur noch schwer als Macht zu erkennen und zu formulieren sind. Das ist ein zentraler Ausgangspunkt für das Verständnis der Konsequenzen der Medien für die gesellschaftliche und kulturelle Erfahrung. Die Schwierigkeit besteht darin, die selbstauferlegten Grenzen der ANT als Soziologie der Netzwerke zu überwinden und die notwendige Verbindung zu einer Soziologie der Handlung herzustellen. Wenn wir die Medienkommunikation als eigenständigen sozialen Prozess begreifen, der Produzenten und Publika in einem geregelten Set von Beziehungen für die Produktion und Konsumption von Bedeutungen verbindet – in bestimmten Zeitzyklen und über weite Räume –, dann müssen die Organisationen jener Beziehungen, insbesondere ihre Asymmetrien, Folgen dafür haben, wie sowohl Medienproduzenten als auch -konsumenten die eigenen Handlungsmöglichkeiten wahrnehmen. Um hier Fortschritte zu erzielen, müssen wir meiner Ansicht nach anderswo in der Geschichte französischer Gesellschaftstheorie suchen und auf Emile Durkheim zurückgreifen, insbesondere in seiner Umarbeitung durch Pierre Bourdieu. Wir benötigen Durkheims Idee der sozialen Kategorien und Bourdieus Konzept des Habitus. In Arbeiten über die allgemeinen Orientierungen von Menschen im

Umgang mit Medien und die rituellen Aspekte der Medien habe ich diese Argumentationslinie zu entwickeln versucht (vgl. Couldry 2000, 2003a). Hier gibt es zwar noch wesentlich mehr Arbeit zu tun, aber die ANT bleibt eine nützliche Inspiration. Im nächsten Abschnitt möchte ich diesen Punkt veranschaulichen, indem ich eine kurze Analyse des bekannten Konzepts der Liveness aus dem Blickwinkel von Netzwerken gebe.

4 ‚Liveness' als Konnektivität

Der Begriff ‚Liveness' wird im Mediendiskurs und in akademischen Arbeiten über die Medien seit langem als eine zentrale Eigenschaft des Fernsehens und einiger anderer Medien anerkannt. So rühmt sich das Fernsehen selbst für seine Live-Ereignisse. Diese Qualität des Fernsehens ist üblicherweise mit Blick auf die Eigenschaften des televisuellen Textes untersucht worden, die Liveness ausmachen. Tatsächlich jedoch lässt sich Liveness am Besten als ein Begriff verstehen, der für die optimale Konnektivität steht, zu der das übliche Netzwerk zwischen Fernsehproduzenten und -rezipienten fähig ist. Wie ich an anderer Stelle ausgeführt habe (vgl. Couldry 2003a: 99; Bourdon 2000), ist Liveness eine Kategorie, die die Vorstellung naturalisiert, wir würden durch die Medien eine gemeinsame Aufmerksamkeit für jene ‚Realitäten' erlangen, die für uns als Gesellschaft zählen.

Der Sonderstatus, der Live-Medien zugestanden wird, kann somit in Akteur-Netzwerk-Begriffen als der Punkt verstanden werden, an dem der Status der Medien als Vermittlung am effektivsten zur Blackbox gemacht wird – durch die ‚direkte' Verbindung zu den Ereignissen im Augenblick ihres Geschehens. Liveness ist also ein Netzwerk-Wert, und es ist ein Wert, dessen Anwendbarkeit auf die verschiedenen Medien zunimmt – beispielsweise auf das Internet.

Es gäbe noch wesentlich mehr darüber zu sagen, wie die Kategorie Liveness im Verhältnis zu Alltagsmedien funktioniert; stattdessen möchte ich hier herausarbeiten, wie das kategorische Gewicht der Liveness heute von anderen Formen der Verknüpfung in Frage gestellt wird, die nicht auf gleiche Weise mit einem Medienproduktionszentrum zusammenhängen. Wir betreten eine Zeit, in der es wahrscheinlich ein dynamisches Wechselspiel zwischen verschiedenen Arten der Liveness und den unterschiedlich organisierten Netzwerken, für die diese Arten stehen, geben wird. Zwei fundamentale Verschiebungen innerhalb der Informations- und Kommunikationstechnologien drohen während der letzten zehn Jahre, Liveness in dem Sinne, in dem es bislang gewöhnlich verstanden wurde, zu destabilisieren.

Die erste ist, was wir Online-Liveness nennen könnten: Soziale Ko-Präsenz auf einer ganzen Reihe von Größenmaßstäben, von sehr kleinen Gruppen in Chatrooms bis zu den riesigen internationalen Publika für aktuelle Nachrichten auf zentralen Websites, allesamt ermöglicht durch die zu Grunde liegende Infrastruktur des Internets. Oft überschneidet sich Online-Liveness mit der vorhandenen Kategorie Liveness – so zum Beispiel bei Websites, die an Reality TV-Programme wie *Big Brother*

angebunden sind und schlichtweg einen weiteren Vertriebskanal für Material bereitstellen, das im Prinzip auch im Fernsehen hätte ausgestrahlt werden können, hätte es
dafür dort ein Publikum gegeben, das dies gerechtfertigt hätte. Hier ist Online-Liveness lediglich eine Ausweitung der traditionellen Liveness auf weitere Medien,
keine neue Art der Koordinierung sozialer Erfahrung. Online kann jede beliebige
Zahl von Live-Übertragungen parallel stattfinden, ohne dass sie einander stören, und
sie alle beinhalten die simultane Ko-Präsenz eines Publikums. In manchen Fällen
jedoch (z.B. bei Website Chatrooms) handelt es sich nicht länger um Liveness im
klassischen Sinne, da es bei ihnen keine ersichtliche Verbindung mit einem Übertra-
gungszentrum mehr gibt. Ob das Internet auf längere Sicht zur Zersplitterung jegli-
chen Sinnes für ein Zentrum der Übertragung führen wird, bleibt ungewiss, obwohl
vieles davon abhängen wird – einschließlich der Fähigkeit des Internets – Werbe-
publika zu schaffen, um über sie eine fortlaufende Medienproduktion zu finanzieren.

Die zweite rivalisierende Form der Liveness könnte man Gruppen-Liveness
nennen, auch wenn sie sich auf den ersten Blick in keiner Weise mit der traditionellen Liveness zu decken scheint, geht sie doch von der Ko-Präsenz einer sozialen
Gruppe aus, nicht der Ko-Präsenz eines Publikums, das sich um ein institutionelles
Zentrum verstreut. Ich meine hier zum Beispiel die Liveness einer mobilen Gruppe
von Freunden, die mit ihren Mobiltelefonen per Anruf und Textnachricht in ständigem Kontakt stehen. Die Anwesenheit der eigenen *peer group* ist natürlich kaum
etwas Neues. Neu ist ihre kontinuierliche Vermittlung über den gemeinsamen
Zugang zu einer Kommunikations-Infrastruktur, deren Zugangspunkte selber mobil
sind, und die daher dauerhaft offen bleiben kann. Dies ermöglicht Individuen und
Gruppen, gegenseitig kontinuierlich ko-präsent zu sein, selbst wenn sie sich unabhängig durch den Raum bewegen. Diese Transformation des sozialen Raumes
könnte die Wege der Individuen zwischen Orten mit stationärem Medienzugang
überlagern, zum Beispiel, wenn Schulfreunde fortfahren, einander zu texten, selbst
wenn sie nach Hause kommen, ihre Zimmer betreten und ihren Computer anschal-
ten. Nicht nur stellt sie eine bedeutsame Erweiterung der sozialen Gruppendynamik
dar, die Gruppen-Liveness bietet darüber hinaus den kommerziellen Interessen (die
das Mobiltelefonnetz betreiben) mehr Raum für die zentralisierte Übertragung von
Nachrichten, Diensten und Werbung.

Am Fall des Mobiltelefons ist besonders interessant, dass derselbe Kommunikationsraum das Vehikel für zwei sehr unterschiedliche Netzwerke sein kann, das eine
zentralisiert (für Werbe- und Nachrichtenzwecke), das andere von Person zu Person,
aber beide in gewissem Sinne durch Liveness gekennzeichnet. Zweifellos könnte die
Bedeutung des Begriffs Liveness längerfristig von den verschiedenen Bedeutungen
und Werten dieser rivalisierenden Formen der Verknüpfung bestimmt werden.

5 Schluss

Ich habe argumentiert, dass die Beziehung zwischen der ANT und der Medientheorie eine bedeutende, wenn auch gespannte ist. Auf der einen Seite gibt es wichtige Gründe, warum die ANT keine umfassende Theorie der Medien liefern kann: nämlich ihre unzureichende Aufmerksamkeit für Fragen der Zeit, Macht und Interpretation. Auf der anderen Seite gibt es gute Gründe, warum die ANT ein wichtiger Bestandteil im Werkzeugkasten jedes Medientheoretikers sein sollte. Das Auseinandergehen von ANT und Mediensoziologie in den frühen 1990er Jahren und ihre relative Unverbundenheit seitdem ist deshalb unglücklich, denn die ANT bleibt ein wichtiges Antidot gegen funktionalistische Formen der Medientheorie, ebenso wie eine Inspiration, bessere Versionen eines materialistischen Ansatzes zum Verständnis der Medien und ihrer Konsequenzen für die soziale Welt und den sozialen Raum zu entwickeln.

Dass dies bisher nicht geschehen ist, liegt vielleicht zum Teil am politischen Quietismus der ANT, und an ihrer übertriebenen Feindseligkeit gegenüber jeder Idee ‚des Sozialen‘. Die ANT hat richtig erkannt, dass jede Beschreibung des Sozialen zum Scheitern verurteilt ist, die ihre Augen vor der sozialen Einbettung der Technologie verschließt. Aber sie lag falsch darin, die Möglichkeiten des Nachdenkens über die Beziehungen zwischen ‚dem Sozialen‘ und ‚dem Technologischen‘ auf Fragen der Netzwerk-Koordinierung zu beschränken. In einem jüngeren Essay hat Karin Knorr-Cetina – selber eine Sozialtheoretikerin mit Affinitäten zur ANT – versucht, diese Fragen auf eine offenere Weise zu formulieren, nämlich in Gestalt einer Neukonzeption der sozialen Ordnung, die nicht auf Vorstellungen einer sozialen ‚Substanz‘ beruht (vgl. Knorr-Cetina 2001). Die Rolle von Technologien wie zum Beispiel den Medien in der Organisation von Formen der Bindung („attachment“) und Zugehörigkeit kann untersucht werden, ohne dabei unser Interesse an sozialer Interaktion und deren Dynamik aufzugeben. Knorr-Cetinas Vorschlag ist überaus bedenkenswert: Wir sollten Computerprogramme, Anlageobjekte und Modedesigns – sie hätte mühelos Radio-Zuhöreranrufe und Lifestyle-TV-Programme hinzufügen können – als „sich entfaltende Strukturen der Abwesenheit“ (Knorr-Cetina 2001: 527) betrachten. Das erfasst sowohl die strukturierte, hochgradig routinisierte Form des Beitrags der Medien zur sozialen Welt, als auch die imaginative Offenheit der Medien. Entscheidend ist, das Knorr-Cetina dabei die Fragen der Interpretation und Repräsentation aufbringt, die von der ANT ignoriert werden: Wir müssen, so argumentiert sie, über „die Allgegenwart der Bilder selbst in einer Medien- und Informationsgesellschaft“ nachdenken, und ihren Teil an dem, was heute als soziale Ordnung gilt. Das bedeutet, die Herausforderung anzunehmen, die die Medienmacht für unser Verständnis des Sozialen darstellt, gleichzeitig aber zum Eingeständnis bereit zu sein, dass diese Herausforderung bislang noch ungelöst ist:

„Der Rückzug [traditioneller] sozialer Prinzipien hinterlässt keine Löcher [...] im Stoff der kulturellen Muster. Es hat keinen Verlust an Gewebe für die Gesellschaft gegeben, auch wenn die Frage, woraus dieses Gewebe besteht, vielleicht überdacht werden muss." (ebd.: 527)

Im Versuch, die Frage nach ‚dem Sozialen' zu vermeiden – durch die ‚Kur' einer verdinglichten Vorstellung von Netzwerken als technisch-sozialen Hybriden –, erklärte die Akteur-Netzwerk-Theorie voreilig für abgeschlossen, was nach wie vor interessante und offene Probleme darstellt. Doch wie ich ausgeführt habe, ist dies kein Grund, innerhalb der Medientheorie das Interesse an der ANT zu verlieren, da sie uns immer noch inspirieren kann, selbst wenn wir ihre Einsichten in andere Richtungen und auf anderem Gebiet weiterführen, anders als jenes, das sie ursprünglich für sich selbst gewählt hatte.

Übersetzung: Sebastian Deterding

Literatur

Barnes, B. (2001): The Macro/Micro Problem and the Problem of Structure and Agency. In: Ritzer, G./Smart, B. (Hrsg.): Handbook of Social Theory. London: 339-352.

Best, S./Kellner, D. (1991): Postmodern Theory. Critical Interrogations. London.

Bingham, N. (1999): Unthinkable Complexity? Cyberspace Otherwise. In: Crang, M./Crang John May, P. (Hrsg.): Virtual Geographies. Bodies, Space and Relations. London: 244-260.

Bolter, J.D./Grusin, R. (2000): Remediation. Understanding New Media. Cambridge.

Bourdon, J. (2000): Live Television is Still Alive. In: Media, Culture & Society 22 (5): 531-556.

Callon, M. (1986): The Sociology of an Actor-Network. The Case of the Electric Vehicle. In: Ders./Law, J./Rip, A. (Hrsg.): Mapping the Dynamics of Science and Technology. Basingstoke: 19-34.

Callon, M./Latour, B. (1981): Unscrewing the Big Leviathan. How Actors Macro-Structure Reality and How Sociologists Help them Do So. In: Knorr-Cetina, K./Cicourel, A.V. (Hrsg.): Advances in Social Theory and Methodology. London: 277-303.

Couldry, N. (2000): The Place of Media Power. Pilgrims and Witnesses of the Media Age. London.

Couldry, N. (2003a): Media Rituals. A Critical Approach. London.

Couldry, N. (2003b): Media Meta-Capital. Extending the Range of Bourdieu's Field Theory. In: Theory and Society 32 (5-6): 653-677.

Couldry, N. (2004): Transvaluing Media Studies. Or: Beyond the Myth of the Mediated Centre. In: Curran, J./Morley, D. (Hrsg.): Media and Cultural Theory. Interdisciplinary Perspectives. London (in Vorbereitung; derzeit auf www.lse.ac.uk/collections/media@lse/pdf/Couldry_TransvaluingMediaStudies.pdf. Stand 07.06.04).

Couldry, N. /McCarthy, T. (2004): Introduction. Orientations: Mapping MediaSpace. In: Dies. (Hrsg.): MediaSpace. Place, Scale and Culture in a Media Age. London: 1-18.

Foucault, M. (1980): Power/Knowlegde. Brighton.

Gomert, E./Hennion A. (1999): A Sociology of Attachment. Music Amateurs, Drug Users. In: Law, J./Hassard, J. (Hrsg.): Actor Network Theory and After. Oxford: 220-247.

Hall, S. (1973): The „Structured Communication of Events". Stencilled Occasional Paper (5): Birmingham, Centre for Contemporary Cultural Studies.

Knorr-Cetina, K. (2001): Post-Social Relations. Theorizing Sociality in a Postsocial Environment. In: Ritzer, G./Smart, B. (Hrsg.): Handbook of Social Theory. London: 520-537.

Latour, B. (1991): Technology is Society Made Durable. In: Law, J. (Hrsg.): A Sociology of Monsters. Essays on Power, Technology and Domination. London: 103-131.

Latour, B. (1998): Wir sind nie modern gewesen. Versuch einer symmetrischen Anthropologie. Frankfurt a.M.

Latour, B./Woolgar, S. (1979): Laboratory Life. The Construction of Scientific Facts. Princeton.

Law, J. (1994): Organizing Modernity. Oxford.

MacGregor Wise, J. (1997): Exploring Technology and Social Space. Newbury Park.

Mattelart, A. (1996): The Invention of Communication. Minneapolis.

Real, M. (1989): Super Media. Newbury Park.

Silverstone, R. (1994): Television and Everyday Life. London.

Silverstone, R./Hirsch, E. (1992): Consuming Technologies. London.

Tarde, G. (1969): Opinion and Conversation. In: Ders.: On Communication and Social Influence. Selected Papers. Chicago u.a.: 297-318.

Taylor, C. (1988): Foucault über Freiheit und Wahrheit. In: Ders.: Negative Freiheit? Zur Kritik des neuzeitlichen Individualismus. Frankfurt a.M.: 188-234.

Thompson, J.B. (1995): The Media and Modernity. London.

Woolgar, S. (1991): Configuring the User. In: Law, J. (Hrsg.): A Sociology of Monsters. Essays on Power, Technology and Domination. London: 58-97.

Netzwerke und menschliches Handeln: Theoretische Konzepte und empirische Anwendungsfelder

Thorsten Quandt

1 Einleitung: Sozialtheorie und Netzwerke

Netzwerkansätze sind in den letzten Jahren vermehrt in den Fokus des öffentlichen Interesses gelangt. Insbesondere nach dem 11. September 2001 wurden Netzwerkmetaphern immer wieder bemüht, vor allem in Bezug auf die Organisation von Terroristengruppen. Wenig überraschend kamen dann auch Data-Mining-Algorithmen, die teilweise auf Netzwerktheorien basieren, bei der Suche nach Al-Qaida-Mitgliedern zum Einsatz. Ähnliche mathematische Modelle wurden schon in der Vergangenheit benutzt, um das Verbraucherverhalten im Internet zu erfassen oder Muster im DNA-Kode zu identifizieren. Auf einem allgemeineren Niveau sind Netzwerkmetaphern auch für die Beschreibung der Gesellschaft als Ganzes herangezogen worden – wobei der Netzwerkbegriff nicht nur in der wissenschaftlichen Diskussion auftaucht, sondern auch in Presse- und Rundfunkberichten gerne eingestreut wird.

Während die meisten dieser Diskussionen sicherlich auf eher populärwissenschaftlichen Ideen von Netzen basieren, stammen zumindest einige der genannten Konzepte tatsächlich aus einer aktuellen akademischen Debatte. Diese speist sich in der Hauptsache aus zwei unterschiedlichen Entwicklungslinien. Zu nennen sind hier zum einen mathematische Konzepte, die aus der Graphentheorie stammen, und zum anderen soziologische Konzepte, die mit dem Netzwerkbegriff als Metapher arbeiten. In der soziologischen Sichtweise wird die Gesellschaft mitunter im Sinne der ‚sozialen Konnektivität‘ als eine Art Netz verstanden, das aus miteinander verbundenen Akteuren (d.h. Einzelpersonen oder Gruppen) besteht. Insbesondere in den Cultural Studies, aber auch in der Medien- und Kommunikationswissenschaft wird untersucht, welche Rolle die Medien bei diesem Prozess der ‚Verlinkung‘ von Akteuren spielen. Ein solcher Ansatz kann zwar nützlich sein, wenn man sich für die ‚Beziehung‘ zwischen Menschen und Medien interessiert – jedoch ist es nicht die einzige denkbare Art und Weise, den Netzwerkgedanken für sozialwissenschaftliche Fragestellungen nutzbar zu machen (vgl. hierzu ausführlicher Abschnitt 2). Eine Alternative stellen beispielsweise Handlungsnetze dar – Netze, die durch Handeln gebildet werden, gleichzeitig aber auch das weitere Handeln formen, und dadurch nicht unerheblichen Einfluss darauf haben, wie wir die Welt um uns herum wahrnehmen und konstruieren (Abschnitt 3).

Im Folgenden möchte ich daher argumentieren, dass aus verbundenen Einzelhandlungen Strukturen entstehen, die als Netzwerke beschrieben werden können. An Hand der Ergebnisse einer Beobachtungsstudie des Arbeitsalltags von Journalisten soll zudem gezeigt werden, wie das theoretische Netzwerkkonzept empirisch umgesetzt werden kann (Abschnitt 4).Verdeutlicht wird dabei, dass menschliches Handeln als Netzwerk aus Handlungselementen modelliert werden kann, und dass empirische Daten mit Hilfe eines solchen Ansatzes und entsprechender Software Gewinn bringend analysiert werden können. Natürlich hat eine solche Herangehensweise ihr Für und Wider – diese sollen im letzten Abschnitt dieser Arbeit diskutiert werden, und zwar sowohl in theoretischer wie empirischer Hinsicht (Abschnitt 5).

2 Netzwerkansätze: Wissenschaftliche Wurzeln

Netzwerkansätze sind nicht so neu, wie die gegenwärtige Debatte vielleicht suggeriert. Das grundlegende Konzept, eine Gruppe von Menschen und ihre Relationen als ‚Netz' zu beschreiben, ist in der Tat recht alt und wurde in der Soziologie von Forschern wie Georg Simmel (vgl. Rammstedt 1989ff.) und Alfred R. Radcliffe-Brown (vgl. Radcliffe-Brown 1940) im späten 19. und der ersten Hälfte des 20. Jahrhunderts erstmals diskutiert. Diese Wissenschaftler nutzten den Netzwerkgedanken, um soziale Phänomene und Strukturen zu beschreiben – jedoch zunächst nur auf einer metaphorischen Ebene. Empirische Arbeiten, wie die ethnografischen Studien von John A. Barnes über Verwandtschaftsbeziehungen und Sozialstrukturen (vgl. Barnes 1954), haben dann zu einer Ausdehnung des Konzepts über die rein metaphorische Nutzung hinaus geführt.

Seit diesen frühen Klassikern sind die theoretischen und empirischen Grundlagen in den Sozialwissenschaften natürlich in vielerlei Hinsicht weiter entwickelt und verfeinert worden. In der Soziologie ebenso wie in der Ökonomie wurde der Netzwerkbegriff zu einer zentralen Denkfigur für die Beschreibung strukturierter Phänomene: Williamson (1985) nutzte den Terminus, um eine effiziente Form ökonomischer Koordination zu beschreiben. Perrow (1992) diskutierte die Verteilung von Macht und Einfluss unter Rückgriff auf den Netzwerkgedanken. Windeler (2001) hat das Konzept auf Organisationen übertragen. Und vor kurzem hat Castells (2000) seine Vision einer Netzwerkgesellschaft präsentiert, die seither – auch in der Öffentlichkeit – rege diskutiert wurde. Dies sind nur einige Beispiele – sie ließen sich sicherlich fortführen (vgl. für eine umfassende Zusammenschau zentraler Arbeiten Scott 2002; eine leicht lesbare Einführung findet sich zudem bei Jansen 2003).

Abseits der sozialwissenschaftlichen Debatte gibt es aber auch andere Wissenschaftsbereiche, in denen Netzwerkansätze eine gewichtige Rolle spielen, und diese sind möglicherweise für sozialwissenschaftliche Fragestellungen ebenso relevant. Zu nennen ist hier vor allem die so genannte Graphentheorie. Dabei handelt es sich um eine logisch-mathematische Basistheorie für die formale Beschreibung und Analyse von relationierten Elementen in Form von Netzwerken. Unter einem Graph wird eine Struktur verstanden, die durch Elemente (auch: Knoten, Nodes) und ihre Relationen (auch: Verbindungen, Kanten, Links) beschrieben werden kann. Historisch lässt sich die Graphentheorie bis in das späte 18. Jahrhundert zurück verfolgen – ihren Ausgangspunkt nahm sie wohl bei Leonhard Eulers Lösung für das bekannte ‚Königsberg'-Problem mit Hilfe eben solcher Graphen (vgl. hierzu Biggs/ Lloyd/Wilson 1976). Die mathematische Graphentheorie wurde später zu einer komplexen Netzwerktheorie ausgebaut und durch Elemente der Chaos-Theorie und der Theorie selbstorganisierender Systeme angereichert (vgl. Barabási 2002). Mit der wachsenden Leistung der Computerhardware und -software wurden solche Netzwerkansätze in vielen Wissenschaftsbereichen zunehmend populär – das Spektrum reicht von der Entschlüsselung des menschlichen Genoms bis hin zur Analyse von Organisationen oder dem Aufspüren von terroristischen Gruppierungen. Zu den Standard-Softwarelösungen für solche Zwecke gehören so genannte Data-Mining-Programme und diverse andere Applikationen, die mit KI[1]-Analysealgorithmen Muster in Datensätzen aufspüren (vgl. Klösgen/Zytkow 2002). Diese Tools eröffnen umfassende Möglichkeiten für die Analyse von Netzwerk-Strukturen, auch in den Sozialwissenschaften. Da der Netzwerkgedanke im Rahmen einer solchen Herangehensweise mathematisch-logischer Natur ist (und damit empirisch ‚leer' bleibt), sind die Anwendungsmöglichkeiten tatsächlich universell.

Allerdings wurde dieses Potenzial nicht durch alle Wissenschaftsdisziplinen in gleichem Maße ausgelotet. So findet sich in der Soziologie für gewöhnlich nur eine – sehr spezifische – Herangehensweise an das Netzwerk-Denken. In den meisten Fällen verweist der Begriff Netzwerk auf eine Gesellschaft (oder eine Gruppe von Menschen), die ein Netzwerk miteinander verbundener Akteure (Einzelpersonen oder Gruppen) bilden; d.h. die Knoten des Netzwerkes sind Menschen, und die Verbindungen zwischen diesen sind Beziehungen (mit unterschiedlichsten Definitionen, was eine Beziehung ausmacht).

Wie ich argumentieren möchte, ist dieser Ansatz zu eng – denn Netzwerkkonzepte können meines Erachtens auch auf andere soziale Phänomene bezogen werden, insbesondere auf die Basiskategorie des menschlichen Handelns. Tatsächlich folgen einige Internet-Firmen bereits einer solchen Denkrichtung, wenn sie das Kaufverhalten ihrer Kunden mit Netzwerkalgorithmen zu modellieren versuchen: denn hier sind die Knoten einzelne Kaufakte, die wiederum mit anderen Kaufakten verbunden sind. Es entsteht so ein komplexes Netzwerk relationierter Kaufakte, und diese Struktur lässt sich in Hinblick auf besonders relevante Verbindungen analysieren, insbesondere um zukünftiges Kaufverhalten vorhersagen zu können. Für diese Art der Analyse gibt es bereits Oberbegriffe: „Knowledge Discovery" oder eben „Data Mining" (vgl. Klösgen/Zytkow 2002).

In diesem Artikel argumentiere ich in dieselbe Richtung: Ich werde mich nicht mit Netzwerken aus miteinander verbundenen Akteuren – seien es Individuen oder Gruppen – auseinandersetzen, sondern mit Handlungsnetzwerken. Dies bedeutet nicht, dass Menschen aus dem Theoriegebäude ausgeschlossen werden. Ich glaube durchaus, dass akteurbasierte Netzwerkmodelle für viele Fragestellungen ein Gewinn bringendes Konzept sein können. Andererseits bin ich der Überzeugung, dass es eben auch alternative Wege der Modellierung des Sozialen gibt. Im folgenden Abschnitt werde ich einige Theorieelemente vorstellen, die eine solche Alternative aufzeigen sollen.

3 Theoretischer Hintergrund: Vorschläge für einen Netzwerkansatz des menschlichen Handelns

Wenn man menschliches Handeln beschreiben will, ist es für gewöhnlich nicht ausreichend, die individuellen Handlungsakte eines Akteurs zu benennen (indem man fragt: „Was tut sie/er?"). Es gibt schließlich eine ganze Zahl an Faktoren, die die Art und Weise bestimmen, in der diese Akte schließlich in den Fluss des Handelns eingebettet werden, beispielsweise

- ein Zeit- („wo tut sie/er es?") und

- Raumbezug („wann tut sie/er es?"),

- Kontaktpersonen bzw. Relationen zwischen Subjekten („…in Kontakt mit welchen Personen?"),

- materielle und nicht-materielle Ressourcen, auf die zurückgegriffen wird („…unter Rückgriff auf welche Gegenstände, Technologien, aber auch Machtmittel?") und

- der generelle Sinnbezug der Handlungen („…in welchem Kontext?").

Diese Elemente können als konstituierend für das menschliche Handeln angesehen werden, und die meisten sind bereits in Standardwerken der soziologischen Handlungstheorie identifiziert worden (vgl. Schütz 1981; Weber 1972). Sie wurden darüber hinaus auch in jüngeren Veröffentlichungen, wie z.B. Giddens' Strukturationstheorie (vgl. Giddens 1997), diskutiert und nochmals differenziert. Sicherlich könnte man noch weitere, kleinteiligere Elemente identifizieren, doch die hier genannten erscheinen als ausreichend, um Einzelhandlungen zufriedenstellend zu modellieren. Die Elemente und ihre Bezüge zueinander werden in Abbildung 1 nochmals grafisch veranschaulicht (Abb. 1).

Abbildung 1: Eine Handlung als sternförmiges Netzwerk miteinander assoziierter Elemente

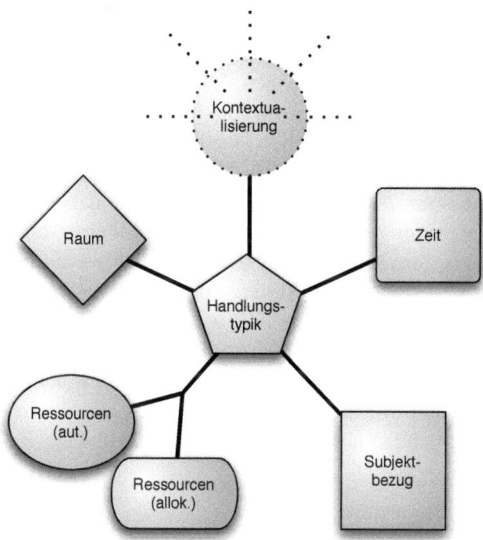

In der Abbildung ist deutlich eine Netzwerkstruktur erkennbar: Die konstituierenden Elemente jedes Handlungsaktes sind mit dem zentralen Handlungstypus verwoben, ohne den das Netzwerk keine Existenz hätte. Die äußeren Knotenpunkte indes können unter bestimmten Umständen auch fehlen (was zum Beispiel für die Relationen zu Subjekten und Ressourcen zutrifft, die nicht in jeder Einzelhandlung vorkommen müssen). Freilich existieren menschliche Handlungen nicht als Zeit unabhängige, quasi ‚eingefrorene' Standbilder des Handelns. Vielmehr sind sie Teil eines kontinuierlichen Flusses, da ein Handlungsakt auf den nächsten folgt, und jede Handlung auf einer gewissen Handlungshistorie basiert. Diese Handlungsgeschichte wird dadurch begründet, dass wir Handlungen stets in Relation zu anderen Handlungen wahrnehmen, und zwar vor allem auch in einer zeitlichen Reihenfolge.

Ein Beispiel: Wenn wir jemanden anrufen wollen, wissen wir, dass wir seine Nummer im Telefonbuch nachschlagen müssen (falls wir die Nummer nicht auswendig können), dann müssen wir das Telefon benutzen, um die Person anzurufen; wir nehmen den Hörer ab, bewegen diesen möglichst nahe an Mund und Ohren; wir tippen die nachgeschlagene Nummer ins Telefon ein, warten, ob sich jemand meldet, und sagen dann ‚hallo' (und unseren Namen, wenn uns die Person nicht an der Stimme erkennen sollte) usw.

Ein weiteres Beispiel aus dem Berufsalltag in Redaktionen (das direkt mit den empirischen Ergebnissen in Abschnitt 4 verbunden ist): Wir können annehmen, dass die Mehrzahl der Journalisten weiß, welche Schritte beim Schreiben (besser: der Herstellung!) eines Artikels notwendig sind. Sie kennen mögliche Aufhänger aus ihrer früheren Arbeit zu diesem Thema; sie wissen um die relevanten Recherchequellen; sie haben ein Gefühl dafür, wann ein Gespräch oder Interview angebracht ist; sie wissen, wann sie mit der Recherche aufhören und mit dem Schreiben anfangen müssen usw. Ganz offensichtlich erinnern sie kleinere Mikro-Schritte ebenso wie große, zusammenhängende Sequenzen.

Alltagssprachlich bezeichnen wir dies als ‚Erfahrung'. Soziologen ebenso wie Psychologen nehmen an, dass Menschen Handlungen über eine kognitive Verarbeitung in dem abspeichern, was bereits Schütz als „Wissensvorrat" identifizierte (vgl. in der Neuauflage: Schütz 2002: 153 f.). Es handelt sich dabei um ein (im Gedächtnis abgelegtes) Repertoire an Grundregeln des Handelns, die bei der Planung zukünftigen Handelns zum Einsatz kommen. Ein solcher Plan basiert auf der erinnerten relationalen und temporalen Struktur der Handlungsmodelle. Pläne müssen nicht durch ‚bewusstes' Abwägen generiert werden: In den meisten Fällen ‚wissen' wir, was zu tun ist, da wir bereits Regeln für die entsprechenden Handlungen entwickelt haben (wir ‚wissen' wie man jemanden anruft, welche Ressourcen dabei zum Einsatz kommen, wo wir diese Ressourcen finden können, in welchem Kontext es angemessen ist, jemanden anzurufen, in welcher zeitlichen Reihenfolge wir die Dinge zu tun haben usw.).

Abbildung 2:   Handlungssequenzen und Wissensvorrat

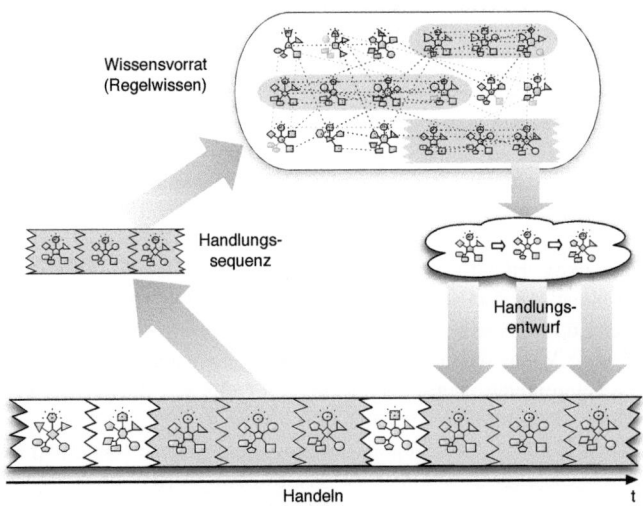

Im Sinne einer netzwerktheoretischen Modellierung könnte man solche Regeln als Konnektivitätsregeln bezeichnen, da sie dazu dienen, die Verbindungsstrukturen zwischen verschiedenen Handlungselementen wie Ressourcen, Handlungstypen, Personenkontakten, Kontextinformationen sowie dem Raum- und Zeitrahmen zu beschreiben. Daher kann man sich den Wissensvorrat auch als riesiges Netzwerk von Relationen vorstellen, die letztlich menschliche Erinnerung konstituieren und die Grundlage für weiteres Handeln bilden. Im Endeffekt spiegelt ein solches Netzwerk die Identität des Handelnden selbst: Denn es ist Ergebnis bisher gemachter und Basis zukünftiger Erfahrungen.

Was geschieht jedoch, wenn mehrere Individuen (z.B. Journalisten in verschiedenen Redaktionen) Kontakt zu vergleichbaren Personen haben, ähnliche Ressourcen nutzen, unter fast identischen Bedingungen arbeiten, und mit denselben Handlungen konfrontiert werden? Zunächst werden sie vergleichbare Relationen zwischen diesen Handlungselementen in ihrem Wissensvorrat aufbauen. Dies bedeutet nicht, dass damit gleiche Erinnerungsstrukturen in den Gehirnen entstehen. Dies ist sogar höchst unwahrscheinlich, da die wahrgenommenen Handlungselemente in Zusammenhang mit anderen Elementen in den jeweiligen Wissensvorräten stehen – und diese stimmen nicht überein, da jedes Individuum ganz andere Erfahrungen gemacht hat. Der zentrale Punkt ist hier aber, dass die Individuen in seinem bisherigen Leben zumindest bis zu einem gewissen Grad ähnliche Relationen (für die jeweils vergleichbaren Handlungen und ihre Elemente) aufbauen. Wir können diesen Beitrag als ein einfaches Beispiel heranziehen: Als Leser werden Sie meine Worte in der einen oder anderen Art und Weise wahrnehmen. Die Art und Weise, in der die Informationen in diesem Beitrag mit Ihrem eigenen Wissen verknüpft werden, ist ein höchst individueller Prozess, da jeder Leser über unterschiedliche Erinnerungsstrukturen verfügt. Dennoch werden Sie eine Relation zu diesem Beitrag aufbauen, die Sie mit jedem anderen Leser teilen, selbst wenn dieser tausende von Kilometern von Ihnen entfernt in völlig anderen Umständen lebt.

Abbildung 3: Aufbau von Bedeutungsnetzen durch geteilte Relationen

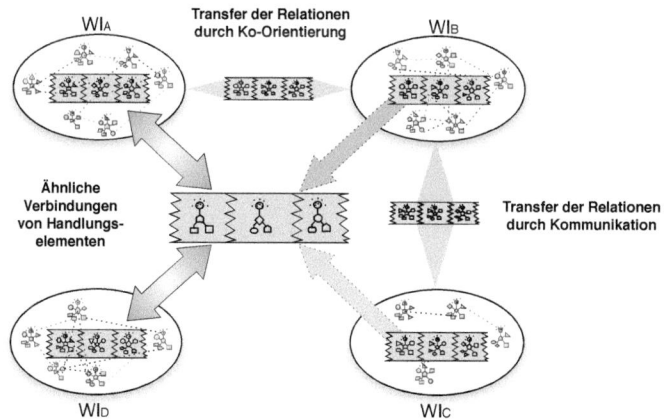

Dies bedeutet: Während die Art und Wertigkeit der Verbindung variieren mag, ist die Relation strukturell gesehen vergleichbar. Relationen bleiben auch dann vergleichbar, wenn Menschen Teile ihres Wissensvorrat durch Kommunikation oder Ko-Orientierung[2] mit anderen teilen. Es müssen nicht alle Links zwischen den Handlungselementen übereinstimmen, doch zumindest werden in Teilen vergleichbare Strukturen gebildet. Wenn Sie beispielsweise als Leser einem Freund in einigen Tagen erzählen, was in diesem Beitrag besprochen wurde, so teilt dieser Freund mit Ihnen eine – wenn auch schwächere – Verbindung zu dem hier vorliegenden Beitrag (vgl. Abbildung 3). Durch tägliche Praxis und vergleichbare Relationen im Handeln, in den Ressourcen, den Kontexten usw. knüpfen die Leute ähnliche Netze sinnhafter Relationen (d.h. Verbindungen, die komplexes Handeln ermöglichen, welches wiederum Optionen für nachfolgendes Handeln schafft) – d.h. die Individuen teilen tatsächlich Bedeutungen (zumindest bis zu einem gewissen Grad).

4 Empirische Anwendung: Eine Beobachtungsstudie im Online-Journalismus

4.1 Design und Methode der Studie

Einer der Vorteile von Netzwerkansätzen ist ihre leichte Nutzbarmachung für empirische Studien: Nachdem man angemessene Knoten und die Art der Verbindungen zwischen diesen definiert hat, kann man die Struktur der Netzwerke in Graphen abbilden (d.h. man identifiziert eine logische Beziehungsstruktur, die in eine formale/mathematische Beschreibung überführt wird; vgl. Scott 2000; Wasserman/Faust 1994). Der oben beschriebene Theorieansatz berücksichtigt bereits die grundlegenden Elemente, die als Basis für eine empirische Studie dienen können: Die ,Knoten' jedes einzelnen Handlungsaktes können für die direkte Nutzung in Beobachtungsstudien operationalisiert werden. Sicherlich könnte man einen solchen Ansatz auch als Grundlage für Befragungen nehmen, doch Beobachtungsstudien erlauben den natürlichsten Zugang zum Handeln.

Diesen Überlegungen folgend, habe ich eine umfangreiche Beobachtungsstudie realisiert. Während eines zehnwöchigen Zeitraums konnte ich die Handlungen von sechs Journalisten in fünf deutschen Online-Redaktionen beobachten.[3] Grundlegend interessierten mich vor allem die professionellen Regeln, die sich in diesem neuen Journalismusbereich heraus bilden. Denn zur Zeit der Durchführung der Studie war relativ wenig über die konkreten Arbeitsbedingungen von Online-Journalisten bekannt (vgl. Neuberger 2000: 37f.). Daher war ein Blick auf die alltägliche Arbeit der Journalisten und die zu Grunde liegenden Arbeitsregeln und -routinen sicherlich überfällig. Im Sinne des oben angesprochenen Ansatzes wären solche Arbeitsregeln als wiederkehrende Relationen zwischen Handlungselementen beobachtbar.

Die Operationalisierung der einzelnen Handlungselemente (Handlungstypen, Kontexte, Raum- und Zeitbedingungen, Ressourcen, Subjektbezüge) erbrachte zunächst ein Kodebuch mit rund 250 numerischen und symbolischen Kodes, die vom Beobachter memoriert werden mussten. Während der Beobachtung wurde dann der Handlungsfluss durch den Beobachter in einzelne Handlungen aufgebrochen, und diese Handlungsakte[4] wurden wiederum in die konstituierenden Elemente (gemäß dem Kodebuch) aufgeteilt.

Die unten stehende Abbildung zeigt nochmals das prinzipielle Vorgehen (vgl. Abbildung 4): Zu sehen ist dort im unteren Teil eine symbolische Repräsentation des Handlungsflusses. Mit Hilfe des Beobachtungs-Kodebuches wurde dieser Fluss in einzelne Handlungsakte (horizontale Richtung) und deren Einzelelemente (vertikale Richtung) aufgesplittet.[5] Als Ergebnis des Beobachtungsprozesses entsteht letztlich eine Matrix, die auf wiederkehrende Muster hin untersucht werden kann.

Abbildung 4: Transformation des Handlungsflusses in eine Daten-Matrix

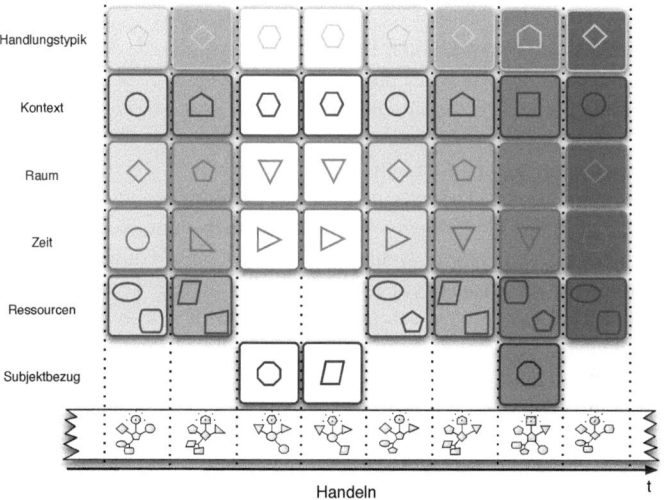

In Ergänzung zum Kodebuch kamen weitere empirische Instrumente zum Einsatz. Um ein besseres Verständnis des Arbeitsumfeldes zu erhalten, wurden Beobachtungstagebücher geführt, in denen auch offene Fragen vermerkt wurden. Diese wurden wiederum während elf Leitfadeninterviews mit den Journalisten und ihren Chefredakteuren bzw. Vorgesetzten beantwortet. Zusätzlich wurden Fotografien des Arbeitsplatzes angefertigt, zudem Grundrisszeichnungen, so dass ein detailreiches Bild der Arbeitsbedingungen der Journalisten gezeichnet werden konnte. Dennoch: Kern der Auswertung waren die verkodeten Beobachtungen. Durch die Beobachtung erhielt ich eine Datenmatrix mit 11.671 Einzelhandlungen (entspricht 483 Stunden und 28 Minuten Beobachtungsdauer). Jede Einzelhandlung wurde mittels 50 Einzelwerten feinkodiert, um die Einzelelemente präzise abbilden zu können.[6] Die resultierende Datenbasis war also recht umfangreich.

Wie oben erwähnt, war das Ziel der Studie, die Muster in der relationalen Struktur der Datenmatrix zu identifizieren. In anderen Worten: Es wurde nach Handlungsregeln gesucht, die typisch für die Arbeit der beobachteten Online-Journalisten waren. Solche Muster (Arbeitsroutinen, Handlungsregeln) können in verschiedenen Richtungen verlaufen: So gibt es immer wieder auftauchende Verbindungen zwischen Elementen innerhalb der Einzelhandlungen. Solche Muster werden Assoziationen genannt. Man kann aber auch zeitliche Muster finden, welche als Sequenzen bezeichnet werden.[7] Hier wäre also zu fragen: Gibt es bestimmte Handlungen (bzw. Handlungselemente), die anderen Handlungen (bzw. Handlungselementen) regelhaft folgen?

4.2 Ergebnisse

Die Auswertungen der vorgestellten Studie decken auffallende Ähnlichkeiten in den beobachteten Tätigkeiten der verschiedenen Journalisten auf, obwohl diese keinerlei direkten Kontakt hatten[8] – sie arbeiteten für Medienorganisationen in ganz unterschiedlichen Städten. Dennoch folgen ihre Arbeitstage, ihre Handlungsabläufe und ihre Ressourcennutzung (einschließlich des Einsatzes von Technik) vergleichbaren Mustern. Es scheint, als gebe es unsichtbare Verbindungen zwischen den Online-Journalisten und ihren Handlungen – es handelt sich also um ‚Netzarbeit' im doppelten Sinne. Dies ist erstaunlich, wenn man bedenkt, dass Online-Journalismus ein vergleichsweise junges Arbeitsfeld ist, ohne eigenständige Traditionen, die diesen Bereich von anderen Journalismusformen differenzieren würde. Selbst die einschlägige Forschungsliteratur hat bislang keine spezifischen Arbeitsregeln identifizieren können (obwohl es eine ganze Reihe an Beiträgen gibt, die sich mit Online-Journalismus befassen). Die oben eingeführte Denkfigur des Handelns als Netzwerk hilft dabei, die Ergebnisse der Beobachtung zu erklären: Man kann annehmen, dass vergleichbare Relationen im Handeln der Online-Journalisten zu ähnlichen Strukturbildungsprozessen im Wissensvorrat führen, und in der Folge wiederum zu Analogien in den weiteren Handlungen der Individuen.

Allgemeine Daten zum journalistischen Handeln

Einige Daten der Studie sollen im Folgenden einen Eindruck von den genannten Übereinstimmungen im Handeln vermitteln. Zunächst ist ein Blick auf die Gesamtverteilung der unterschiedlichen Handlungstypen hilfreich – denn diese war für fast alle beobachteten Journalisten sehr ähnlich (mit der Ausnahme eines Journalisten, der eine hohe Zahl technischer Tätigkeiten ausführen musste; dies allerdings, weil er der einzige für den Online-Bereich zuständige Mitarbeiter in seinem Unternehmen war, d.h. Aufgaben übernehmen musste, die andernorts z.B. Webdesigner oder Sysops erledigen).

Abbildung 5: Anteil der Handlungskategorien am Gesamthandeln[9]

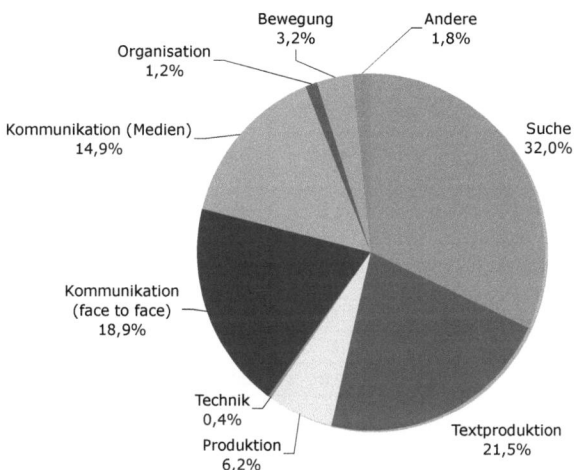

Das obige Tortendiagramm (vgl. Abbildung 5) zeigt die Verteilung der Arbeitszeit auf verschiedene Handlungstypen. Es basiert auf den Daten eines ‚Durchschnitts-journalisten'.[10] Die größten Stücke des Kuchen machen Suche/Recherche, Textpro-duktion, interpersonale Kommunikation, medienvermittelte Kommunikation und sonstige Produktionstätigkeiten aus. Dies ist im Großen und Ganzen das, was man von einem Journalisten erwarten würde, wenngleich der hohe Anteil an Kommuni-kationstätigkeiten zunächst überraschen mag. Es handelt sich dabei hauptsächlich um Koordination mit Kollegen – d.h. Absprachen und Planungsgespräche.

Interessant ist freilich, wie homogen die Verteilungsmuster der einzelnen Jour-nalisten im Vergleich sind. Tabelle 1 stellt die Anteile der verschiedenen Hand-lungskategorien an der Arbeitszeit für alle Journalisten gegenüber. Es bestehen offensichtliche Ähnlichkeiten, insbesondere wenn man die zentralen Kategorien betrachtet. Die Verteilungswerte für die Redakteure der Netzzeitung sehen so aus, als ob sie von ein- und derselben Person stammten: Beide tun fast dieselben Dinge und verwenden annäherungsweise ähnlich viel Zeit für vergleichbare Handlungen – obwohl es sich um zwei unterschiedliche Individuen handelt.

Tabelle 1:   Vergleich der Zeitanteile der beobachtete Handlungskategorien an der Gesamtarbeitszeit (Angaben in % der Gesamtarbeitszeit)

	NZ A	NZ B	FAZ	SVZ	TS	SPON	Ø-OJ
Suchen	36.4	39.8	28.6	22.7	35.6	29.2	32.1
Textproduktion	28.5	26.7	30.5	6.9	17.9	18.5	21.5
weitere Produktionstätigkeiten	2.7	1.4	1.0	28.7	1.9	1.4	6.2
technische Aufgaben	0.7	0.4	0.4	0.3	0.3	0.1	0.4
Face-to-Face-Kommunikation	12.6	13.7	18.0	19.3	29.5	20.2	18.9
Medienkommunikation	14.5	12.2	17.9	14.8	5.1	24.7	14.9
organisatorische Aufgaben	0.9	1.0	0.7	2.8	0.1	1.4	1.2
Bewegung	1.9	3.1	1.4	1.6	1.7	0.9	1.8
Sonstiges	1.8	1.7	1.3	3.0	8.0	3.5	3.2
Summe	100	100	99.8	100.1	100.1	99.9	100.2

Grundlage: NZ A: 36:39:25 h; NZ B: 51:04:00 h; FAZ: 79:57:45 h; SVZ: 95:42:40 h; TS: 77:47:55 h; SPON: 64:44:05 h; Gesamtdauer: 405:55 h

Ein anderes Beispiel: Die unten abgebildeten Fotografien zeigen die Arbeitsplätze zweier Beobachtungspersonen (vgl. Abbildung 6). Diese Arbeitsplätze sehen sehr ähnlich aus: Eine Menge ausgedrucktes Material, zwei Flachbildschirme. Die Journalisten benutzten die zwei Bildschirme aus exakt denselben Gründen (auf einem Schirm wird das Content Management System angezeigt, auf dem anderen werden meist Agenturmeldungen durchgeschaut). Bemerkenswert ist die Tatsache, dass in beiden Fällen die Flachbildschirme von den Medienunternehmen angeschafft wurden, weil die Journalisten ihr Management darum gebeten hatten. D.h. es war nicht die vorgegebene Arbeitsplatzstruktur, die das Handeln der Journalisten geprägt hat; vielmehr war es umgekehrt: die Journalisten hatten explizit ein solches Arbeitsumfeld entsprechend ihrer Notwendigkeiten erbeten. Dies zeigt deutlich, dass Arbeitsregeln und -strukturen durch das Alltagshandeln der Journalisten (re)konstruiert – und nicht nur durch ein Management oder Traditionen oktroyiert werden. Am überraschendsten ist aber wohl, dass die Bilder bei zwei höchst unterschiedlichen Medien aufgenommen wurden: nämlich der „FAZ" in Frankfurt und der „tagesschau" in Hamburg. Dennoch gleichen sich die Arbeitsplätze. Hieraus lässt sich schließen, dass die einzelnen Journalisten in den Redaktionen ähnliche Arbeitsmuster entwickelt haben, und dass sie vergleichbare Ressourcen in ähnlichen Arbeitsumfeldern nutzen.

Abbildung 6: Arbeitsplätze der Online-Journalisten

FAZ,
Frankfurt

Tagesschau,
Hamburg

Natürlich könnte man nun argumentieren, dass diese Art von Forschung auch ohne eine netzwerkanalytische Fundierung durchgeführt werden könnte – schließlich nutzen wurde bislang einfache Deskriptivstatistik benutzt. Im nächsten Abschnitt werde ich jedoch einige Auswertungen vorstellen, die wesentlich enger mit dem Netzwerkansatz verbunden sind.

Assoziationen

Gemäß des oben besprochenen theoretischen Ansatzes gibt es Verbindungen zwischen bestimmten Handlungstypen und bestimmten Ressourcen, zwischen Ressourcen und Orten oder auch Zeiträumen, zwischen Zeitrahmen und Handlungen usw. Regelhafte Relationierungen können in Form von Assoziationen und Sequenzen in der Datenmatrix auftreten. Mit der Hilfe des Data-Mining-Programms „Clementine" habe ich eine Netzwerkanalyse der Assoziationen ausgeführt. Eine solche Analyse zählt die Verbindungen zwischen den einzelnen Werten der kodierten Variablen (es wird also geprüft, ob die Werte im selben Fall, d.h. in derselben Handlung oder zum selben Zeitpunkt, vorkommen). Verglichen wird dabei die tatsächliche Zahl der beobachteten Verbindungen zweier Werte mit der Gesamtzahl der Verbindungen jeweils eines Wertes. Die Analyse gibt uns entsprechend einen Eindruck von der ‚Stärke' der Verbindungen, beispielsweise zwischen einem spezifischen Handlungstyp und einer Ressource (vgl. Abbildung 8).

Die unten stehende Netzwerkgrafik zeigt alle Verbindungen zwischen Handlungstypen (links) und Ressourcen (rechts), die im Rahmen unserer Studie beobachtet werden konnten (vgl. Abbildung 7).[11]

Deutlich wird durch die Abbildung, dass ganz offensichtlich die Verbindungslinien nicht gleich verteilt sind. Es gibt einige starke Verbindungen, sehr viele
schwache – und eine ganze Zahl an Knoten sind überhaupt nicht miteinander verbunden. Ändert man den Anzeige-Schwellwert in „Clementine", werden nur noch
die häufigsten Verbindungen angezeigt. Übrig bleiben natürlich zunächst einige
ziemlich offensichtliche Relationen zwischen Handlungstypen und Ressourcen.

Abbildung 7: Assoziationsanalyse (Handlungstyp x Ressource)

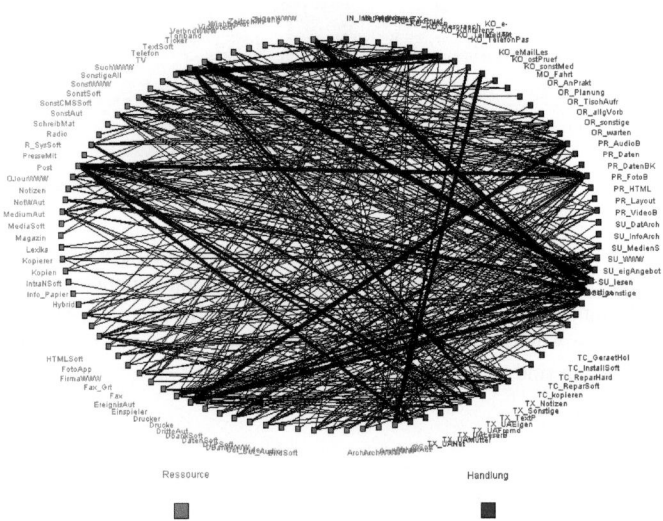

So sind zum Beispiel Kommunikationshandlungen sehr eng mit der Ressource
‚Telefon' verbunden – was natürlich nicht sonderlich überrascht. Dennoch ist dies
ein deutlicher Indikator dafür, wie klar definiert die Ressource ist, dient sie doch nur
einem einzigen Hauptzweck. Auf der anderen Seite gibt es Ressourcen, die viele
verschiedene Nutzungsmöglichkeiten eröffnen. Ein Beispiel hierfür ist das „Content
Management System", das mit einer ganzen Reihe von Handlungstypen verbunden
ist, was auf seine Bedeutung für die Nachrichtenproduktion im Online-Journalismus
verweist. Weiterhin wird aus dem Netzwerkdiagramm deutlich, dass die meisten
Handlungstypen mit einem sehr spezifischen Arrangement von Ressourcen verlinkt
sind (so führt mitunter eine Handlung zu einer Ressource, die wiederum mit einer
spezifischen Handlung verbunden ist usw.). Die Relationen bilden – über den
Gesamtdatensatz betrachtet – robuste und sinnhafte Verbindungen.

Wenn man nun alle Daten der Beobachtungsstudie – mit allen Handlungselementen als Knoten – einer solchen Analyse unterziehen würde, müsste man in der

Lage sein, die wichtigsten Muster (und damit auch Handlungsregeln) der Journalisten zu identifizieren. Freilich benötigt man hier komplexere Netzwerkgraphen, da ja nicht nur Werte von zwei Elementtypen bzw. Variablen untersucht werden. Das Data-Mining-Programm „Clementine" ermöglicht eine solche komplexe Darstellung: Dabei werden die einzelnen Datenpunkte bzw. Knoten gemäß der Stärke ihrer gegenseitigen Relationen angeordnet. Je stärker die Verbindung zwischen den Knoten, desto näher liegen sie in der Grafik zusammen.[12] Wie ein solcher grafischer Analyseoutput aussehen kann, sehen wir in der Abbildung unten (vgl. Abb. 9.1). Man kann in dieser grafischen Darstellung einige Verdichtungen bzw. Cluster erkennen (vgl. Abbildung 9.2). Diese Cluster werden aus den stärksten Verbindungsmustern gebildet. Der beobachtbare Kern des journalistischen Alltagshandelns besteht demgemäß aus ganz traditionellen journalistischen Handlungsmustern, die auf Suchroutinen bzw. Recherche, Schreiben, Nachrichtenbearbeitung (und den damit verbundenen Handlungselementen) basieren. Bemerkenswert erscheint mir, dass technische Tätigkeiten und ihre Knoten weitaus weniger zentral gelegen sind als man dies in einem vorgeblich so technisch orientierten Arbeitsbereich wie dem Online-Journalismus erwarten könnte, und dass die Verbindungen zu den traditionellen Handlungsmustern sehr schwach sind. Um den zentralen Kern herum sind zudem einige nur lose verbundene ‚Mini'-Cluster zu entdecken.

Abbildung 8: Assoziationsanalyse, stärkste Verbindungen (Handlungstyp x Ressource)

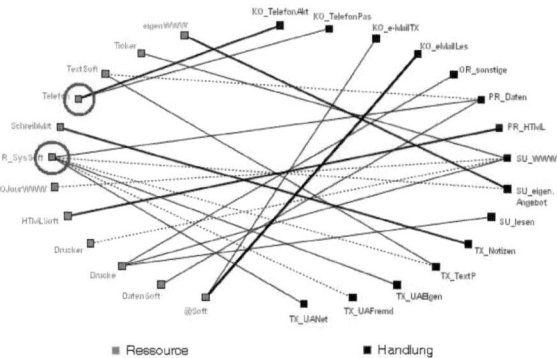

Die hier beobachteten Netzwerkstrukturen wurden durch das Alltagshandeln der Online-Journalisten erzeugt. Es erscheint plausibel, dass sich die Journalisten durchaus der Arbeitsmuster und Routinen bewusst sind, die hier in Form kohärenter Cluster abgebildet werden. Möglicherweise sind die Journalisten nicht in der Lage, diese Muster zu ‚benennen' oder sie bewusst zu reflektieren; dennoch wissen sie, was in welchen Zusammenhängen zu tun ist. Es ist also davon auszugehen, dass die hier identifizierten Cluster Einfluss auf das weitere Handeln der Journalisten haben. Man könnte sagen: Die Handlungen und Muster (bzw. die daraus ableitbaren Arbeitsregeln) in einem solchen Cluster sind rekursiv miteinander verwoben (vgl. für ein ähnliches Konzept Giddens 1997). Oder in anderen Worten: Die Cluster dienen als Orientierungshorizonte für das weitere Handeln der Journalisten, und durch dieses Handeln werden die Cluster wieder rekonstruiert.

Abbildung 9:   Assoziationsanalyse, starke Verbindungen (Handlungstypen x
                 Ressource x Subjektbezüge x Themenkontexte)

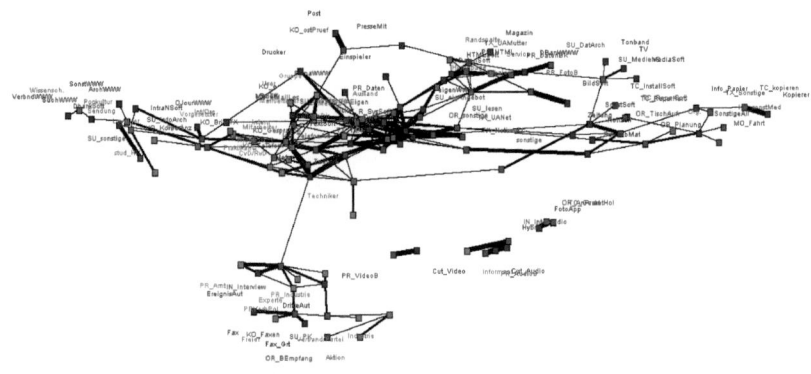

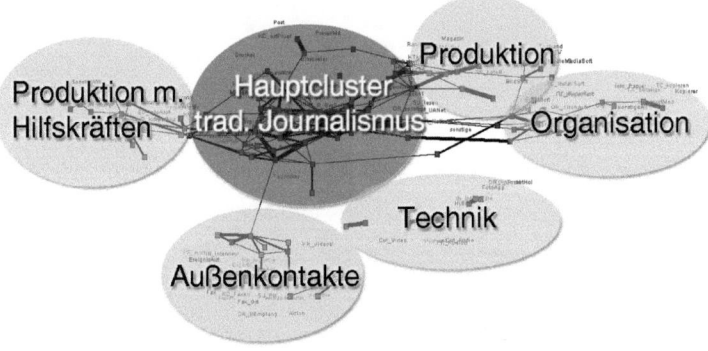

Sequenzen

Eine andere Art der Analyse fokussiert auf die temporalen Sequenzen von Handlungen. Hierfür kann man Sequenzanalyse-Algorithmen benutzen (wie z.B. „Clementines" CAPRI-Algorithmus); ich habe mich allerdings dazu entschlossen, auch hier grafische Analysen durchzuführen. Wie Keim (2002; vgl. auch Klösgen/Zytkow 2002: 226ff.) anmerkt, sind grafische Analysen durch Menschen den aktuellen Computer-Algorithmen zum Teil überlegen, da Menschen gewisse Muster recht einfach auf der Basis ihres breiten Wissens über ähnliche, beobachtbare Phänomene erkennen können. So ist die Granulation der Beobachtung für Computer ein Problem („Welche Größe haben die zu beobachteten Elemente; welche Länge sollten die Sequenzen idealerweise haben?"). Schwierig ist zudem die Interpretation der Rohdaten („Welche Art von Sequenzen sind trivial, welche bedeutsam?").

Um die Sequenzen zu analysieren, nutzte ich zunächst einen Algorithmus, der das Material in kleine 5-Sekunden-Zeitabschnitte zerteilt. Ich erhielt so eine Datenmatrix, die aus zeitbasierten Fällen besteht.[13] Auf Basis dieses transformierten Datenmaterials konnte ich die grafischen Analysen durchführen (vgl. Abbildung 10).

Abbildung 10:   Sequenzanalyse (für Handlungstypen, 1 Beispieltag)

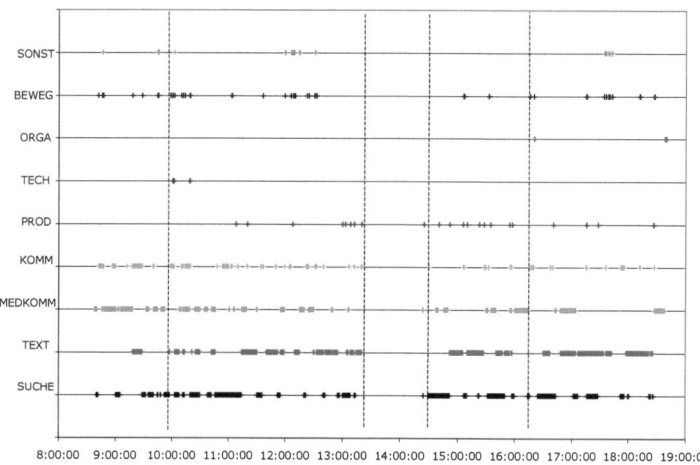

Obige Abbildung zeigt die Auswertung eines ausgewählten Arbeitstages. Jede Reihe repräsentiert eine spezifische Kategorie von Handlungen. Die vertikalen Linien stehen für die Start- und Endpunkte verschiedener Arbeitsphasen: Zu Beginn des Arbeitstages (8.30-9.50) liest der Online-Journalist sehr viele Emails (medienvermittelte Kommunikation, KO) und schreibt nicht viel (TX). Diese ‚Orientierungsphase' läutet fast jeden Arbeitstag ein. Die nachfolgende, länger andauernde ‚Arbeitsphase' weist anfangs sehr viel Suchtätigkeiten bzw. Recherchen auf (SU) – dabei sammelt der Journalist interessante Informationen für die später zu produzierenden Beiträge. Im Anschluss an die Recherchen schreibt der Journalist im zweiten Teil der ersten Arbeitsphase relativ viel. Der Arbeitstag wird mittags durch eine etwa einstündige Pause unterbrochen (PA, 13.30 - 14.30). Nach der Pause ist eine zweite Arbeits-

phase zu beobachten. Der Journalist bewegt sich fast gar nicht von seinem Arbeitsplatz weg (MO), telefoniert dafür häufig, tauscht Emails aus und recherchiert sehr
viel (KO). Der darauf folgende letzte Tagesabschnitt wird durch Schreiben und
Recherche charakterisiert (wobei zumeist Schreib- und Recherchetätigkeiten zu
einem Nachrichtenbeitrag eng verzahnt sind und für gewöhnlich ohne große Abs-
tände aufeinander folgen). In dieser letzten Arbeitsphase gibt es kaum medienvermittelte Kommunikation (z.b. Anrufe) – zumeist sind die Kontaktpersonen nach
16:00 nicht zu erreichen.[14]

Dies ist ein häufig zu beobachtendes Muster für Tagesabläufe im Online-Journalismus – es waren vergleichbare Sequenzen und Phasen in den Daten der meisten
Beobachtungstage zu finden. Zusammengefasst sieht es so aus: Gekennzeichnet wird
die Arbeit der Online-Journalisten vor allem auch durch einen konstanten Strom des
Schreibens und verschiedener Suchtätigkeiten, denn es gibt keine ,echten' Produktionsdeadlines und einen beständigen Bedarf an Nachrichtenrecherche und Überarbeitung der Beiträge. Kommunikationsprozesse scheinen vor allem gegen Ende der
Arbeitstage abzunehmen, da hier das Schreiben dominiert. Und obwohl es keine
Produktionsdeadlines im engeren Sinne gibt, lassen sich doch einzelne Arbeitsphasen und Produktionsspitzen erkennen. Subjektkontakte scheinen die Arbeitsmuster zu einem gewissen Grad ebenfalls zu bestimmen, wie z.B. das Einbrechen der
Kommunikationstätigkeiten nach einer gewissen Uhrzeit zeigt. Ohne in die Details
zu gehen, sei hier angemerkt, dass diese Ergebnisse in deutlichem Kontrast zu verschiedenen Spekulationen über die Arbeit von Online-Journalisten stehen, bei denen
davon ausgegangen wird, dass Zeitrestriktionen für den webbasierten Journalismus
keine Rolle spielen.

Eine detailliertere[15] Analyse der Assoziationen und Sequenzen in den Daten
zeigt zudem, dass es einige auffällige Muster in den Handlungsabläufen gibt, die
sich zu Handlungsregeln verfestigen können. Beispielsweise scheinen die Schreib-
und Rechercheroutinen bei den verschiedenen Journalisten ganz ähnlich abzulaufen,
mit einer konsistenten Nutzung des Content Management Systems und Satelliten-
bzw. internetbasierten Agenturtickern als grundlegenden Ressourcen.

Diese Beispiele sollen einige der Möglichkeiten des theoretischen Ansatzes und
der empirischen Umsetzbarkeit illustrieren. Ich bin der Überzeugung, dass eine
Übertragung auf andere Beobachtungsfelder möglich ist. Daher möchte ich auch
nicht in die Details der Beispielbeobachtung gehen (vgl. hierfür Quandt 2005) – die
Anwendungsmöglichkeiten des Ansatzes sind weitaus universeller, und die vorgestellte Studie ist nur ein Beispiel, wie man den Ansatz empirisch umsetzen kann.

5 Theoretisches und empirisches Potenzial des vorgestellten Ansatzes

Die neuere soziologische Debatte über Netzwerkansätze ist in Hinblick auf die Wahl
der Netzwerkknoten recht konservativ: Für gewöhnlich wird der Begriff des sozialen
Netzwerks gebraucht, um Beziehungsstrukturen zwischen individuellen Akteuren zu

beschreiben. In diesem Beitrag wurde dargelegt, dass Netzwerkkonzepte erfolgreich unter Rückgriff auf andere Netzwerkkonten genutzt werden können, wie z.b. die Elemente menschlicher Handlungen.

Auf Basis dieser Annahme habe ich einen Netzwerkansatz des menschlichen Handelns entwickelt, der auf Konzepte wie Handlungselemente, Muster, Regeln und Netzwerke zurückgreift. Des Weiteren habe ich Ergebnisse einer Beobachtungsstudie im Alltag von Online-Journalisten präsentiert, die als ein Beispiel für die empirische Anwendung des theoretischen Ansatzes dient. Mit der Hilfe von Data-Mining-Software konnte ich wiederkehrende Muster im Handeln der beobachteten Akteure identifizieren. Es konnte gezeigt werden, dass diese Muster kohärente Cluster bilden, die möglicherweise das weitere Handeln der Journalisten – quasi als Orientierungshorizonte – beeinflussen.

Freilich muss man fragen: Was sind die Vor- und Nachteile des Ansatzes, insbesondere im Vergleich mit den traditionellen Arten der Gesellschaftsbeobachtung und speziell der Handlungstheorie? Einige Nachteile sind sehr schnell zu erkennen:

• Er liefert keine einfache und allgemeine Erklärung für Phänomene und Entwicklungen im Medienbereich.

• Der Ansatz knüpft nur lose an die traditionelle handlungstheoretischen Arbeiten an (dies gilt insbesondere auch für die theoretische Modellierung journalistischen Arbeitens).

• Er beschreibt komplizierte, fluktuierende Geflechte aus Relationen, die zum Teil Ambiguitäten und Widersprüche beinhalten.

Jedoch bietet das Vorgehen auch einige Vorteile:

• Die Komplexität der sozialen Konstruktion von Realität wird berücksichtigt.

• Als eine analytische Annäherung an die Generierung von Handlungsnetzwerken und sinnhaften Beziehungen im alltäglichen Handeln bietet der Ansatz mehr als nur eine Handvoll Metaphern, um soziale Phänome zu beschreiben.

• Seine Sichtweise ist dynamisch, was von Vorteil ist, wenn man die veränderlichen Aspekte des Sozialen betrachtet.

• Er ist offen für eine empirische Umsetzung.

Der netzwerkbasierte Ansatz menschlichen Handelns entfaltet sein empirisches Potenzial insbesondere bei der detaillierten Beschreibung des menschlichen Arbeitens, z.B. mit Hilfe von Beobachtungen. Solche Studien können natürlich als völlig eigenständige Forschung konzipiert werden; sie können aber auch Journalismus-Surveys ergänzen – im Sinne einer Unterstützung oder eines Korrektivs. Es muss allerdings angemerkt werden, dass Beobachtungsstudien nicht auf einer ‚repräsentativen' Basis durchgeführt werden können, da sie zu kostenintensiv sind und bei einer entsprechenden Zahl von Beobachtern sicherlich mit den zu beobachtenden Arbeitsprozessen nicht in Einklang zu bringen wären. Dennoch können Beobachtungen dazu eingesetzt werden, Fragestellungen aus der Empirie zu generieren und vormals unbekannte Zusammenhänge mit der Hilfe von Data-Mining-Software zu entdecken. Gerade diese neuen Software-Tools eröffnen Anwendungsmöglichkeiten, die weit über die in diesem Beitrag vorgestellten Möglichkeiten hinausgehen. Die darin enthaltenen, intelligenten Methoden der Mustersuche (vgl. auch Klösgen/Zytkow 2002) können dabei helfen, ein tieferes Verständnis menschlichen Handelns durch Analysen von Relationen im Datenmaterial herzustellen. Ich hoffe, dass der vorgestellte Ansatz einige neue Möglichkeiten für die Journalismusforschung und vergleichbare Wissenschaftsbereiche aufzeigen kann – sowohl was die theoretischen Konzepte als auch die empirische Anwendung angeht.

Anmerkungen

1   KI = Künstliche Intelligenz

2   Die Ähnlichkeit dieser Relationen kann durch die Orientierung auf vergleichbare Phänomene und Kommunikation erklärt werden. Jedoch sind ähnliche Strukturen weder ein zwingender noch ein ausschließlicher Effekt von Kommunikation. Im Sinne des hier vorliegenden theoretischen Ansatzes kann Kommunikation als ein spezieller Handlungstyp beschrieben werden, mit dem Teile der eigenen Erinnerungsstrukturen in den Wissensvorrat des jeweiligen Gegenübers transferiert werden.

3   Es handelte sich um „FAZ.net", „Netzeitung", „Spiegel Online", „SVZonline", „tagesschau.de". Bei der Netzeitung in Berlin beobachtete ich zwei Journalisten (dies war wegen Schichtumstellungen während des Beobachtungszeitraums notwendig), ansonsten jeweils einen.

4   Ein einzelner Handlungsakt wurde durch die Kohärenz seiner Elemente definiert. Sobald sich eines der Elemente veränderte, wurde im Kodebogen eine neue Handlung eingetragen. Die Frage nach der prinzipiellen Größe von Handlungen (bzw. der ‚Granulation' der Beobachtung) wird durch solch ein Vorgehen nicht beantwortet – aber dies war auch nicht die zentrale Frage. Denn wenn man nach Mustern sucht, werden die Beziehungen auch dann sichtbar, wenn die Größe der beobachteten Handlungen variiert – die relationale Struktur bleibt dieselbe (vgl. ausführlicher Quandt 2005).

5   Unterschiedliche Zustände bzw. Werte der erfassten Elemente werden mit unterschiedlichen Formen angedeutet.

6   Die hohe Zahl an Variablen ist in Teilen darauf zurückzuführen, dass pro Einzelfall bis zu vier genutzte Ressourcen, vier (Gruppen von) Kontaktpersonen und diverse Kontext-Variablen erhoben wurden.

7   Für gewöhnlich werden Sequenzen nur als ein Spezialfall von Assoziationen angesehen. Da es aber keinen gebräuchlichen Spezialausdruck für nicht-verzeitlichte Verbindungen (d.h. Elementverbindungen, die jeweils nur zu einem Zeitpunkt auftreten) gibt, nutze ich den – eigentlich weiteren – Begriff der Assoziationen nur für nicht-verzeitlichte Muster.

8   Mit Ausnahme der Netzeitung-Journalisten; vgl. auch Anmerkung 3.

9   Zahlen für extrem kleine Anteile wurden der Klarheit halber in der Kategorie ‚andere' zusammengefasst.

10   Diese Durchschnittswerte dienen Vergleichszwecken: Ich errechnete den Durchschnitt der Verteilungen der sechs Journalisten, um eine Referenzlinien zu haben, wenn ich die Einzelwerte untereinander verglich – so konnte darauf verzichtet werden, die Werte jedes

Journalisten mit den Werten aller anderen Journalisten zu vergleichen. Ich bin mir durchaus bewusst, dass die Interpretation der Daten einer künstlichen ‚Durchschnittsperson' aus sechs Beobachtungen problematisch ist.

11 Im Folgenden interessiert mich hauptsächlich die Form und das Gesamtbild des Netzwerks, ebenso wie einige besonders starke Verbindungen (die durch dicke Verbindungslinien zwischen den Knoten angedeutet werden). Aus diesem Grund wird auf eine Erläuterung der individuellen Werte verzichtet.

12 Prinzipiell kann man sich dies wie ‚Gravitationskräfte' vorstellen: Jeder Knoten ist entsprechend der wechselseitigen ‚Anziehungskräfte' situiert (wobei die Anziehungskräfte sich aus den Relationen ergeben).

13 Das Material war handlungsbezogen kodiert, da aber der Start und Endpunkt jeder Handlung mit aufgezeichnet wurde, war eine Transformation der Daten vergleichsweise einfach. Ein Hauptproblem bestand darin, dass zu einem Zeitpunkt mehrere Handlungen durchgeführt werden konnten. Die von mir verwendete Transformation erlaubte es jedoch, die handlungsbasierte Matrix (1 Fall = 1 Handlung) in eine zeitbasierte Matrix zu überführen (1 Fall = 1 Zeitschritt, mit einer Vielzahl neuer Variablen, die alle Handlungen zu diesem Zeitpunkt detailliert beschreiben).

14 Dieser Beispieltag war insoweit eine Ausnahme, als dass ein längeres Interview geführt wurde, das in der Grafik separat ausgewiesen ist (IN).

15 Hier sei nochmals darauf verwiesen, dass Beobachtungen mit 5-sekündiger Genauigkeit vorlagen, d.h. es konnten auch Mikro-Muster identifiziert werden.

Literatur

Barabási, A.-L. (2002): Linked. The New Science of Networks. Cambridge.

Barnes, J.A. (1954): Class and Committees in a Norwegian Island Parish. In: Human Relations (3): 39-58.

Biggs, N. L./Lloyd, E. K./Wilson, R.J. (1976). Graph Theory: 1736-1936. Oxford.

Castells, M. (2000): The Rise of the Network Society. Oxford.

Giddens, A. (1997): Die Konstitution der Gesellschaft. Grundzüge einer Theorie der Strukturierung. Frankfurt a.M. u.a.

Jansen, D. (2003): Einführung in die Netzwerkanalyse. 2. Auflage. Opladen.

Keim, D.A. (2002): Data Mining mit bloßem Auge. In: Spektrum der Wissenschaft (11): 88-91.

Klösgen, W./Zytkow, J. (Hrsg.) (2002): Handbook of Data Mining and Knowledge Discovery. Oxford.

Neuberger, C. (2000): Renaissance oder Niedergang des Journalismus? Ein Forschungsüberblick zum Online-Journalismus. In: Altmeppen, K.-D./Bucher, H.-J./Löffelholz, M. (Hrsg.): Online-Journalismus. Perspektiven für Wissenschaft und Praxis. Wiesbaden: 15-48.

Perrow, C. (1992): Small-Firm Networks. In: Eccles Robert, G./Nohria, N. (Hrsg.): Networks and Organizations: Structure, Form, and Action. Boston: 445-470.

Quandt, T. (2005): Journalisten im Netz. Wiesbaden.

Radcliffe-Brown, A.R. (1940): On Social Structure. In: Journal of the Royal Anthropological Institute of Great Britain and Ireland (70): 188-204.

Rammstedt, O. (Hrsg.) (1989): Georg Simmel Gesamtausgabe. Frankfurt a.M.

Schütz, A. (1981): Der sinnhafte Aufbau der sozialen Welt. Eine Einleitung in die verstehende Soziologie. 2. Auflage. Originalausgabe 1932. Frankfurt a.M.

Schütz, A. (2002): Theorie der Lebenswelt. Zur kommunikativen Ordnung der Lebenswelt. Band 2. Neue Auflage. Konstanz.

Scott, J. (2000): Social Network Analysis. A Handbook. 2. Auflage. London.

Scott, J. (Hrsg.) (2002): Social Networks: Critical Concepts in Sociology. London u.a.

Wasserman, S./Faust, K. (1994): Social Network Analysis: Methods and Applications. Cambridge.

Weber, M. (1972): Wirtschaft und Gesellschaft. 5., überarbeitete Auflage. Originalausgabe 1921/1922. Tübingen.

Williamson, O.E. (1985): The Economic Institutions of Capitalism: Firms, Markets, Relational Contracting. New York u.a.

Windeler, A. (2001): Unternehmungsnetzwerke. Konstitution und Strukturation. Wiesbaden.

Undercurrents: Postkolonialer Cyberfeminismus, eine Mailingliste und die Netzwerkgesellschaft

Maren Hartmann

1 Einführung

> „[…] the power of flows takes precedence over the flows of power. […] A network is a set of interconnected nodes. […] What a node is, concretely speaking, depends on the kind of concrete networks of which we speak." (Castells 2000a: 500-501)[1]

Die folgenden Seiten sind eine Exploration der von Castells im obigen Zitat aufgeführten „Macht der Flüsse" aus der Sicht der Mikro-Perspektive eines konkreten Netzwerkes. Sinn und Zweck des Artikels sind einfach: Es soll einerseits eine bestehende Theoretisierung von Netzwerken hinterfragen und sie andererseits erweitern. Bezug genommen wird dabei auf Manuel Castells Konzept der Netzwerkgesellschaft (2000a, 2000b). Hervorgehoben werden soll ein spezifischer Punkt, der bei Castells nur angedeutet wird: der des Konfliktes zwischen dem Netz und dem Selbst. Die Hinterfragung geschieht an Hand einer Untersuchung von einer postkolonial-cyberfeministischen Mailingliste mit dem Namen „Undercurrents".[2] Zu diesem Zweck wurde ein Teil der Kommunikation innerhalb dieser Liste analysiert. Die hier präsentierten Annahmen helfen – trotz ihrer Beschränkung durch das Spezifische des Fallbeispiels – diesen bis dato wenig theoretisierten Aspekt des Konfliktes innerhalb des Netzwerkkonzeptes zu hinterfragen. Im Netzwerkkonzept implizit vorhandene Annahmen über neue Technologien werden hierzu kontrastiert mit Erfahrungen eines vernetzten Informations- bzw. Diskussionsflusses in einem spezifischen Kontext. Die darin enthaltene Spannung zwischen *Konzept* und *Erfahrung* ist aufschlussreich. Das spezifische Beispiel der Undercurrents-Mailingliste wurde wegen ihres thematischen Fokus auf feministisch-postkoloniale Vernetzungen und auf Grund des hohen Niveaus an Selbstreflexion ausgewählt. Das Undercurrents-Netz ist sowohl technisch als auch sozial.[3] Während die Mailingliste auf den ersten Blick als ein Paradebeispiel für die weithin proklamierten Möglichkeiten der Netzwerkgesellschaft erscheint, entpuppt sie sich im Laufe der Analyse als exemplarisch insbesondere auch in Bezug auf die *Grenzen* von Vernetzung.

Dem Artikel liegt die Idee zu Grunde, dass die Herausforderungen, mit denen eine *gelebte* Version von Netzwerken und Konnektivität umgehen muss, einen Hinweis darauf liefern, auf welche Herausforderungen die in der Theorie postulierten Annahmen in ihrer Umsetzung generell treffen können.[4] Der Artikel ist explorativer Natur. Eine Hinterfragung steht im Mittelpunkt und nicht die bereits fertige Analyse. Eine erste Inspiration für den Artikel war die von den Herausgebern dieses Buches postulierte Annahme, dass die Konzepte der Netzwerkgesellschaft und der Konnektivität wichtige Konzepte für eine notwendige Erweiterung der Medientheorie darstellen. Gerade in der prinzipiellen Übereinstimmung mit dieser Annahme sind potenzielle Einschränkungen der Konzepte in der Praxis wichtig. Eine weitere Inspiration für den Artikel war ein im Dezember 2002 gehaltener Vortrag. In diesem Vortrag analysierte eine der Undercurrents-Moderatorinnen, Maria Fernandez, die (kurze) Geschichte der Mailingliste aus ihrer Perspektive. Die in dem Vortrag postulierten Probleme von Vernetzung gaben den Anlass, diese Liste im Rahmen der Netzwerkgesellschafts-These näher zu betrachten. Eingebettet ist die Analyse in cyberfeministische und postkoloniale Konzepte einerseits und in Netzwerktheorien andererseits. Diese Konzepte können allerdings jeweils nur kurz eingeführt werden.

Die spezifische Diskussion innerhalb der Mailingliste, die zur näheren Analyse ausgewählt wurde, ist die des „Silencing". In dem hier präsentierten Zusammenhang ist „Silencing" der Prozess, in dem bestimmte Mitglieder einer Mailingliste nach und nach ausgeschlossen werden (oder sich zumindest ausgeschlossen fühlen) und dann die Kommunikation mit der Gruppe beenden. Oft verlassen diese Mitglieder die Liste daraufhin ganz. In der Undercurrents-Liste war „Silencing" nicht nur ein Diskussionspunkt, sondern fand angeblich aktiv statt. Eine Anzahl von Frauen fühlte sich diskriminiert trotz anders gelagerter Vorgaben bezüglich jeglicher Art von Diskriminierung (Rassismus, aber auch andere) im ursprünglichen Mailinglisten-Aufruf: „We want to focus our attention on […] why colonialist symbols and stories that run rampant computerized entertainment culture remain compelling in a supposedly post-colonial and post-racial world" (Undercurrents 2002a). Auch dieser Aufruf konnte nicht verhindern, dass ähnliche Konflikte in Undercurrents auftraten.

Das Kapitel ist im Weiteren folgendermaßen strukturiert: Es beginnt mit einer kurzen Einführung in die Idee der Netzwerkgesellschaft. Die Einführung enthält einen ersten Hinweis auf die Rolle von Konflikten in diesem Konzept. Eine kurze Einführung in den Cyberfeminismus und die postkoloniale Theorie – als thematische Schwerpunkte in der Fallstudie – ist der nächste Schritt. Dem folgt eine Beschreibung der Undercurrents-Mailingliste und eine Darstellung der Analyse des „Silencing" Konflikts innerhalb der Liste. Das Kapitel endet mit einer ersten Einschätzung der Relevanz dieses Fallbeispiels für die Konzeptionalisierung der Netzwerkgesellschaft.

2 Die Netzwerkgesellschaft: Eine kurze Einführung

> „In Netzwerken leben und arbeiten heißt, Erzeugung
> und Austausch von Information in Verbindung und
> Kooperation mit vielen anderen Beteiligten des Netz-
> werks zu betreiben. Das Internet ist als Utopie einer
> solchen offenen, universellen Verbundenheit entstan-
> den." (Iglhaut in Weber 2001: 56)

Netzwerke werden zunehmend als analytische Kategorien in vielen Bereichen relevanter (Rauner 2004). Der Begriff der „Netzwerkgesellschaft" wurde von Manuel
Castells geprägt (Castells 2000a). Er beschreibt eine neue Form sozialer Struktur.
Diese basiert hauptsächlich auf weit reichenden Veränderungen in Ökonomie und
Technologie, was im Endeffekt radikale Veränderungen in den Medien, der Kultur
und den Sozialstrukturen allgemein zur Folge hat. Die bis dahin bestehenden Orga-
nisationsstrukturen von Gesellschaft werden in Frage gestellt. Das diesen Entwicklungen zu Grunde liegende ökonomische Prinzip beinhaltet eine Betonung auf Information, auf ihrer globalen Reichweite und ihrer vernetzten Struktur. Viele dieser
Aspekte sind nicht *per se* neu, aber ihr momentanes Ausmaß ist neu. Damit verändern sich auch die Konsequenzen zum Teil radikal:

„As a historical trend, dominant functions and processes in the information age are
increasingly organized around networks. Networks constitute the new social morphology of
our societies, and the diffusion of networking logic substantially modifies the operations and
outcomes in processes of production, experience of power and culture." (Castells 2000a: 469)

Ein wichtiger Aspekt von Castells Konzept sind die Oppositionskräfte, welche die
Entwicklungen kritisieren und dennoch Teil der Veränderungen sind. Auch sie erreichen eine neue globale Vernetzung, sind aber gleichzeitig den generellen ökonomischen Veränderungen entgegen gesetzte Kräfte. In Castells Netzwerkgesellschafts-
konzept spielt der „space of flows" eine zentrale Rolle. Dies wird beschrieben als
„the technological and organizational possibility of organizing the simultaneity of
social practices without geographical contiguity" (Castells 2000b: 14). Dem zu
Grunde liegt ein Kommunikationsnetzwerk. Ein Netzwerk besteht aus Netzen,
Strängen, Knoten und Kernpunkten. Die verschiedenen Netzwerkstränge treffen in
den Knoten aufeinander. In Castells Vision ersetzt das Kommunikationsnetzwerk
nach und nach die physischen Lokalitäten in ihrer Relevanz für die Organisation des
sozialen Lebens. Die verschiedenen Netzwerke etablieren eine Art von globaler
sozialer Ordnung. Diese Ordnung ist nicht länger an lokale, nationale oder regionale
sozio-politische Entitäten gebunden. Identitäten sind in ähnlicher Weise von ihrer
lokalen Fundierung befreit. Diese neue globale soziale Ordnung muss man sich als
ein Netzwerk mit vielerlei Schichten vorstellen, welches auf den bestehenden Nati-
onengrenzen aufbaut. Dem entsprechend stellen die neuen Strukturen den National-

staat als solches nicht in Frage, aber sie implizieren durchaus eine Reduktion seiner Macht. Die zumindest teilweise entstehende Indifferenz der neuen Formen der sozialen Ordnung in Hinblick auf die etablierten Formen von Identität führen zu einer Spannung. Dabei sind die etablierten sozialen Identitäten (das Selbst)[5] und die neue globale Netzwerkgesellschaft (das Netz) nicht unbedingt kongruent (vgl. Castells 1997: 1-2). Stattdessen charakterisiert die Spannung zwischen beiden die derzeitigen Entwicklungen.

2.1 Die Knotenpunkte

Castells hebt hervor, dass in einem Netzwerk jeder Knotenpunkt von den anderen abhängt und dass sich dementsprechend keine der bekannten Hierarchien entwickeln werden. Er definiert Netzwerke in Hinblick auf ihre Werte als neutral: „But once a network is programmed it applies its logic to all included actors without differentiation. Therefore, networks are value free: ,They can equally kill or kiss: nothing personal'" (Castells 2000b: 16; Landwehr 2002: 5). Diese Neutralität ist fragwürdig oder zumindest problematisch, denn sie zeichnet einen Idealzustand auf. Das Netzwerk wird als separat zu seinen Akteuren beschrieben, ohne dass erklärt wird, wie dies aussehen soll. Castells selbst gibt zu, dass einige Knotenpunkte zeitweilig wichtiger sein können als andere, indem sie über mehr Informationen verfügen. Diese Differenz, so sagt Castells, basiert nicht auf einer intrinsischen Qualität, sondern ist einzig und allein eine zeitweilig vergebene Rolle. Diese wiederum ist Teil dessen, was Castells „Macht der Flüsse" nennt, d.h. die Veränderung von Machtverhältnissen auf Grund der Veränderungen in der Anordnung von Information, Kommunikation und Ökonomie. Statt des Flusses der Macht herrscht nun die Macht des (Kommunikations-)Flusses.

In ähnlicher Weise wird ein Netzwerk von anderen Autoren als Struktur von Verknüpfungen definiert. Jay David Bolter behauptet, dass Netzwerke Gemeinschaft hypertextuell organisieren (Bolter 1997). Bei Bolter werden Verknüpfungen z.B. als Diskussionsstränge in Newsgroups beschrieben. Zusammengesetzt aus den individuellen Mitteilungen werden diese Stränge zu einem Hypertext.[6] Die Verknüpfungen sind demnach dynamisch. Es ergeben sich immer wieder neue Kombinationen und damit auch Sinnstrukturen. Anders ausgedrückt: die Struktur der Netzwerkgesellschaft besteht aus ihrer Konnektivität, d.h. aus ihrer spezifischen Architektur von Verknüpfungen und Flüssen. Das Ganze eine Netzwerk*gesellschaft* zu nennen betont, dass derartige Netzwerke nur bedingt technisch strukturiert sind und dass der Austausch von Ideen das Wichtigste an dieser Art von Netzwerk ist. Diese Art von Konnektivität bedeutet Dialog. Sie beruht auf einem Austausch von Kommunikation und Ideen, von Sinnstrukturen. Bei Bolter drückt sich dies in der Betonung des Textes aus. Der Akteur verschwindet hier hinter dem Hypertext. In Castells „Macht der Flüsse" wird der Austausch von Kommunikation in gewisser Weise als ein Austausch unter Gleichen postuliert, d.h. der Akteur tritt wieder mehr zu Tage. Die

Grundstruktur eines Netzwerkes suggeriert eine gewisse Gleichheit der Knotenpunkte und Castells differenziert auf dieser Ebene kaum zwischen den einzelnen Punkten bzw. Akteuren.

Grenzen der Gleichheit werden aber sichtbar an dem Punkt, an dem Konflikte auftreten. Konflikte sind kein hervorgehobener Aspekt im Konzept der Netzwerkgesellschaft bei Castells. Eine kurze Erwähnung finden Konflikte in einer Zusammenfassung von seinen Ideen, wenn er schreibt, dass soziale Akteure sich frei(willig) in potenziell Konflikt trächtigen sozialen Praktiken engagieren (Castells 2000b: 5). Dies wird aber nicht weiter ausgeführt. Auch die Problematisierungen des Konzeptes durch andere Autoren konzentrieren sich kaum auf diesen Aspekt. Castells betont primär die strukturelle Gleichheit und ignoriert damit die den Netzwerkknoten eigenen Qualitäten.[7] Stattdessen wird Gleichheit (und Kommunikation) angeblich durch die Wahl der gleichen Ziele geschaffen:

„Networks are open structures, able to expand without limits, integrating new nodes as long as they are able to communicate within the network, namely as long as they share the same communication codes (for example, values or performance goals)." (Castells 2000a: 501)[8]

2.2 Konflikte

In der vorliegenden Fallstudie wird der Netzwerkbegriff sehr konkret analysiert: durch die Analyse von Kommunikation innerhalb einer Mailingliste. Die Knotenpunkte in diesem Netz sind schlicht und einfach die Teilnehmerinnen und Teilnehmer an dieser Liste. Zentrale Kernpunkte sind die Moderatorinnen. Wie die Fallstudie zeigen wird, war auch der Ausgangspunkt der Teilnehmerinnen und Teilnehmer in der untersuchten Mailingliste die Betonung der gemeinsamen Werte und Ziele. Man sollte also eine erfolgreiche Netzwerkbildung vermuten. Im Laufe der Zeit aber stellte sich heraus, dass die Differenzen innerhalb der Mailingliste eventuell schwerer wiegen als die Gemeinsamkeiten. Diese Differenzen wiederum führten zu extremen Ausfällen in der Kommunikation. Aus diesem Grund liegt das Hauptaugenmerk dieses Kapitels auf diesen Punkten des Aneinandergeratens. Dies sind die Punkte, an denen der Informations- und Kommunikationsfluss zeitweilig ins Stocken gerät und danach oft in einen verstärkten Kommunikationsfluss mündet. Diese Konfliktpunkte sind wichtig für ein Verständnis der Dynamik von Konnektivität. Konnektivität impliziert, wie bereits angedeutet, Dialog. Das mögliche Ausmaß potenzieller Störungen in solch einem Dialog ist nicht festgelegt, aber ein ‚zuviel' an Konflikt kann den Austausch behindern – und eventuell sogar gänzlich verhindern.[9] Das hier vorgestellte Beispiel der Undercurrents-Liste suggeriert, dass die prinzipielle Gleichheit der Knotenpunkte in einem Netz in Frage zu stellen ist. Stattdessen deutet das Undercurrents-Beispiel darauf hin, dass bestehende Ungleichheiten verstärkt werden. Nicht immer aber bleibt es bei dieser Verstärkung. Der Prozess ist ein dialektisch-dynamischer. Das heißt, dass zugleich die Ungleichheiten öffentlich thematisiert und dadurch in Frage gestellt werden können. Dies geschieht zumindest teilweise dank des cyberfeministischen, postkolonialen Anspruches der Liste.

3 Cyberfeminismus

3.1 Cyberfeminismus als Idee

> „‚CyberfeminismS'[...] can link the historical and phi-
> losophical practices of feminism to contemporary femi-
> nist projects and networks both on and off the Net, and
> to the material lives and experiences of women in the
> New World Order, however differently they are mani-
> fested in different countries, among different classes
> and races." (Wilding 1998)

In seinem weitesten Sinn betont Cyberfeminismus die Nutzung neuer Technologien durch Frauen. Dem Cyberfeminismus liegen Utopien zu Grunde[10], beispielsweise, dass Informationsnutzung online nicht hierarchisch verläuft und dass eine Netzexistenz geschlechtsneutral sein könne (vgl. Kuni 1999: 467). Cyberfeminismus versucht, auf diesen Utopien aufzubauen und neue Umgangsweisen mit der Technologie zu entwickeln. Verspieltheit und Kreativität spielen hierbei eine entscheidende Rolle. Statt sich durch die neuen Technologien entfremdet zu fühlen, sollten diese Technologien als Werkzeuge genutzt werden, mit denen man kreativ sein kann, mit denen man arbeitet und denkt. Dem entsprechend sind viele Cyberfeministinnen Teil der Kunstszene, die mit den neuen Medien arbeitet. Der Begriff des Cyberfeminismus sollte aber keine Illusion von Einheit suggerieren. Cyberfeminismus, wie auch Feminismus, hat viele verschiedene Gesichter und Herangehensweisen. Darum haben bekennende Cyberfeministinnen sich einer klaren Definition des Cyberfeminismus entweder widersetzt oder zumindest damit gespielt. Die deutsche Gruppe „Old Boys' Network" (OBN) – eine Gruppe von Künstlerinnen, die sich mit den neuen Technologien auseinander setzt und diese auch künstlerisch einsetzt – und die Teilnehmerinnen der ersten „Cyberfeminist International", kreierten zum Beispiel eine Liste von 100 Anti-Thesen. Diese besagen, wie man den Cyberfeminismus beschreiben kann – oder eben auch nicht (OBN 1997).[11]

Die Weigerung, sich selbst zu definieren oder auch definieren zu lassen, interpretierte Faith Wilding, selbst eine bekennende Cyberfeministin (und eine Moderatorin der Undercurrents-Liste) als eine profunde Ambivalenz des Cyberfeminismus (Wilding 1998). Die Ambivalenz bezieht sich nicht allein auf den Versuch einer Definition, sondern auch auf die feministische Erbschaft und auf momentane technologische Entwicklungen. Dementsprechend beschloss Wilding, mit einer Negativ-Definition des Cyberfeminismus zu beginnen. Dazu fasste sie gemeinsame Probleme mehrerer cyberfeministischer Ansätze aus ihrer Sicht zusammen:

• die Ablehnung des Feminismus im alten (1970er Jahre) Stil,

• Cybergirl-ismus,

• Netzutopismus und

• die Angst vor politischem Engagement.

Einige dieser Punkte sind eher in einem bestimmten historischen Kontext relevant, aber insbesondere der Kampf mit der feministischen Erbschaft bleibt bis heute ein schwieriger Aspekt des Cyberfeminismus (vgl. Fernandez 2002).[12] Dabei ging es dem Cyberfeminismus nicht so sehr darum, sich von feministischen Zielen abzugrenzen, sondern eher darum, andere Wege zum Ziel zu finden. Auch das erwies sich als schwierig.

Auf einem abstrakteren Niveau kann Cyberfeminismus als eine neue Form von Sprache und Philosophie interpretiert werden, welche existierende Vorstellungen vom Subjekt, von Identität und Selbst mit Hilfe der Technologien in Frage stellt. Der Cyber-Präfix suggeriert Kontrolle und einen Machtzuwachs (vgl. Fenton 2001). Momentan versuchen einige cyberfeministische Projekte, über die Technologien hinaus zu gehen, indem sie sich auf den Körper und andere soziale Markierungen (wie soziale Klasse und Ethnizität) rückbesinnen. In diesem Sinne hat der Cyberfeminismus doch wieder mit ähnlichen Projekten zu kämpfen wie der Feminismus (in alter und neuer Form) und andere Formen des Kampfes gegen Unterdrückung.

3.2 Cyberfeminismus als Geschichte

Wie bereits angedeutet sind viele Cyberfeministinnen in der Cyber-Kunst aktiv. Diese Cyberfeministinnen versuchen, künstlerischen Ausdruck mit cyberfeministischen Ideen zu vereinen. Dies wurde ursprünglich von VNS Matrix, einer Gruppe von vier australischen Medienkünstlerinnen, Anfang der 1990er Jahre begonnen (die Gruppe existierte bis 1997). VNS Matrix und die britische Wissenschaftlerin Sadie Plant (deren Theorien insbesondere für den frühen Cyberfeminismus von Relevanz waren) haben den Ausdruck Cyberfeminismus zu gleicher Zeit geprägt (Sollfrank 2002). Plant proklamierte ein besonderes – und privilegiertes – Verhältnis zwischen Frauen und Computern (Plant 1998). Ihre Beschreibung dieses Verhältnisses war sehr innovativ, aber auch essenzialistisch – weswegen es auch von vielen Cyberfeministinnen im Endeffekt verworfen wurde.

VNS Matrix andererseits machte ihre cyberfeministischen Ansätze in ihrem „Cyberfeminist Manifesto for the 21st Century" bekannt. Dieses Manifest wurde zum ersten Mal 1991 in Adelaide und Sydney verbreitet. Es stellte provokanterweise fest, dass VNS Matrix „the virus of the new world disorder, rupturing the symbolic from within, saboteurs of big daddy mainframe" seien und dass „the clitoris is a direct line to the matrix" (VNS Matrix 1991). Installationen, Ereignisse und öffentliche Kunstwerke, produziert mit vielen verschiedenen Medien, waren Teil ihrer Kunst. Durch diese versuchten VNS Matrix die existierenden Vorstellungen von Dominanz und Kontrolle, d.h. von Macht, in Frage zu stellen. Diese Formen der Macht hatten insbesondere die Hightechkultur bis dahin umgeben. Viele der cyberfeministischen Projekte, die in den 1990er Jahren folgten, waren von diesen Anfängen inspiriert. Sie vermischten Kunstformen, die neue Medien nutzten, mit einer verspielten, aber auch provokativen Version des Feminismus.[13] Manche Projekte folgten auch Plants Idee des besonderen Verhältnisses von Frauen und Computer(-netzwerken).

Praktisch gesehen resultiert der Cyberfeminismus in vielerlei Konferenzen, Workshops, Kollaborationen, Publikationen, Kunstwerken, Mailinglisten und mehr. Obwohl er wegen seinem Mangel an klaren Linien teilweise nicht ernst genommen wurde oder als eines von vielen Labeln für feministische Projekte keine Anerkennung fand, so ist der Cyberfeminismus doch nach wie vor präsent und hat eventuell eine Art Stabilität erreicht. Dabei bringt der Cyberfeminismus diverse Gruppen von Frauen zusammen und ist zum Teil zu explizit politischen Zielen zurückgekehrt.

3.3   Undercurrents als eine cyberfeministische Mailingliste

Eines der erwähnten cyberfeministischen Ereignisse war – vor nicht allzu langer Zeit – die jährlich in Brüssel stattfindende Konferenz „Digitales". Bei dieser Gelegenheit wurde im Dezember 2002 der Vortrag gehalten, der dieses Kapitel inspiriert hat.[14] Diese Konferenz bestand aus Vorträgen, Workshops, Lehrstunden und anderen Formen der Versammlung und des Lernens. Wie andere cyberfeministische Veranstaltungen, war dies eine mit sehr vielen Aktivitäten gespickte Versammlung. Sie richtete sich hauptsächlich an Frauen, die Interesse an neuen Medien haben.[15] Der erwähnte Vortrag wurde von Maria Fernandez präsentiert, einer lateinamerikanischen Kunsthistorikerin, die in den Vereinigten Staaten angesiedelt ist. Sie arbeit an der Cornell Universität und konzentriert sich in ihrer Arbeit vor allem auf postkoloniale Konzepte im Rahmen von Kunstgeschichte. Fernandez ist zudem eine bekennende Cyberfeministin. Ihr Vortrag hatte den Titel „Globalisation and Women's Networks."[16]

Der Vortrag von Fernandez hatte die Mailingliste Undercurrents zum Thema, die seit Februar 2002 aktiv ist. Ursprüngliches Ziel der Liste war es, marginalisierten Frauen ein Forum zu bieten, in dem sie sich mit Gleichgesinnten austauschen können. Dieses war gedacht als ein Ort, an dem dazu Eingeladene ihre Ideen austauschen sollten (statt der üblichen offenen Liste). Auf Grund eines Missverständnisses am Anfang wurde die Listen-Einladung allerdings doch öffentlich gemacht. Daraufhin schrieben sich mehr Personen in die Liste ein, als ursprünglich vorgesehen.[17] Heute hat die Undercurrents-Liste eine begrenzte, aber größer als eigentlich erwünschte Anzahl von Teilnehmerinnen und Teilnehmern.[18] Die Liste ist geschlossen, aber die Archive sind öffentlich zugänglich (vgl. Undercurrents 2002b).[19] Die

Diskussionsliste wurde ursprünglich ins Leben gerufen von Maria Fernandez, Coco Fusco, Faith Wilding und Irina Aristarkhova. Die eigentliche Ankündigung, die sich auf über neun Seiten belief, beinhaltet unter anderem eine Infragestellung der als liberalistisch charakterisierten Version von elektronischer Kultur, die als weit verbreitet angesehen wird. Der Aufruf wirft dementsprechend die Frage auf, inwiefern postkoloniale Ideen nützlich sein können, um dieser Herausforderung zu begegnen. Ein wichtiges Ziel von Undercurrents ist es demnach, die latent rassistische Politik von Netzkultur zu artikulieren und untersuchen. In der ursprünglichen Ankündigung wurde Undercurrents selbst beschrieben als „currents below the surface; hidden opinions or feelings often contrary to the ones publicly shown; electronic communication from other sites; heretofore unspoken questions about the racial politics of net.culture, new media and cyberfeminism" (Undercurrents 2002a). An sich durchaus kein neues Phänomen, so ist der Rassismus doch in der Betrachtung des Cyberspace lange Zeit ein unterbelichtetes Thema geblieben. Die Vorstellung von Rassismus online widerspricht den meisten dominanten Paradigmen über die Natur des Online-Seins. Hier kommt der postkoloniale Anspruch der Mailingliste zum Tragen.

3.4 Undercurrents als eine postkoloniale Mailingliste

In ihrem weitesten Sinne erlaubt postkoloniale Kritik eine Erforschung von Machtverhältnissen in verschiedenen Kontexten. Konkreter betrachtet studieren postkoloniale Theorien oft die Beziehungen und Interaktionen zwischen den europäischen Nationen und den Gesellschaften, die sie kolonialisiert haben. Ein Fokus sind die Leute (und deren Kulturen), die in verschiedener Art und Weise dem Kolonialismus zum Opfer gefallen sind. Postkoloniale Theorie studiert zudem Rassismus in seinen derzeitigen Ausformungen und andere, damit zusammenhängende Fragen. Diese Theorie-Richtung kam zum ersten Mal in den 1970er Jahren auf. Zu diesem Zeitpunkt war ein Großteil der Arbeiten mit Literatur beschäftigt. Heute aber umfasst das Feld eine ganze Reihe von kulturellen und politischen Aspekten. Der Ausdruck ‚postkolonial' wirft zudem die Frage auf, inwiefern die früheren Kolonien nicht nur gewisse Erfahrungen, sondern auch bestimmte Qualitäten teilen. In den Studien treten oft sehr unterschiedliche Erfahrungen und Qualitäten zu Tage, die auf die verschiedenartigen Ausformungen von Kolonialisierung verweisen. Die Frage nach potenziellen Gemeinsamkeiten ist damit aber noch nicht völlig aus der Welt.

Außer auf die Literatur konzentriert sich die postkoloniale Theorie vor allem auf Themen wie die der Migration, der Identität, von Geschlecht und von Repräsentation. Das Marginale spielt eine wichtige Rolle. Ausdrücke imperialistischer Herrschaft (aber auch verschiedene Formen von Widerstand dagegen) sind in weit differenzierten Bereichen lokalisiert worden. Diese reichen von der Biologie bis zur Kunstgeschichte. Verschiedene Formen des Widerstandes gegen diese Unterdrückung sind ein wichtiger Fokus. Der postkoloniale Ansatz, der in Undercurrents vorherrscht, ist zudem eine Hinterfragung der Annahme, dass Medientechnologien neutral sind. Stattdessen wird hier angenommen, dass sie entweder eine Erweiterung der alten oder eine neue Version von imperialistischer Unterdrückung darstellen.

4 Der Undercurrents-Konflikt

> „I wish that others could have the courage to speak the way that all of you do in the list. Perhaps [...][they] have understood that no matter how difficult the communication process is, the simple action of acknowledging each others words and position through their posting had marked the ‚difference' of *Undercurrents*." (Mem. 6: 15/06/02)

Diese positive Einschätzung der Undercurrents-Liste reflektiert nur zu einem kleinen Teil die Ereignisse und Meinungen, die dort tagtäglich stattfinden. Neben reinen Informations-Emails gibt es in der Tat einen regen Austausch von Meinungen und Positionen. Dementsprechend setzte sich Fernandez in ihrem „Digitales"-Vortrag mit einigen inhaltlichen Problemen auseinander, die auf der Liste schon in den ersten Monaten ihrer Existenz aufgetreten waren. Die darin aufgezeigten Probleme waren listeninterne Konflikte, die zum ersten Mal im Sommer 2002 ausgebrochen waren. Ähnliche Probleme sind seitdem mehrmals wieder aufgetaucht. In Fernandez Vortrag stand vor allem die Frage im Vordergrund, inwiefern derartige Konflikte konstruktiv seien bzw. sein könnten. In dem Zusammenhang tauchte auch die Frage nach dem Ursprung dieser Konflikte auf. Die Liste war mehrmals von einer Diskussion zum offenen, aggressiven Konflikt gewechselt. Fernandez selbst schien sowohl von der Frequenz als dem Ausmaß der Konflikte enttäuscht zu sein und nahm dies zum Anlass zur Reflektion. Die Konflikte schienen für Fernandez zu unterstreichen, dass Kommunikation über kulturelle Barrieren hinweg problematisch ist, auch dort wo die Technologie grundsätzlich einen einfacheren Austausch von Ideen verspricht. Für Fernandez war (bzw. ist) insbesondere das Ausmaß der Antagonismen der Stein des Anstoßes.

Ursprünglich war Fernandez davon ausgegangen, dass Diskussionen mit Gleichgesinnten wichtig seien. Die Teilnehmerinnen und Teilnehmer an der Undercurrents-Liste aber schienen in ihren Augen im Endeffekt ‚nicht gleich gesinnt genug' zu sein. Impliziert in dieser Feststellung ist die wichtige Frage nach der prinzipiellen Möglichkeit der gleich gestellten Verknüpfung zwischen diesen verschiedenen Personen. Dadurch stellt Fernandez die Gleichheit der Netzwerk-Knotenpunkte an sich in Frage. Die von ihr gewünschte Voraussetzung für eine gelungene Kommunikation, d.h. die Gleichgesinntheit der Kommunizierenden, klingt dem zuvor erwähnten Zitat von Castells sehr ähnlich: „New nodes can be included if they share the same communication codes, for example if they have the same goals" (Castells 2000b: 16). In Undercurrents wurde dieses gemeinsame Ziel scheinbar vorausgesetzt bzw.

erwartet, aber nur teilweise erreicht. Fernandez Enttäuschung und auch der sonstige Ton der Debatte legen dies nahe. Eine weiterreichende Gleichgesinntheit aber birgt das Problem in sich, dass es mögliche Vernetzungen prinzipiell begrenzt.

4.1 „Silencing" in der Undercurrents-Liste

Die Debatte über „Silencing", die so weitreichende Reaktionen hervor rief, kam zuerst im August 2002 auf und dauerte ursprünglich nur ein paar Tage. Sie ist allerdings auf verschiedene Art und Weise (und unter anderen Bezeichnungen) vorher und nachher mehrmals wieder in Undercurrents aufgetreten.[20] Die ursprüngliche Frage des „Silencing" wurde an einem bestimmten Punkt erweitert auf die Frage nach dem akzeptablen Ausmaß von Konflikt innerhalb einer Mailing- bzw. Diskussionsliste.[21] Darin enthalten sind Fragen nach der Natur der Interaktionen und über die Rolle von privater Kommunikation innerhalb eines solchen semi-öffentlichen Raumes einer Mailingliste.

Die besagten Emails kamen ursprünglich insbesondere von zwei Frauen auf der Liste, von denen beide Moderatorinnen sind. Die eine ist Coco Fusco, eine schwarze Künstlerin und Wissenschaftlerin kubanischer Herkunft. Die andere ist die bereits erwähnte Faith Wilding, eine weiße Künstlerin und Wissenschaftlerin, die ursprünglich aus Paraguay stammt, aber nun – wie Coco Fusco – in den USA lebt und arbeitet. Diese zwei Frauen sind auch weiterhin im Zentrum des Konflikts geblieben, aber die Auswirkungen der Diskussion sind sehr viel weitreichender als dass sie nur diese zwei betreffen würden. Oder, wie Fernandez es ausdrückt: „Several participants have been frustrated by misrepresentations and silences. I doubt that these can be explained by the presence or actions of a single person" (Mod. 3: 15/06/02).[22]

Selbst die ersten Emails in dem erwähnten Thread waren bereits emotional und persönlich. Diese Emotionalität und das Persönliche wurden später weitere Diskussionspunkte innerhalb der Liste. Die Debatte begann, als Coco Fusco einen Kommentar zu einer anderen von ihr versandten Nachricht über die Verhaftung einer mexikanischen Journalistin hinzufügte, der folgender Maßen lautete: „For all those on the list who have complained about feeling ‚silenced', please read the following dose of realpolitik" (Mod. 1: 18/08/2002). Fusco bezieht sich hier offensichtlich auf einen bereits erfolgten Gedankenaustausch, in welchen das Thema der „Online-Stille" bzw. „Stummheit" und die Idee des „stumm gemacht Werdens", des „Silencing", angesprochen worden war. Tatsächlich war ein paar Monate früher (im April 2002, kurz nach Beginn der Liste) die erste Debatte über das „Silencing"-Phänomen auf der Liste aufgetreten. Darin wurde unter anderem suggeriert, dass es eventuell für weiße Listenteilnehmerinnen[23] durchaus angemessen sein könne, in gewissen Momenten ohne Stimme in der Liste zu sein, d.h. zu bestimmten Diskursen nichts beizutragen. Diese Idee basierte auf der Vorstellung, dass diese Gruppe von Frauen anderswo bereits gehört werde und dass sie etwas von der Position der Unterdrückten lernen könne. Dieser Vorstellung wurde im ersten Moment nicht großartig widersprochen.

Als Antwort auf Fuscos späteren Kommentar aber schrieb Faith Wilding an die Liste, dass die Verhaftung der Journalistin eine Erinnerung daran sein sollte, jegliche Formen eines Prozesses, der andere zum Schweigen bringt, zu verurteilen. Sie fügte aber auch hinzu, dass sie verstört und aufgebracht werde, wenn „[white] women get upset about being called on our racism on the list and then leave the list rather than stay and struggle" (Mod. 2: 18/08/2002). Hier bezieht sie sich direkt auf Coco Fuscos Email (und andere, die bereits in diesem Zusammenhang geschickt worden waren). Obwohl Wilding es nicht direkt ausspricht, wird klar, dass sie Fusco anklagt, andere Listenteilnehmerinnen zum Schweigen gebracht zu haben, in einer Form von ‚umgekehrtem Rassismus'. Dieser erste, emotional durchaus geladene Austausch führte im folgenden zu weiteren Emails sowohl von anderen Listenteilnehmerinnen als auch von den beiden Moderatorinnen selbst (vgl. Undercurrents 2002b).

Eine wichtige Frage war die nach persönlicheren Inhalten im Vergleich zu anderen Arten von Inhalt innerhalb der Liste. Eine andere konstant wiederkehrende Frage war, ob die Referenz auf die eigenen Gefühle und Umstände am Ende von anderen wichtigen Dingen, die eigentlich diskutiert werden müssten, ablenkte. Dies wurde vor allem unter dem Aspekt der Notwendigkeit des Selbst-Bezuges und der Verortung diskutiert. Ganz in der Tradition des Feminismus und Postkolonialismus verhaftet, wurde das Persönliche zum Politischen erklärt. Insgesamt suggerierte die Debatte, dass direkte persönliche Angriffe problematisch seien, aber die Notwendigkeit des persönlichen Bezuges wurde als wichtiger gewertet. Die damit verbundene Verwundbarkeit bzw. auch die notwendige Veränderung im Ton der Diskussion wurden aber nicht im Detail diskutiert.

Die ursprüngliche Diskussion nahm eine weitere Wendung, als die Listenteilnehmerinnen nach Gründen nicht nur für die emotionalen Ausbrüche, sondern auch für das Schweigen anderer fragten: „People only listen and don't speak for different reasons. It might be important to examine the circumstances of this as it operates on this list because I for one have little notion of who is actually on this list and why, why they stay and what they are thinking, what they are looking for?" (Mod. 2: 19/08/2002).[24] Diese Suche nach anderen Teilnehmerinnen und deren Meinungen war ebenso wie das „Silencing" ein immer wiederkehrendes Thema, wie ein anderes Zitat untermauert: „I am deeply curious to know who all of you are, what you do" (Mem. 4: 15/06/02). Dem entsprechend ging das „Silencing" Thema einher mit dem Thema bereits bestehenden Schweigens (und den Versuchen, dieses zu durchbrechen). Jede Teilnehmerin wurde dem entsprechend aufgefordert, das Schweigen zu brechen.

Die Antworten auf diese Aufforderung waren sowohl zahlreich als auch vielschichtig (und so wurde der Kreis des Schweigens zumindest zeitweilig durchbrochen). Manche Gründe für das Schweigen waren zu erwarten, d.h. es wurden persönliche oder andere Umstände (wie z.B. zu viel Arbeit) genannt. Eine Teilnehmerin unterstrich, dass nicht jedes Schweigen gleich auch problematisch sei: Während sie z.b. durchaus an der Debatte interessiert war, hatte sie bis zu diesem Zeitpunkt nicht das Gefühl gehabt, sich beteiligen zu müssen oder zu wollen. Ein anderer genannter Grund aber unterstrich das Ungleichgewicht, welches in der Liste vorzuherrschen scheint: ein Teil des Schweigens nämlich basierte auf Unsicherheit. Diese Unsicherheit bezog sich entweder auf den Ton der Debatte oder auf die – auf unterschiedlichen Wissensebenen aufbauenden – Erwartungen oder auf ähnlichen Gründen (wie z.b. unterschiedliche soziale und kulturelle Umstände). Dementsprechend schrieb eine Frau, dass ihr Schweigen tatsächlich auf der Art und Weise des Debattierens selbst beruhte: „On this list, it seems that every word is analyzed to pieces! [...] Individuals feel [...] that they must somehow defend their personal situation, position, standpoint" (Mit. 1: 19/08/2002). Mit diesem Statement hatte die Teilnehmerin zumindest kurz zeitig ihr Schweigen durchbrochen und einen anderen Standpunkt vertreten. Wichtiger aber ist, dass sie dabei gleich zeitig einen der Kernpunkte dieses Kapitels berührt: die Position, von der aus die Netzwerk-Teilnahme (individueller oder anderer Art) stattfindet, ist sehr wichtig für die Zusammensetzung und die Umsetzung des Kommunikationsflusses. Die Einbettung in persönliche Geschichten – eben noch diskutiert als problematisch – erweist sich hier als besonderes der Liste. Mit der Notwendigkeit eines Standpunktes ist sowohl die Konfrontation mit anderen mit einprogrammiert, aber anscheinend auch eine Art von Austausches, der inhaltliche Weiterentwicklungen erlaubt.

Um einen anderen Aspekt des Arguments bezüglich der Wichtigkeit des Konflikt-Niveaus zu untermauern, hier ein weiteres kurzes Beispiel von der Liste: ein Tiefpunkt in der Debatte wurde ein Jahr nach dem bereits erwähnten Konflikt erreicht. Eine sehr ähnliche Debatte mit verwandten Argumenten tauchte wieder einmal auf der Liste auf. Fusco behauptete in diesem Fall, dass jedes Mal wenn sie Kritik an der Arbeit von [Wildings] Kolleginnen ausgeübt hat: „[...] you have refused to address those criticisms, attacking me ad hominem or claiming that those criticisms are ‚not the point‘. Those are evasions [...]" (Mod. 1: 14/08/2003). Aber auch hier ist es nicht Wilding allein: „I've frankly been surprised by the extent to which all these women have felt personally emboldened to engage in nothing short of libellous attacks on my professional status and capacities offline" (Mod. 1: 14/08/2003). Dies war die Antwort auf einen der problematischsten Momente in der Debatte, in dem Wilding aus Versehen eine private Email an die Liste geschickt hatte, in der sie Fusco eine „superbitch" nannte (Mod. 2: 11/08/2003). Das Argument beruht allerdings nicht auf diesem Versehen bzw. dem damit verbundenen Extrem in der Diskussion.[25] Interessanter ist, dass wieder einmal eine Bewegung von listeninternen Inhalten hin zum Persönlichen stattfand und dass, als Teil dieser Bewegung, mehrere Listenteilnehmerinnen involviert wurden und ihre Meinung zu derartigen Konflikten kund taten. Interessant ist auch, dass von vielen Beteiligten diese Art von Konflikt und Verhalten als (ambivalentes) Problem empfunden wird, es aber zu keiner Lösung kommt. Das Leben der Liste geht weiter, allerdings nicht gänzlich ohne Störung.

5 Konflikt in einer Netzwerkgesellschaft

Es gibt keine einfache Lösung der Konflikte. Im Gegenteil: die „Silencing"-Debatte liefert ein widersprüchliches Resultat. Zunächst kann man festhalten, dass das ursprüngliche Ziel der Listenteilnehmerinnen, durch eine offene Diskussion anders mit der Erfahrung von Diskriminierung umgehen zu lernen, immer wieder in Frage gestellt wird. Trotz des ausdrücklichen Ziels der Liste, diese Kommunikationsweisen herauszufordern, fand Diskriminierung anscheinend auch innerhalb der Liste statt – oder wurde zumindest als solche empfunden.[26] Dass es zunächst in eine andere Richtung als die gewohnte ging (in der Form des ‚umgekehrten Rassismus') ist nur zum Teil relevant. Die Vorurteile sind differenzierter und anders gelagert als die weithin gängigen, aber sie haben dennoch ähnlich spaltende Folgen.

Im Versuch einer positiveren Betrachtung merkten einige Listenteilnehmerinnen an, dass mehrere Themen, die mit diversen Formen von Diskriminierung zu tun haben, explizit in der Liste angesprochen und damit zum Teil aufgebrochen werden (so z.B. die Art und Weise, wie „Whiteness" inszeniert wird). Es wurde möglicherweise ein Lernprozess eingeleitet (und nicht vorausgesetzt, dass dieser bereits stattgefunden habe). Vorhandene Denkmuster wurden aktiv herausgefordert: die Diskriminierung war nicht einseitig; Verschiedenheiten wurden ausdrücklich in die Debatte mit eingebracht; ein Teil des Schweigens wurde – zumindest zeitweilig – durchbrochen und ähnliches mehr. Trotz alledem war für viele Teilnehmerinnen dieser Debatte das Gefühl vorherrschend, dass rassistische und andere Formen der Diskriminierungen auf der Liste bestärkt und eventuell durch das Medium verschlimmert würden. Einige Listenteilnehmerinnen fühlten sich mit ihrer Meinung unterdrückt und verließen die Liste.

Fernandez beschreibt die Besonderheit der Kommunikation in einer derartigen Liste als eine größere Frustration, die aber möglicherweise weniger schmerzlich ist als andere Formen der persönlichen Kommunikation (Face-to-Face, Telefon, etc.). Die Frustration basiert teils auf einem Mangel an körperlichen Kommunikationsformen oder ähnlichen Zeichen. Die gezeigten Gefühle werden nicht von vorhandenen offline Kommunikationsnormen und -konventionen geleitet und schaffen es folglich, stark zu provozieren. Der geringere Schmerz kann durch den bleibenden Abstand in der Kommunikation erklärt werden. Beide Aspekte sind nicht ohne den je anderen zu denken. Zu beiden kommen in diesem Fall die speziellen Themen der Diskussion und die Selbstreflexion hinzu. Sie bringen Erwartungen mit sich, die nicht erfüllt werden. Dementsprechend kann Schweigen online als Gewalttätigkeit erfahren werden, da sie jede Möglichkeit zur Kommunikation abschneidet. Hier hat das Gefühl des ‚Zum-Schweigen-gebracht-Werdens' seinen Ursprung.

Im Allgemeinen bietet eine Mailing- bzw. Diskussionsliste eine andere Kommunikationssphäre als andere Formen der Kommunikation (vgl. Strate 1996). Zur gleichen Zeit operiert diese spezielle Liste nicht auf demselben Anonymitätsniveau wie andere. Viele der Listenteilnehmerinnen wurden zur Teilnahme aufgefordert, weil sie jemandem bekannt waren. Einige der Moderatorinnen (und auch der Teilnehmerinnen) haben sich bereits offline getroffen. Die Probleme, die in der Undercurrents-Liste angetroffen werden, sind folglich sowohl allgemein gültig als auch spezifisch. Die Besonderheit der Liste kann durch ihre cyberfeministische und postkoloniale Ausrichtung, d.h. die theoretischen Herausforderungen, die sie aufwirft, gut beschrieben werden. Die Rolle von Undercurrents als feministische Liste z.b. erklärt gewissermaßen die persönliche Natur der Kommunikation und der Obacht, die angewendet wird, um die eigene Positionierung zu erklären. Sie erklärt auch die Empfindlichkeit in Bezug auf den Ton der Diskussionen, da Selbstreflexivität schon seit langem auf der feministischen Tagesordnung steht. Dies macht diese Liste interessanter, aber auch schwieriger für seine Teilnehmerinnen als viele andere Listen.

Ein anderes Charakteristikum dieser Liste ist das Ausmaß der Konflikte und ihre persönliche Natur. Gefühle dieser Art sind auf verschiedenen Listen anzutreffen, aber die scheinbar unvereinbare Kombination des Interesses aneinander und der gleichzeitigen Angriffe ist in Undercurrents extremer. Dies ist auch der Grund für die Zweifel von Fernandez am Ton der Liste – und in Folge dessen an ihrem gesamten Zweck (vgl. Fernandez 2003). Auch wenn die Liste mit einer Desillusionierung bzgl. der Macht des Internets begann, scheinen viele Teilnehmerinnen nicht im Stande, mit der Wirklichkeit einer Desillusionierung in ihrer eigenen Liste umzugehen. Es entsteht eine zu große Lücke zwischen dem ursprünglichen Ziel und seiner Umsetzung. Reflexivität alleine reicht nicht aus, diese Lücke zu schließen.

Kann die hier vorgestellte Art des emotionalen Engagements klar von anderen Arten der Online-Emotionen (bzw. deren Darstellung) unterschieden werden? Gemeint ist z.B. das „Flaming". „Flaming" ist eine ungefilterte Online-Kommunikation, die auf Anonymität aufbaut. „Flaming" wurde operational definiert als „name calling, swearing, insults, impolite statements, threats and put-downs, crude flirtations of a demeaning or sexually explicit nature, and attacks on groups or individuals" (Baym 2003: 63; vgl. auch Strate 1996). Längere Zeit wurde „Flaming" nur im Rahmen des „cues-filtered-out"-Ansatzes innerhalb der computervermittelten Kommunikation (CvK) betrachtet. Dieser definiert Online-Kommunikation als frei von Kontext und beruft sich auf einen Mangel gegenüber anderen Formen der Kommunikation. Dieser Mangel an gewohnten Hinweisen verändert die Kommunikation. Nancy Baym aber betont, dass ein Großteil der Forschung darauf hinweist, dass „Flaming" und ähnliche Kommunikationsformen durchaus Kontext abhängig sind, da gewisse Normen sich auch im Online-Bereich verschiedenartig und je nach Umfeld entwickeln (Baym 2003: 64). Im Gegensatz dazu wird im „Flaming" die Möglichkeit des Mediums auf Anonymität genutzt, um andere anzugreifen.

In der Undercurrents-Liste hat das Medium insofern Konsequenzen, als das *Ausmaß* des Engagements (insbesondere des persönlichen) eine Veränderung erfährt, nicht aber wirklich die *Natur* des Engagements.[27] Diese Mailingliste zeigt inwiefern Knotenpunkte an sich konfliktreich sind. Sie müssen sich gegenüber anderen Standpunkten behaupten. Die Undercurrents-Listenteilnehmerinnen haben sich zum Ziel gesetzt, über Diskriminierung zu reflektieren und kämpfen dann damit, sie bei sich selbst zu finden. Das Medium scheint zumindest teilweise eine Rolle in der Vermittlung solcher Haltungen zu spielen.

„You [...] have posted a kind of disclaimer, you didn't mean to be so emotional. Perhaps if these ‚emotions‘ were kept in the public arena they could be channelled into constructive dialogues." (Mit. 3: 17/08/2003)

Möglicherweise ist in der Tat mehr Offenheit der erste Schritt in Richtung zur konstruktiven Kommunikation, auf die alle zu hoffen scheinen. Die Bereitwilligkeit, mit Konflikten umzugehen ist ebenso wichtig. Folglich muss die (von Castells und Fernandez) proklamierte Notwendigkeit, mit geteilten Zielen oder anderen gemeinsamen Qualitäten zu beginnen, zumindest ansatzweise zurück gewiesen werden. Eine zu große Übereinstimmung führt zu einem Mangel an Herausforderung und folglich an Entwicklung und Bewegung. Der Konflikt ist (über-)lebenswichtig, aber auch möglicherweise destruktiv für die Konnektivität in einer Netzwerkgesellschaft. Eine mögliche Antwort auf diesen Widerspruch, ist, dass die Extremität der Emotionen sowohl notwendig für den Austausch ist, den diese Liste betreiben wollte, und dass sie zugleich in der Natur von Mailinglisten im allgemeinen begründet liegt:

„List members keep getting upset about things getting personal, yet institutional racism operates on a personal level. [...] The issues that are dealt with here bring up all sorts of things that would get overcomplexified and stagnant perhaps in the environment of a meeting space." (Mit. 2: 19/08/2002)

6 Schlussbemerkungen

Eine Kombination von Themen folgt aus dem bis hierhin diskutierten. Cyberfeminismus, einer der Kernpunkte der analysierten Mailingliste, wirbt für die Vernetzung durch die neuen Medien, insbesondere (aber nicht ausschließlich) für Frauen. In Undercurrents traf diese Vernetzung auf die postkoloniale Theorie (und Praxis) zu. Neben der Vernetzung stehen hier vor allem politische Ziele im Vordergrund. Dieser theoretische Rahmen – bisher nur ganz kurz angerissen – kann helfen, das Aufkommen der Konflikte zu erklären. Ein Aspekt sind die Unterschiede zwischen vielen weißen, westlichen Frauen und vielen nicht-weißen Frauen aus anderen Kulturkreisen. Sie definieren Identität, Erfahrung, Körperlichkeit je anders, meistens in Abhängigkeit von ihren alltäglichen Erfahrungen.

Die ursprüngliche Netzwerktheorie beschreibt Netzwerke als flüssig, dynamisch und flexibel. Sie sollen existierende Formen der Interaktion und Kommunikation in Frage stellen. Macht ist in neuen Mustern arrangiert, denn Netzwerke sind prinzipiell aus gleichwertigen Punkten zusammen gesetzt. In Castells besteht ein Konflikt zwischen individuellen Identitäten (Selbst) und dem globalen Netzwerk. Dies ist einer der Aspekte des hier vorgestellten Konflikts. Aber der Konflikt beginnt früher. Oder, mit den Worten einer Cyberfeministin gesprochen: „Even if technically all people are related on the same level, there are always informational hierarchies which are installed through ‚unofficial‘ communication" (Sollfrank 2002). Und diese Hierarchien führen zu Konflikten. Auch wenn sie notwendig sind, so bedrohen diese Konflikte doch auch die Kommunikation.

Das Neue in dieser Form der vernetzten Kommunikation liegt tatsächlich in der Reduktion von Kontext, aber diese Reduktion ist sowohl komplex als auch vielschichtig. Was fehlt sind weniger die Hinweise auf das direkte ‚wer‘, sondern das ‚wo‘ im Sinne der Situation, des Alltagslebens der Kommunikationspartner. Der Mangel von Kontext gibt durchaus die Chance, Unterschiede konstruktiv auszuloten (weil die Unterschiede zwar spürbar, aber nicht ohne weiteres einordbar sind – deren dynamische Natur ist wichtig). Andererseits aber erlaubt es wiederum derselbe Mangel, dass die Kommunikation in Extreme verfällt. Dies sind nicht die Extreme der Anonymität allein, sondern die Extreme der persönlichen Situation, die nicht ‚sichtbar‘ ist.

Die konfliktreiche und von Situation und Standpunkt abhängige Natur der Knotenpunkte ist eine Herausforderung für die weitere Theoretisierung des Netzwerkkonzeptes. Wenn Castells eine möglicherweise Konflikt geladene Interaktion online als ehrlich („sincere") (Castells 2000a: 389) bezeichnet und annimmt, dass es viel gegenseitige Unterstützung, aber auch viele Opfer in der Online-Kommunikation gibt, reicht diese Beschreibung nicht aus. Zudem ist Castells Erklärung, dass der Fluss von Macht mit der Macht des (Informations-)Flusses ersetzt wird, zu undifferenziert. Statt der versprochenen Verschwindens von Machtstrukturen, entstehen neue. Diese können nur durch einen Ansatz angemessen beschrieben werden, der sich auf vielerlei Ebenen bewegt (so besteht z.B. ein wichtiger Unterschied zwischen Listenteilnehmerinnen und Moderatorinnen). Dies würde einen theoretischen und einen Forschungsansatz beinhalten, welcher diese Komplexität zu reflektieren und die Flüsse zu theoretisieren beginnt. Eine größere Vielschichtigkeit der zu beschreibenden Ebenen ist hier Voraussetzung. Das hier vorgeführte reicht dort auch bei weitem nicht aus.

Postkoloniale Theorie kann möglicherweise einen Weg anbieten, die vernetzte Gesellschaft in Bezug auf ihre Konfliktaspekte hin zu theoretisieren. Da sich postkoloniale Theorien auf das Marginale und Hybride konzentrieren, bieten sie eine hilfreiche Perspektive auf die Schwierigkeiten an, die eine in zunehmendem Maße vernetzte Sozialsphäre zur Folge hat. Dieser theoretische Rahmen erinnert uns daran, dass die unterschiedlichen Knotenpunkte innerhalb des Netzes bei weitem nicht einander gleich gestellt sind und dass Konflikt ein notwendiger und teils produktiver Teil dieses Kommunikationsprozesses ist, der eine andere Dimension erlangt, wenn er online praktiziert wird.

Mögliche Einschränkungen der Vernetzung liegen in der Tatsache begründet, dass viele Aspekte dieser Konflikte nicht gelöst werden können. Sie bleiben nicht nur problematisch, sondern können möglicherweise destruktiv werden. Wie die Undercurrents-Auseinandersetzungen zeigen, erhöht der Fokus auf Inhalte wie Postkolonialismus das allgemeine Bewusstsein auf einer Liste in Hinblick auf Diskriminierung, aber der Ort (symbolisch und real), von welcher die Teilnehmerinnen in dieser Debatte aus teilnehmen, bekommt auch mehr Wirkungskraft. In einer Debatte, in der jeglicher Standpunkt einen konstanten Konfliktstoff darstellt, offeriert die vernetzte Natur der Kommunikation keine sofortige Gleichheit, selbst wenn ein Netzwerk vorhandene Machtverhältnisse in Frage stellt. Dementsprechend impliziert die technologisch vernetzte Natur der Kommunikation nicht notwendigerweise eine inhaltlich vernetzte Natur der Kommunikation. Dieses ist noch einen Schritt entfernt (und in dieser Hinsicht etwas hoffnungsvoller) als die folgende Charakterisierung von Castells, der auch nur eine begrenzte Sicht auf Konflikte bietet:

„[…] patterns of social communication become increasingly under stress. And when communications breaks down, when it does not exist any longer, even in the form of conflictual communication (as would be the case in social struggles or political opposition), social groups and individuals become alienated from each other, and see the other as a stranger, eventually as a threat. In this process, social fragmentation spreads, as identities become more specific and increasingly difficult to share." (Castells 2000a: 3)

Die Netzwerkkonzeptualisierung, wie sie häufig bis dato dargestellt wird, geht noch nicht weit genug in ihrer Komplexität. Sowohl das Konzept an sich als auch die Analyse von Beispielen müssen mehrschichtig gedacht werden. Ein erster Hinweis wurde in diesem Beispiel insofern geliefert, als dass Konflikt als ein Kernelement derartiger Kommunikation charakterisiert wurde. So lange diese Konflikte in einem weiter gefassten Netzwerk von Beziehungen und Meinungen eingebunden sind, bieten sie Chancen der Vertiefung von Vernetzung.

Anmerkungen

1   Als Beispiele für diese Knotenpunkte führt Castells von Börsen bis zu Nachrichtenteams verschiedene Ausformungen auf.

2   Mailinglisten können sowohl primär der Informationsverbreitung oder primär der Diskussion unter den TeilnehmerInnen dienen. Die hier vorgestellte Liste beinhaltet beides, die Betonung liegt allerdings auf der Diskussion.

3   Die hier vorgestellte Art von Netzwerk wurde von Technologien ermöglicht, die in den 1990er Jahren zum ersten Mal eine weite Verbreitung fanden. In ihrer einfachsten Form ist eine Mailingliste eine computerisierte Liste von Email-Adressen, zu denen Informationen gesendet werden können. Dies kann verschiedene Formen annehmen: moderiert oder unmoderiert, offen oder geschlossen, etc. Die hier vorgestellte Liste, wie sich noch zeigen wird, ist eine geschlossene, moderierte Mailingliste mit einem öffentlich zugänglichen Archiv.

4   Castells selbst zielte darauf ab, Theorie durch die Analyse von Praxis zu kommunizieren (Castells 2002: 3). Ich drehe den Prozess sozusagen um, indem ich seine Theorie an Hand einer Analyse von anderen Praktiken hinterfrage.

5   Identitätsveränderungen finden unter anderem auf Grund der wachsenden Anzahl und Bedeutung von den erwähnten alternativen sozialen Bewegungen statt

6   Jay Bolter behauptet, dass die Individuen sich hypertextuell fühlen: Jede(r) ist die Summe aller Verknüpfungen, an der er/sie in dem Moment teilhat. Die wiederum ist nicht leicht in die alltägliche Erfahrung der Nutzer übertragbar.

7   Viele frühe Kommunikationsmodelle haben eine ‚Gleichheit' zwischen den Kommunikationspartnern angenommen und gingen einfach von verschiedenen Rollen für die verschiedenen Akteure im Kommunikationsprozess aus (Sender und Empfänger z.B.). Spätere Theorien haben sich dann eher auf die Machtverhältnisse zwischen den verschie-

denen Akteuren konzentriert. Die Netzwerk-Idee stellt eine neue Herausforderung dar. Insbesondere wegen ihrer dynamischen Natur und ihrer Betonung von Bewegung in Kommunikation, stellt die Netzwerk-Idee existierende Machtverhältnisse radikal in Frage. Diese Herausforderung verhindert Ungleichheit keineswegs, aber sie basiert auf der prinzipiellen Gleichheit von Netzwerk-Knotenpunkten.

8 An anderer Stelle schreibt Castells: „New nodes can be included if they share the same communication codes, for example if they have the same goals. The goals of a network are defined by social actors who try to impose their own goals to the network." (Castells 2000b: 16)

9 Ein ‚zu wenig‘ an Konflikten kann oft produktive Entwicklungen verhindern.

10 Zu den Utopien im Zusammenhang mit dem Internet, vgl. Hartmann 2004.

11 Dies verhindert allerdings nicht, dass andere Autorinnen den Cyberfeminismus mit einem Label versehen und kategorisieren. So zu finden zum Beispiel in der Unterscheidung zwischen radikalem und liberalem Cyberfeminismus (Tsaliki 2001: 84-85).

12 Die meisten cyberfeministischen Projekte würden sich heute nicht mehr mit dem Attribut „cybergirl" identifizieren. Mitte bis Ende der 1990er Jahre war dies allerdings strategisch eine teilweise wichtige Bewegung. In ähnlicher Weise ist der Netzutopismus inzwischen von einem gemeinsamen Verständnis und Ziel zu einer eher attackierten Denkweise geworden (was „Undercurrents" auch ganz klar hervorhebt).

13 Andere wichtige Gruppen innerhalb des Cyberfeminismus waren (und sind) unter anderem das „Critical Art Ensemble" (Faith Wilding gehört dazu) und die Organisatorinnen der „Cyberfeministischen Internationale" (OBN ist hier eine treibende Kraft). Letztere stammt hauptsächlich aus Europa und wuchs insbesondere in den späten 1990er Jahren (nachdem sie an der „Documenta 10" teilgenommen hatten). Das „Critical Art Ensemble" hingegen besteht hauptsächlich aus Frauen, die in den USA ansässig sind. Diese Gruppe ist seit Mitte der 1990er Jahre aktiv.

14 Was die Namensgebung der Konferenz betrifft, teilten die Organisatorinnen im Begleitmaterial mit, dass sie sich ursprünglich auf Begriffe wie Netzwerk oder Bündelung konzentriert hatten, da diese die verschiedenen Organisationsformen von Frauen und Feministinnen gut beschreiben. Auf dieser Ebene zumindest findet hier eine Identifikation mit dem Netzwerk-Konzept statt.

15 Aus der Einladung zitiert: „It is important for women to be able to use technology as a tool, it [...] can open a new space for thinking and creating." (Digitales 2002)

16 Ich habe später mit Maria Fernandez Kontakt aufgenommen, um den Vortrag in schriftlicher Form zu erhalten. Dies war allerdings nicht möglich. Stattdessen wurde ihr Vortrag später von den Konferenzorganisatorinnen als ein Audiofile online zur Verfügung gestellt (Fernandez 2003).

17 Die Ankündigung war von einer der ursprünglich Eingeladenen an eine öffentliche Liste weitergeschickt worden.

18 Die Teilnehmerinnen und Teilnehmer, sofern dies aus den Emails erkennbar ist, sind zu einem großen Teil Frauen, aber nicht ausschließlich.

19 Die Archive der Liste sind unter bbs.thing.net. zu finden. Meine Methode der Analyse individueller Messages scheint der Behauptung Castells, die Netzwerkgesellschaft helfe, den Fluss statt individueller Nachrichten zu visualisieren, zu wiedersprechen. Obwohl ich die Kraft des Flusses nicht verneinen möchte, so vertrete ich dennoch die Ansicht, dass der Fluss der Macht weiterhin wichtig bleibt und nicht ohne die Analyse von Inhalten auskommt – diese allerdings findet man in den individuellen Nachrichten.

20 Vgl. z.B. Coco Fuscos (Mod.1) Email an die Liste am 3/4/2002 und die daran anschliessende Diskussion oder die Diskussion um die „Silencio.Experience" im Juni 2002 (vgl. Undercurrents 2002b).

21 Der Konflikt hatte im Endeffekt ein ähnliches Thema wie der Vortrag von Fernandez und auch das hier präsentierte Kapitel. Trotz dieser Ähnlichkeiten gibt es allerdings Unter-

schiede in den Interpretationsrahmen. Ein Unterschied ist der, dass Fernandez direkt betroffen war von dem dort diskutierten Konflikt, während ich die Position einer distanzierteren Beobachterin einnehmen kann.

22 Die Abkürzungen Mod.X beziehen sich auf die Moderatorinnen, während die Abkürzungen Mit.1 und folgende sich auf andere Listenteilnehmerinnen ohne Moderatorinnenrolle bezieht. Diese Anonymisierung wurde eingeführt, um die ambivalente Rolle der privaten Artikulationen in einer geschlossenen Mailingliste zu unterstreichen, deren Archiv gleichzeitig online zugänglich ist. Meine eigene Position als Autorin dieses Beitrages ist in diesem Kontext die einer privilegierten Voyeurin: als eine weiße, weibliche Europäerin, die an einer Universität angestellt und die nicht Mitglied der Mailingliste ist.

23 Wenn im Folgenden von Listenteilnehmerinnen die Rede ist, so ist dies nicht als ausschließlich, aber vorrangig weibliche Kategorie gemeint.

24 Ähnliche Fragen liegen auch dem Vortrag von Fernandez zu Grunde.

25 Dies kann tatsächlich als eine – wenn auch ungewollte – Form des „Flaming" gelten, auf das in der weiteren Diskussion noch eingegangen werden wird.

26 Dies wurde von verschiedenen Seiten wahrgenommen und kann deswegen nicht einfach ‚Rassismus' genannt werden.

27 Später kann sich dies wiederum auf die Natur des Engagements auswirken.

Literatur

Baym, N.K. (2003): Interpersonal Life Online. In: Lievrouw, L.A./Livingstone, S. (Hrsg.) (2003): Handbook of New Media. Social Shaping and Consequences of ICTs. London.

Bolter, J.D. (1997): Das Internet in der Geschichte der Technologien des Schreibens. In: Münker, S./Roesler, A. (Hrsg.) (1997): Mythos Internet. Frankfurt a.M.: 37-55.

Castells, M. (2000a): The Information Age: Economy, Society and Culture. Vol.1: The Rise of the Network Society. 2. Ausgabe. Oxford.

Castells, M. (2000b): Materials for an Exploratory Theory of the Network Society. In: British Journal of Sociology 51 (1): 5-24.

Castells, M. (2002 [1997]): The Information Age: Economy, Society and Culture. Vol. II. The Power of Identity. Oxford.

Digitales (2002): Conference Handbook. http://www.digitales-online.org/ (Zugriff 02/12/02).

Fenton, J. (2001): Contemporary Surrealism, Dérive and Rêverie in the Passages of Paris. http://www.psychogeography.co.uk/contemporary_surrealism.htm (Zugriff 02/10/01).

Fernandez, M. (2003): Digitales Presentation Audio File. http://constant.all2all.org/%7Edigitales/sound.php (Zugriff am 8/03/04).

Fernandez, M. (2002): Undercurrents: a Dialogue. In: eZine 16 (09) http://www.msstate.ed/Fineart_Online/Backissues/Vol_16/faf_v16_n09/reviews/feature.html (Zugriff 06/12/02).

Hartmann, M. (2004): Technologies and Utopias. The Cyberflâneur and the Experience of ‚Being Online'. München.

Kuni, V. (1999): Die Flaneurin im Datennetz. Wege und Fragen zum Cyberfeminismus. In: Schade, S./Tholen, G.C. (Hrsg.): Konfigurationen. Zwischen Kunst und Medien. München: 467-485.

Landwehr, I. (2002): Netzwerke küssen und morden. http://www.uni-weimar.de/medien/management/frames.html?url=/medien/management/sites/ss2002/netzwerke/netzwerke_scripts.htm (Zugriff 16/02/04).

OBN (1997): 100 Anti-Theses. http://www.obn.org/inhalt_index.html (Zugriff 21/08/02).

Plant, S. (1998): Zeros + Ones. Digital Women and the New Technoculture. London.

Rauner, M. (2004): Ziemlich verknotet. In: Die Zeit 10, 26.2.04: 33-34.

Sollfrank, C. (2002): Cyberfeminism: Revolution. http://www.artwarez.org/aw/content/orange_revo.html (Zugriff 16/06/04).

Strate, L. (Hrsg.) (1996): Communication in Cyberspace. Cresskill.

Tsaliki, L. (2001): Women and New Technologies. In: Gamble, S. (Hrsg.): The Routledge Companion to Feminism and Cyberfeminism. London u.a.: 80-92.

Undercurrents (2004): Mailing List Archives. http://bbs.thing.net/ (Zugriff 16/01/04).

Undercurrents (2002a): Mailing List Announcement. http://lists.c3.hu/pipermail/artinfo/2002-February/000818.html (Zugriff 06/12/02).

Undercurrents (2002b): Mailing List Archives. http://bbs.thing.net/ (Zugriff 06/12/02)

VNS Matrix (1991): Cyberfeminist Manifesto for the 21st Century. http://www.sterneck.net/cybertribe/vns-matrix/ (Zugriff 29/11/02).

Weber, S. (2001): Medien – Systeme – Netze. Elemente einer Theorie der Cyber-Netzwerke. Bielefeld.

Wilding, F. (1998): Where is Feminism in Cyberfeminism? http://www.obn.org/cfundef/faith_def.html (Zugriff 6/10/98).

Auf dem Weg zu einer Netzwerk-Sozialität

Andreas Wittel

1 Einführung

In diesem Aufsatz möchte ich das Phänomen und Konzept einer Netzwerk-Sozialität vorstellen.[1] Der Begriff Netzwerk-Sozialität kann als Gegensatz zu ‚Gemeinschaft' aufgefasst werden. Gemeinschaft erfordert Stabilität, Kohärenz, Einbettung und Zugehörigkeit. Damit verbunden sind starke, lang anhaltende Bindungen, Nähe und eine gemeinsame Geschichte oder Narration des Kollektivs. Netzwerk-Sozialität bildet den Gegensatz zu Gemeinschaft in diesem Sinne. Der Begriff steht nicht für Zugehörigkeit, sondern für Integration und Desintegration. Es geht um eine entbettete Intersubjektivität, die zumindest teilweise aus Kontexten „herausgehoben" ist (Giddens 1984). Es geht um eine unmittelbare Intersubjektivität, die integraler Bestandteil dessen ist, was Rem Koolhaas mit dem Begriff „generic city" bezeichnet (OMA 1995). Es geht um den sozialen Ausdruck einer „flüchtigen Moderne" (Bauman 2000). In einer Netzwerk-Sozialität sind die sozialen Beziehungen nicht narrativ, sondern informativ. Sie basieren nicht auf wechselseitiger Erfahrung oder gemeinsam erlebter Geschichte, sondern vorwiegend auf Datenaustausch und dem Bestreben, ‚auf den neuesten Stand zu kommen'. Netzwerk-Sozialität besteht aus flüchtigen und vergänglichen, aber dennoch wiederholten sozialen Beziehungen; aus kurzlebigen, aber intensiven Begegnungen. Narrative Sozialität fand häufig in bürokratischen Organisationen statt. In der Netzwerk-Sozialität ist die soziale Bindung nicht bürokratisch, sondern informationell; sie entsteht auf einer projektbezogenen Basis, durch die Bewegung von Ideen, durch die Einführung von immer nur vorübergehenden Standards und Protokollen und durch die Schaffung und den Schutz von urheberrechtlich geschützter Information. Netzwerk-Sozialität ist nicht charakterisiert durch eine Trennung, sondern durch eine Kombination von Arbeit und Spiel. Sie wird auf der Basis der Kommunikations- und Transporttechnologie errichtet. Ich vermute, dass die Netzwerk-Sozialität neben der auf Gemeinschaft basierten Sozialität, von der Richard Sennett spricht (1998),[2] emergiert – und sie auf gewisse Weise ersetzt.

Wie der Titel andeutet, ist der theoretische Vorläufer dieses Konzepts Manuel Castells' Begriff einer „Netzwerkgesellschaft" (1996). Castells' Hauptinteresse besteht in dem Entwurf einer Makrosoziologie des Informationszeitalters. Auf der einen Seite setzen sich Netzwerke zusammen aus Subjekten und Technologien, auf der anderen aus den Verbindungen zwischen ihnen. Sie sind offene Strukturen mit der Fähigkeit nahezu grenzenlos zu expandieren, und sie sind hoch dynamisch. Somit sind Netzwerke „geeignete Instrumente für eine kapitalistische Wirtschaft, die auf Innovation, Globalisierung und dezentralisierter Konzentration beruht" (Castells 2001: 529). Ich denke, dass es sich lohnt, diese Makrosoziologie der Netzwerk-gesellschaft in eine Mikrosoziologie des Informationszeitalters zu übersetzen. Das bedeutet, dass ich mich nicht so sehr auf Netzwerke an sich konzentrieren möchte, sondern auf die Herstellung von Netzwerken. Um welche Art von Sozialität geht es im Informationszeitalter?

Mein Interesse an dem Phänomen einer Netzwerk-Sozialität teilt gewisse Ziele mit dem Mainstream sozialer Netzwerkanalyse (Burt 1980), doch es gibt grundle-gende Unterschiede im Hinblick auf den Ansatz. Erstens stellt die gewöhnliche Netzwerkanalyse quantitative Forschung in den Mittelpunkt, während mein Ansatz auf einer ethnografischen Perspektive gründet. Zweitens beschäftige ich mich weder mit Netzwerken an sich und der Mathematik ihrer formalen Eigenschaften, noch mit dem Aufdecken von Modellen sozialer Beziehungen. Mir geht es vor allem um die Herstellung von Netzwerken, um Netzwerken als Praxis. Wie erschaffen, erhalten und verändern Menschen diese sozialen Bindungen? Welche Mittel, Taktiken und Strategien verwenden sie? Welches kulturelle Kapital benötigen sie, um ihr soziales Kapital zu erhöhen? Bourdieu (1986), der den Begriff ‚soziales Kapital' ins Leben gerufen hat, hat konsequent die *Reproduktion* traditioneller sozialer Beziehungen analysiert. Die Annahme liegt auf der Hand, dass soziales Kapital in den neuen Lebensfeldern des Informationszeitalters, die nicht die Reproduktion, sondern die *Produktion* sozialer Beziehungen erfordern, noch weitaus wichtiger ist? (Touraine 1992)

Laut Rosi Braidotti wandeln „tiefgreifende Veränderungen des Systems der ökonomischen Produktion auch die traditionellen Sozialstrukturen" (1994: 5). Der Aufstieg einer Netzwerk-Sozialität ist eng verwandt mit der Entwicklung, die mit Begriffen wie „später Kapitalismus" (Mandel 1973; Jameson 1991), „neuer Kapita-lismus" (Sennett 1998) oder auch jüngst als „New Economy" (Castells 2000; Dyson 1998; Gilder 2000; Kelly 1999; Leadbeater 1999; Shapiro/Varian 1998) bzw. „schwerelose Ökonomie" (Giddens 2001) bezeichnet wurde. Damit verbunden ist auch Foucaults Konzept der Biomacht und Michael Hardts und Antonio Negris „Empire" (2000: xv), eine Herrschaftsform, die „auf allen Ebenen der sozialen Ord-nung operiert und sich dabei bis in die Tiefen der sozialen Welt hinunter ausdehnt". Weiterhin hängt der Aufstieg der Netzwerk-Sozialität zusammen mit der Entwick-lung der Informations- und Kommunikationstechnologien, mit den Prozessen der Globalisierung und Individualisierung und der Tatsache, dass „die moderne Gesell-schaft eine Gesellschaft in Bewegung ist" (Lash/Urry 1994: 252).

Ich habe auf einen Aufstieg der Netzwerk-Sozialität hingewiesen. Man beachte den Begriff Aufstieg. Darin wird ein Prozess angedeutet, und dieser Prozess hat his-torische Wurzeln, und er hat Begrenzungen im Hinblick auf Geografie, Klassen und Industriesektoren. Erstens handelt es sich um keinen neuen Prozess. Tatsächlich sind seine historischen Wurzeln ziemlich alt. Einige Charakteristika der Netzwerk-Sozialität wurden schon in der ersten Hälfte des letzten Jahrhunderts von Kulturtheoretikern wie Georg Simmel und Walter Benjamin beschrieben. Wie ich allerdings später in diesem Aufsatz ausführen werde, ist der Aufstieg der Netzwerk-Sozialität nicht nur ein breiteres und sichtbareres Phänomen als vor einigen Generationen, neu ist daran auch seine Formalisierung, seine Institutionalisierung, sowie die recht schamlos vorangetriebene Verwarung sozialer Beziehungen. Zweitens ist der Aufstieg der Netzwerk-Sozialität besonders sichtbar in urbanen (post-)industriellen Räumen und Milieus. Er ist am sichtbarsten unter der neuen Mittelklasse kulturell gebildeter Menschen, die über Medien- und Computerkompetenz verfügen.

Einer der Bereiche, in dem Netzwerk-Sozialität besonders sichtbar wird, ist die Kulturindustrie, besonders der Bereich der neuen Medien. Die Argumente, die hier präsentiert werden, basieren empirisch auf einem zweijährigen Forschungsprojekt über das Auftauchen der so genannten neuen Medienindustrie in London.[3] Allerdings sind die im Folgenden beschriebenen Praktiken des Netzwerkens nicht bloß ein Phänomen aus dem Feld der neuen Medien. Sie sind in einem breiteren Zusammenhang paradigmatisch für die Informationsgesellschaft. Dieser Aufsatz sollte als Versuch gelesen werden, eine *kulturelle Hypothese* zu untersuchen. Dazu ist er in drei Teile untergliedert. Im ersten Teil möchte ich einige Beispiele vorstellen, die den Aufstieg der Netzwerk-Sozialität dokumentieren. Der zweite Teil besteht in der Kritik einiger Darstellungen über die aktuellen Transformationen von Sozialität. Der dritte Teil ist ein Versuch, das Konzept von Netzwerk-Sozialität zu umreißen.

2 Das Phänomen

2.1 Beispiel: Die neue Medienindustrie als soziales Netzwerk

Vor etwa einem Jahrzehnt begann sich die Branche der neuen Medien – die Konvergenz von Informations- und Kommunikationstechnologien, alten Medien, Kunst und Design – als schnell wachsender Sektor der Informationsgesellschaft herauszubilden. Die neue Medienindustrie ist wie alle Kulturindustrien ein vorwiegend urbanes Phänomen (Indergaard 2000; Pratt 1998; Scott 1997; Zukin 1995). Sie begann als Industriesektor, aber war bald mehr. Sie wurde zu einer Dienstleistung für die gesamte Industrie. Schon lange verfügen ‚Big Players' in allen Industriesektoren über eine Abteilung für neue Medien und die kleinen und mittleren Unternehmen haben wenigstens einige Angestellte, die sich mit den neuen Medien auskennen. Die Branche der neuen Medien unterstützt die Wirtschaft in ihrer Vorbereitung für das digitale Zeitalter. Sie ist dabei, die Wirtschaft in das zu verwandeln, was kürzlich als „New Economy" bezeichnet wurde. (Castells 2000; Dyson 1998; Gilder 2000; Kelly 1999; Leadbeater 1999; Shapiro/Varian 1998) Diese ökonomische Transformation schließt eine Transformation der Arbeitspraktiken ein. Oder, um diesen Punkt zuzuspitzen: Arbeitspraktiken werden zunehmend zu Praktiken des Netzwerkens.

Während die Struktur traditioneller Industriesektoren weitgehend repräsentiert wird durch Physikalität und Materialität (Produkte, Maschinen, Betriebe, Transport- und Liefersysteme), kann man die Struktur des Netzsektors am besten verstehen, wenn man Arbeitsbeziehungen und den Prozess des Netzwerkens als Sozialpraktik betrachtet.[4] Tatsächlich besteht die Besonderheit des Netzsektors darin, dass er hauptsächlich auf der Basis sozialer Beziehungen erschaffen wird, als Bottom-Up-Netzwerk. Im Falle von New York liefern sowohl Indergaard (2000) als auch Pratt (1998) eine detaillierte Analyse der Entstehung des ,Silicon Alley'. Sie zeigen überzeugend, wie die neue Medienindustrie in Manhattan auf der Basis von Netzwerken und Praktiken des Netzwerkens sozial errichtet wird. Dasselbe gilt für Londons neue Medienindustrie.

„In der Cyberspace-Ökonomie wird die Kommodifikation von Waren und Dienstleistungen zweitrangig gegenüber der Kommodifikation von menschlichen Beziehungen" (Rifkin 2000: 97). In der Tat begreifen die Praktiker der neuen Medien Arbeit zunehmend als Netzwerke bzw. soziale Beziehungen und Netzwerken als entscheidende Werkzeuge und Ressourcen für geschäftlichen Erfolg. Sie sprechen von „relationship value", betonen die Wichtigkeit von „networking" und haben ihre Firmen entsprechend reorganisiert: Weg von der Konzentration auf Produkte und hin zu einer Konzentration auf Klienten, Kunden und Nutzer. Pehong Chen, der Geschäftsführer von BroadVision, wurde vom WIRED magazine (Juni 2000: 238) gefragt, was die Einzelhändler falsch machen. Seine Antwort:

„Es ist die schlauere Taktik, 30 Prozent des Lebenszeit-Wertes einer Person gewinnen zu versuchen, statt 30 Prozent des heutigen Marktes. Die Unternehmen verhandeln heute mit ihren Kunden auf der Basis einer kurzfristigen Problemlösung. Aber an einem gewissen Punkt werden sie kapieren, dass Erfolg von der Schaffung von Langzeit-Beziehungen abhängt."

Der „Silicon Alley Reporter", eine der in den späten 1990er Jahren einflussreichsten Zeitschriften auf dem US-Markt über neue Medien und die Netzökonomie, erstellt einmal im Jahr in einer Sonderausgabe eine Rangliste der 100 erfolgreichsten Personen aus Manhattans Netzsektor. Die Rangliste basiert auf fünf Kategorien. Eine von ihnen heißt „ability to network" („die Fähigkeit des Netzwerkens") – ein weiteres Anzeichen dafür, dass Netzwerken zu einer entscheidenden Fertigkeit auf dem konkurrierenden Markt der New Economy wird, dass der wirtschaftliche Erfolg einer Firma tief verflochten ist mit den sozialen Fähigkeiten der für sie arbeitenden Menschen. Scott Kurnit (1997), der Geschäftsführer und Gründer des Internetportals About.com, veröffentlichte in einem der Newsletter Silicon Alley's einen Artikel mit der Schlagzeile: „Creating Virtual Communities: It's the Relationship that Matters." („So entstehen virtuelle Gemeinschaften: Beziehung ist alles.")[5] Der Geschäftsführer von NCCO – einer Londoner Neue-Medien-Agentur – konzentriert sich auf Beziehungen und Beziehungstechnologien als zentrale Geschäftsaktivität:

„Unser Schwerpunkt sind Menschen. Daher besteht die Art der Beratung, die wir anbieten, darin, Kunden zu helfen, die verstehen wollen, was Netzwerken in ihrem Geschäft ausrichten kann und wie sie das Netzwerk nutzen könnten, um ihr Geschäft umzubauen. Es geht um Beziehungen in der Zukunft. Das Netzwerk verleiht allem Priorität. So geschieht Wertsteigerung. Und der wichtigste Weg der Wertsteigerung ist die Schaffung einer Beziehung, für die man sich gerne engagiert und die sensibel auf den Kunden abgestimmt ist."

Im Juni 2000 wurde von der New Yorker Silicon Alley ein dreitägiger ‚Think Tank' organisiert und durchgeführt. Der internationale Generaldirektor von BlueSky International wird mit folgender Bemerkung zitiert: „So wie die Welt immer globaler wird, werden persönliche Beziehungen wichtiger" (Silicon Alley Daily: 1.6.2000)[6]. In logischer Hinsicht kann die Kausalität dieser Bemerkung kaum überzeugen. Aber darauf kommt es nicht an. Hier ist die Tatsache interessant, dass persönliche Beziehungen als immer wichtiger werdend *wahrgenommen* werden. Das bedeutet: Persönliche Beziehungen werden aus dem einfachen Grund immer wichtiger im wirtschaftlichen Bereich, weil immer mehr Praktiker sie als höchst wertvolle geschäftliche Ressource ansehen. Diese Bedeutung von Beziehungen scheint sogar die Wichtigkeit von Verträgen mit Kunden zu mindern. Ein Software-Entwickler erklärt:

„Der Vertrag spielt nahezu keine Rolle, es sei denn wir würden es komplett vermasseln oder sie würden zu absolut unangenehmen Kunden werden und uns kein Geld bezahlen. Wenn man einen guten Kunden hat, dann möchte man eine Fortsetzung der Geschäftsbeziehung. In der Handelssprache möchte man entweder eine Fortsetzung der Geschäftsbeziehung oder man möchte eine Geschäftsempfehlung. Und dies sind die beiden besten Arten von Geschäften die man bekommen kann, weil man bei der Fortsetzung der Geschäftsbeziehung schon weiß, mit wem man es zu tun hat und welche Probleme es geben wird. Die Geschäftsempfehlung ist ein zweischneidiges Schwert. Wenn es sich um Kunden handelt, für die man gerne arbeitet, dann mögen sie einen normalerweise auch so gerne, dass sie einem erzählen, wie die neuen Kunden sein werden."

Diese Verlagerung von einem Fokus auf Produkte zu einem Fokus auf Nutzer und Kunden spiegelt sich auf den Internetseiten der Neue-Medien-Firmen wider. Im Zeitraum zwischen 1995 und 1998 priesen die Agenturen im Bereich der neuen Medien auf ihren Internetseiten besonders ihre Produkte und Dienstleistungen an. Jetzt stellen sie eine Liste ihrer Kunden in den Mittelpunkt. Die Produkte und Dienstleistungen sind beispielsweise auf der Internetseite von Razorfish nahezu versteckt. Diese Verlagerung von Produkten zu Kunden ist allerdings keineswegs begrenzt auf die Internetbranche. Sie ist ebenso in vielen anderen Industriesektoren zu beobachten. Diese Verlagerung kann als letzter Schritt in Richtung flexibler Spezialisierung beschrieben werden.

Die bislang kurze Geschichte von Business-Websites deutet diese Verlagerung ebenfalls an. Zu Beginn ihrer Enstehung, also Mitte der 1990er Jahre, hatten die Internetseiten hauptsächlich die Funktion erweiterter PR- oder Marketing-Werkzeuge. Seit Ende der 1990er Jahre sind sie Schnittstellen geworden, Knoten im Netzwerk, sie ermöglichen Konnektivität. Sie verbinden die User mit der Firma hinter der Website. Die kurze Geschichte der Business-Websites deutet eine Verlagerung in der Funktion an: weg von Repräsentation und hin zu Konnektivität und Interaktivität (Wittel/Lury/Lash 2002). Websites sind ein glänzendes Beispiel für das, was Karin Knorr-Cetina (2000) ein „soziales Objekt" nennt.

Ich möchte hier die These vorschlagen, dass diese Entwicklung hin zu Netzwerken von Konnektivität weit mehr ist als ein Online-Phänomen. Sie scheint ein allgemeineres Charakteristikum der New Economy zu sein. Es geht jedoch nicht nur um einen Wandel der elektronischen Kommunikation. Es geht um einen Wandel der Face-to-Face-Interaktion. Ironischerweise kann diese Face-to-Face-Interaktion gut anhand eines Feldes analysiert werden, das ja geradezu mit verschiedenen Formen technologisch vermittelter Kommunikation identifiziert wird.

Wie bereits gesagt, war Netzwerken immer schon eine wichtige Geschäftspraktik. Neu scheint allerdings die Breite des Phänomens zu sein. Bis vor kurzem war diese Praktik mit der Ebene des höheren Managements verbunden. Sie scheint nun von der Führungsebene und dem höheren Management nach unten durchzusickern: zur „Arbeiterschicht" der kreativen Industrien. Jetzt wird Netzwerken ebenso am Boden als auch an der Spitze der Firmenwelt praktiziert. Ebenso neu erscheinen die explizite Anerkennung der Bedeutung von Netzwerken und die Wahrnehmung sozialer Beziehungen als soziales Kapital. Neu erscheint die Intensität dieser Praktik. Zuletzt, und wie im folgenden Beispiel gezeigt wird, scheint auch die Formalisierung und Institutionalisierung dieser Praktik neu zu sein.

2.2   Beispiel: Networking-Veranstaltungen

In London gibt es ein breites Angebot an Networking-Veranstaltungen in der Branche der neuen Medien. Die meisten dieser Veranstaltungen finden einmal im Monat statt. Sie alle wurden zwischen 1998 und 1999 begründet. Manche dieser Networking-Veranstaltungen, wie „The Cultural Entrepreneurs' Club", „Cybersalon" und „London Virtual Reality Group" stehen der Kunstszene nahe, aber die meisten werden als Teil und Ergänzung der Industrie ausgerichtet. Das bekannteste dieser Netzwerke ist „First Tuesday". Es begann im Oktober 1998 in einem Londoner Pub. Im Juni 2001 hatte „First Tuesday" weltweit mehr als 100.000 Mitglieder. Es griff von London auf andere große Städte in Großbritannien über und breitete sich auch auf europäische und amerikanische Städte aus, so dass es nun in 100 Städten über 46 Länder hinweg operiert. Andere Networking-Gruppen heißen „Digital People", „Chemistry", „New Media Knowledge", „E-Futures", „Surfs Up", „The Ecademy", „NetProZ" und „Boobnight" (Boob = bring our own beer). Zusätzlich tauchten Networking-Gruppen für Frauen wie „Hightech-Wome", „Webgrrls" und „E-Women" auf. Sie haben das Ziel, die männlich dominierte Welt des E-Business zu erobern.

Einige dieser Veranstaltungen sind hochgradig strukturiert und organisiert. Beispielsweise hat „First Tuesday", ein Netzwerk, um Ideen und Geld, Unternehmern und Risikokapital zusammenzuführen, einen besonders effizienten Weg gefunden. Internetunternehmer tragen grüne Abzeichen, Investoren haben rote Abzeichen und Dienstleistungsanbieter bekommen gelbe. Auf diese Weise verliert niemand Zeit, indem er versehentlich mit der falschen Person spricht. Andere Networking-Gruppen (z.B. „Boobnight") bevorzugen eine mehr spielerische Annäherung und sind mehr auf ein entspanntes Knüpfen von Kontakten ausgerichtet als auf einen schnellen Austausch von Geschäftskarten. Einige der Netzwerke sind offen für alle (NetProZ), andere sind eher geschlossen und nur auf Einladung zugänglich. Während einige von ihnen die Aktivitäten des Netzwerkens mit Präsentationen und Diskussionsgruppen verbinden („The Ecademy", „Digital People", „E-Futures"), konzentrieren sich andere vollkommen das Netzwerken.

Was jedoch all diese Netzwerke miteinander verbindet, ist ihre inhärente Ambivalenz. Auf der einen Seite sind sie instrumentell und funktional, auf der anderen Seite sollen sie das Gegenteil suggerieren. Auf der einen Seite ist die Verwarung der sozialen Beziehungen (ein Verkaufsgespräch zu führen, Geldmittel aufzutreiben, Arbeit zu finden) höchst offensichtlich, auf der anderen Seite ist es wichtig, eben diese Kommodifikation zu verbergen, indem man einen Rahmen (Musik, Alkohol, usw.) schafft, der den Leuten ein behagliches Gefühl gibt, der ein irgendwie authentisches Interesse am Leutetreffen suggeriert.

Mit den Worten von „First Tuesday" (www.firsttuesday.com) haben Netzwerke dieselbe Funktion wie ein mittelalterlicher Markt, es geht vor allem um Tausch und Austausch. Diese Vorstellung von Verwarung und Austausch wird auch auf der Website der New-Media-Beratung „Garol", einem Co-Organisator von NetProZ, zum Ausdruck gebracht. Ich zitiere aus einem Artikel mit dem Titel „Get More out of Networks" („Holen Sie mehr aus Netzwerken heraus") (www.garol.com/theview):

„Ein Netzwerk basiert auf einem Schlüsselprinzip – dem Austausch von Währung. Wir sprechen nicht über Geld [...], wir sprechen über Information. Netzwerke gedeihen auf einem komplexen Gefüge aus Wechselkursen und Dispositionskrediten. Für mich mag eine Telefonnummer keinen Wert haben, aber für dich könnte sich das Leben ändern, wenn du sie besitzt, und dich in meine Schuld stellen. Erfolgreiche Netzwerker verstehen dies. Sie spielen diesem Prinzip entgegen, indem sie hier einen Leckerbissen, dort einen kleinen Ratschlag anbieten, und dann ihrerseits Hilfe fordern, wenn sie einen Gefallen gebrauchen können. Aber sie sprechen nicht offen über diese Praxis."

Am Ende des Artikels präsentiert Garol sieben „Top-Tips zum Netzwerk-Management". Einer davon lautet: „Dieb: Klauen Sie nicht die Kontakte anderer Leute. Wenn Ihnen Joe von Jack erzählt, dann bitten Sie ihn, Sie vorzustellen. Gehen Sie nicht einfach selbst hin." In der Branche der neuen Medien ist der Ausdruck „Kontakte klauen" ziemlich verbreitet und kann oft vernommen werden. Die Vorstellung, dass Kontakte geklaut werden können, basiert zwangsläufig auf der Prämisse, sie seien Güter.

Einige dieser Netzwerke haben informelle Regeln für das Netzwerken aufgestellt. „First Tuesday" empfiehlt beispielsweise die Interaktion mit so vielen Leuten wie möglich. Es wird als „schlechte Angewohnheit" betrachtet, so behauptet ein Teilnehmer, „wenn man mehr als fünf oder zehn Minuten mit derselben Person verbringt". Ein anderer regelmäßiger Gast beschreibt die „First Tuesday"-Abende als

„[...] promisk. Die Promiskuität zeigt sich dort unverhüllt. Jedermanns Augen wandern die ganze Zeit umher. Niemand möchte zu kurz kommen. Es ist wirklich wichtig, die Leute so schnell wie möglich unter die Lupe zu nehmen. Auf gewisse Weise ist es wie in einer Schwulenbar ohne Sex."

Warum wird das Netzwerken zu einer solch entscheidenden Praktik für den Netzsektor? Was machen diese institutionalisierten Netzwerke? Sie bringen Aktanten

(Dinge und Menschen) in Umlauf: Erstens bringen sie Informationen und Wissen in Umlauf, zweitens zirkulieren sie Kapital, drittens Arbeit und viertens Kunden und Produkte. Der Netzsektor ist hoch flexibel und hochgradig offen für Veränderung, daher sind Leben und Arbeit für die Mitglieder dieses Sektors wirklich unsicher. Die Übernahme von Risiken ist zu einer Notwendigkeit geworden. Netzwerke liefern Unterstützung. So vermindert das Netzwerken Risiko; es erzeugt Sicherheit. Je größer die Netzwerke sind, umso besser ist es für jeden, der an ihnen teilnimmt (Kelly 1999).

Noch gibt es wenig ethnografisches Wissen über solche Praktiken des Netzwerkens und Networking-Events. Worin bestehen die hauptsächlichen strukturellen Ähnlichkeiten und Unterschiede dieser Networking-Gruppen? Wie wird die Kommodifikation der sozialen Beziehungen in den verschiedenen Gruppen artikuliert (ein Verkaufsgespräch führen, Geldmittel auftreiben, Arbeit finden) und wie wird sie verborgen (Musik, Alkohol). Wie gehen sie mit der Ambivalenz zwischen den instrumentelleren (funktionellen, arbeitsbezogenen) und den zweckfreieren (spielerischen, authentischen) Aspekten dieser Art des Knüpfens von Kontakten um? Sollte man diese Veranstaltungen am besten als Form des „Social Engineering" untersuchen? Gibt es bei diesen Versammlungen Zentren und Peripherien? Welches Machtkonzept liegt diesen Veranstaltungen zugrunde? Wie betreiben die Teilnehmer das Netzwerken tatsächlich? Wie schaffen, erhalten und verändern sie soziale Bindungen? Welche Mittel, Taktiken und Strategien verwenden sie?

2.3 Beispiel: Eine Email-Einladung zur Dinner-Party

Während meiner Feldforschung in Londons Branche der neuen Medien bekam ich eine Email-Einladung zum Abendessen. Der Text lautet:

„Komm doch bitte zu einem Dinner bei mir vorbei. Wir feiern, na ja, alles. (Und ich muss dazu sagen, dass ihr alle mit interessantem und anknüpfungswürdigem Kram beschäftigt seid, aber das wirst du noch entdecken, wenn's losgeht.)"

Die Betreffszeile dieser Email hat einen irgendwie marxistischen Beiklang: „Bewusstsein und Essen". Normalerweise langweile ich die Leser nicht mit meinem Privatleben. Aber diese Einladung ermöglicht es, einige Schlüsselmerkmale der Netzwerk-Sozialität zu identifizieren. Besonders bezeichnend ist der Satz in Klammern.

Erstens suggeriert der Satz, dass die Gäste der Dinner-Party einander nicht kennen. Die Email, die ich bekam, ging auch an neun weitere Menschen, und ich kannte keinen der anderen Geladenen persönlich. Allerdings erschienen mir die meisten der Namen vertraut. Die Gastgeberin der Party hatte sie bei anderen Gelegenheiten erwähnt. Während der Dinner-Party wurde deutlich, dass tatsächlich keiner der Gäste irgendjemanden persönlich kannte. Die Gastgeberin arbeitet für eine IT-Firma in London, ihr Ausbildungshintergrund liegt im Bereich der Schönen Künste, und sie ist stark involviert in Londons Szene der neuen Medien. Es wäre leicht für sie gewesen, Leute einzuladen, die sich bereits kennen. Wir können also vermuten, dass sie ihre Entscheidung, einander unbekannte Leute einzuladen, sehr bewusst getroffen hat.

Zweitens informiert der Satz in Klammern jeden Gast über die Arbeit der anderen Teilnehmer. Nach den Worten der Mitteilung sind wir alle „mit interessantem und anknüpfungswürdigem Kram beschäftigt", und, so fährt die Mitteilung fort, wir werden das „entdecken, wenn's losgeht". Hier wird bereits angedeutet, dass wir alle schließlich eher über unsere Arbeit als über unser Privatleben sprechen werden. Weiterhin wird angedeutet, dass diese Praktik der Verbindung und des Austauschs interessant sein wird und auch nützlich für uns, für unsere Arbeit und unsere Karrieren sein könnte. In der Tat redeten wir bei dem Dinner schließlich über unsere Arbeit. Wir hatten ein wunderbares Essen, langsam aber sicher wurden wir high und betrunken, aber wir ließen keine Sekunde ab von unserem Gespräch über laufende und zukünftige Projekte, über Veranstaltungen, an denen wir teilnahmen, über unsere Ideen, über Netzkunst, Start-Up-Unternehmen und interessante Websites.

Wir haben es hier mit einer Dinner-Party zu tun, die als Networking-Veranstaltung angekündigt und dargeboten wird. Dies führt uns auf den dritten und wichtigsten Grund, warum diese Email von Bedeutung ist. Partys und Dinner-Partys sind und waren selbstverständlich schon immer Schauplätze des Netzwerkens – vom Salon des 19. Jahrhunderts bis zu gegenwärtigen Geschäftsdinners auf der Ebene des höheren Managements. Interessant ist in diesem Fall allerdings die Tatsache, dass die Funktion der Dinner-Party als Networking-Veranstaltung explizit geäußert worden ist, dass die Verbindung zwischen den privaten und den arbeitsbezogenen Aspekten der Dinnerparty schon in der Einladung angesprochen worden ist. Wieder finden wir hier deutliche Worte was die Anerkennung von Beziehungen als soziales Kapital betrifft. Eigentlich ist dies die einzige Information, die wir aus dem Text der Email ziehen können (außer Ort und Zeitpunkt der Veranstaltung). Des Weiteren ist die Tatsache, dass die Gastgeberin des Dinners zur neuen Mittelklasse gehört, ein weiteres interessantes Beispiel für das oben erwähnte Durchsickern reflexiver Praktiken des Netzwerkens von den Eliten (ob kulturelle oder ökonomische Eliten) bis in die neuen Mittelschichten.

2.4 Beispiel: Carole Stone

Das letzte Beispiel ist ziemlich extrem und keineswegs repräsentativ für das soziale Gebiet, über das ich spreche. Allerdings dient es zur Veranschaulichung der historischen Transformationen von Sozialität. Es scheint höchst unwahrscheinlich, dass man vor einer oder zwei Generationen von einem ähnlichen Phänomen hätte berichten können. Im April 2000 erschien im „Guardian" (6.4.2000) als Titelgeschichte in der Beilage G2 ein Artikel zu den Praktiken des Netzwerkens von Carole Stone, die laut Zeitung „London's networking queen" und „Britain's best connected woman" ist. Jeden Monat richtet sie Salonveranstaltungen für 90 Leute aus. Zumindest die

Hälfte von ihnen sind laut dem „Guardian" „regelmäßig in der nationalen Presse". Die monatliche Veranstaltung ist „eine Party, auf die die Gäste alleine kommen, aber in dem sicheren Wissen, dass Stone sich an ihre Namen und Berufe erinnert – und daran, wen auf der Welt sie am liebsten kennen lernen würden –, ganz gleich, wie entfernt sie mit ihr verbunden sind." Immer zu Weihnachten richtet sie eine Party aus, zu der sie 1000 Gäste einlädt. Laut dem „Guardian" hat sie 13.700 Freunde, die sie alle in einer Datenbank archiviert hat. Die Datenbank enthält Informationen über ihren Familienstand, ihre Lebensläufe und über ihre bisherigen Besuche. Im März 2001 brachte sie auch „The Observer Magazine" (18.3.2001) auf der Titelseite. Zu dieser Zeit hatte sie allerdings 14.000 Freunde. Das bedeutet, dass sie es in weniger als einem Jahr geschafft hat, sich 300 neue Freunde zu machen, das ist grob geschätzt ein Durchschnitt von einem neuen Freund täglich.

Zehn Jahre lang war Carole Stone die Produzentin der BBC-Radiosendung „Any Questions?". Jetzt leitet sie eine Medienberatungsagentur. Stone (2000) hat ein Buch mit dem Titel „Networking: The Art of Making Friends" („Networking: Die Kunst, sich Freunde zu machen") veröffentlicht. Im Vorwort schreibt sie: „Sich Freunde zu machen ist eine Kunst – eine Kunst, die man lernen kann" (Stone 2000: 5). Aber es bedeutet auch eine Anstrengung: „Die Anstrengung, die ich dafür aufbringen musste, ist dann […] ein Wesenszug der Kunst, sich Freunde zu machen. Freunde muss man sich machen, sie passieren nicht einfach. Man muss daran arbeiten" (Stone 2000: 7). Sie definiert Freunde als „Menschen, denen du helfen kannst, und Menschen, die dir helfen können – ob auf geschäftlicher oder persönlicher Ebene." Wieder stoßen wir auf das Thema der Instrumentalität und Funktionalität sozialer Beziehungen. Und auf die Themen von Kunst, Geschick, Anstrengung und Arbeit, um soziale Beziehungen zu begründen und zu bewahren.

Stones Buch ist ein How-to-do-Buch. „Wie man vertrauensvoll auf Partys geht, und wie man sie sorgenfrei ausrichtet, wie man eine Brüskierung übersteht und wie man erfolgreich Small-Talk betreibt, wie man seine Freunde vernetzt und wie man sich über alle auf dem Laufenden hält" (Stone 2000: 9). Der letzte Punkt ist selbstredend besonders interessant. Wie hält man sich über 14.000 Freunde auf dem Laufenden? Dazu Carole Stone:

„Es ist wie bei allem anderen, auf das wir uns im Leben verlassen: Man sollte die Wartung nicht zu kurz kommen lassen. Ansonsten wird die Freundschaft zerbrechen, ebenso wie der Zentralheizungsboiler, wenn die Wetteraussichten trübe sind und man dringend ein wenig Wärme bräuchte. Um Freunschaften muss man sich kümmern und sie regelmäßig überprüfen, um sicherzugehen, dass sie in betriebsfähigem Zustand sind." (2000: 157)

Für Stone muss eine Datenbank ein besonders hilfreiches Werkzeug sein. In ihrem Buch erwähnt sie zwar weder die Datenbank noch wie sie sie benutzt. Dennoch ist es nahe liegend, dass die Datenbank – sagen wir im Vergleich zu einer Sammlung von Geschäftskarten – es weitaus leichter macht „Freundschaften zu hegen und pflegen" (Stone 2000: 160), das bedeutet sie regelmäßig zu kontaktieren, „ihre Geburtstage zu erinnern" und ihnen eine „Dankeschönkarte" (Stone 2000: 161) zu schreiben.

Lev Manovich (2001) nennt Datenbanken die dominante symbolische Form des 21. Jahrhunderts. Im Gegensatz zum Bild oder dem Roman, so Manovich, verfügen Datenbanken nicht mehr über eine Narration; kein Anfang, kein Ende, keine Geschichte, keine Hierarchie. Sie sind eine Sammlung von individuellen Notizen, wobei jede davon dieselbe Bedeutung und denselben Status hat. Datenbanken wachsen; sie sind niemals vollständig. Mark Poster (1995) betrachtet Datenbanken aus einer poststrukturalistischen Perspektive und erforscht, wie sie unsere Identitäten neu positionieren. Er analysiert Datenbanken als Diskurs (wobei er sich auf Foucaults Diskursbegriff bezieht): Sie konstituieren Subjektivität außerhalb der Unmittelbarkeit des Bewusstseins. In dieser Hinsicht gibt es eine starke Ähnlichkeit mit dem Panoptikum. Im Gegensatz zum Panoptikum können Datenbanken allerdings Subjektivität in Abwesenheit konstituieren. Datenbanken, so fährt Poster fort, überschreiten und entwerten die Unterscheidung zwischen öffentlich und privat. Zygmunt Bauman (1998), der Posters Vergleich zwischen Datenbank und Panoptikum aufgreift, macht auf einen weiteren Unterschied aufmerksam. Während das Panoptikum vor allem ein Instrument des Staates ist, ist die Datenbank ein Instrument des Marktes. Der Hauptzweck des Panoptikums besteht darin, Disziplin einzuflößen, ein einförmiges Verhaltensmuster aufzuerlegen und die Menschen an den Ort zu binden. Es ist eine Waffe gegen die Differenz. Die Datenbank fördert Differenz, sie ist ein Instrument der Separation, der Selektion und des Ausschlusses. Alle drei Perspektiven legen strukturelle Ähnlichkeiten mit vielen Merkmalen der Netzwerk-Sozialität von Carole Stone nahe.

3 Konzepte der Transformation von Sozialität

In der aktuellen Debatte gibt es mehrere Ansätze, um die Veränderungen von Sozialität zu erfassen. Vor dem Hintergrund der bisherigen Überlegungen möchte ich kurz drei bekanntere Konzepte der gegenwärtigen Transformationen des Sozialen vorstellen und kommentieren.

3.1 Virtuelle Gemeinschaften

Das Wachstum der computervermittelten Kommunikation hat eine schnell wachsende Menge an Literatur hervorgebracht, die versucht, die sozialen Folgen der Informations- und Kommunikationstechnologien (IKT) zu erforschen. Eines der Kernthemen dieser Literatur ist der Begriff der „virtuellen Gemeinschaft". Der Begriff wurde von Howard Rheingold (1994) eingeführt und schnell von den Medien- und Sozialwissenschaftlern aufgegriffen (Turkle 1995; Stone 1995; Jones 1997). Rheingold wird, wie andere Anhänger der virtuellen Gemeinschaft, von einer utopischen Hoffnung angetrieben. Er beginnt mit einer Kritik der gegenwärtigen

Sozialität und behauptet einen Verfall von ‚echtem' Gemeinschaftsleben. Er ist der Ansicht, dass „angesichts des Verlustes des Bewusstseins sozialer Gemeinsamkeiten in Amerika die Notwendigkeit, Gemeinschaftssinn neu zu entwickeln" (1994: 25) besteht. Laut Rheingold geben uns die IKT die Chance, Gemeinschaften wieder zu beleben. Was auf Grund von Mobilität und einer zunehmenden Bedeutung des Konsums verloren wurde, kann jetzt mit Hilfe eines Keyboards, eines Monitors, eines Prozessors und eines Modems wieder aufgebaut werden. Im Cyberspace, so glauben Rheingold und andere, werden wir die öffentliche Sphäre wieder beleben und neue Formen von Gemeinschaft errichten können. Ein Großteil der Literatur über virtuelle Gemeinschaften basiert auf ähnlichen utopischen und techno-deterministischen Perspektiven.

Ich erachte das Konzept der virtuellen Gemeinschaft nicht als besonders hilfreich für das Verständnis der gegenwärtigen Transformationen der sozialen Beziehungen. Es ist in dreierlei Hinsicht irreführend. Erstens verbindet die techno-deterministische Perspektive kulturellen und technologischen Wandel nicht miteinander. Die Annahme, dass ein kultureller Prozess – die Entflechtung von Gemeinschaften – mit technologischen Werkzeugen umgekehrt werden kann, erscheint eher naiv. Oder wie es Kevin Robins (1995: 148) formuliert: „Aller futuristischen Anmaßungen zum Trotz erweist sich Rheingolds Fantasie als grundsätzlich konservativ und nostalgisch."

Zweitens ist der Gebrauch des Begriffs Gemeinschaft im Bezug auf die elektronische Kommunikation zumindest problematisch und verwirrend. Typischerweise und in der Tradition von Ferdinand Tönnies teilen Gemeinschaften eine gemeinsames geografisches Territorium, eine gemeinsame Geschichte, ein gemeinsames Wertesystem und sie sind in einer gemeinsamen Religion verwurzelt. Diese Definition von Gemeinschaft wird von den meisten Kommentatoren, darunter auch Rheingold (1994) verwendet, die einen Verfall von ‚echtem' Gemeinschaftsleben beobachten. In diesem Sinne ist die Verbindung von Gemeinschaft und dem Internet ein Oxymoron. Wenn sie jedoch über Online-Interaktion sprechen, dann beziehen sich die Anhänger der virtuellen Gemeinschaft auf ein recht verschiedenes Gemeinschaftskonzept: Ihr Konzept greift auf den Gedanken der vorgestellten Gemeinschaft (Anderson 1983) zurück und gründet auf Nancys (1991) Argument, dass Gemeinschaften immer konstruiert, niemals automatisch, vorgegeben oder natürlich sind.

Drittens ist der Begriff „virtuell" irreführend, denn er suggeriert eine Verdopplung der Realität. Diese Demarkationslinie zwischen einer so genannten virtuellen Welt und einer realen Welt hat die Debatte um Cyberspace und interaktive Medien in den letzten paar Jahren maßgeblich geprägt. Virilio (1995) zum Beispiel suggeriert, wir stünden vor einem „fundamentalen Orientierungsverlust. [...] Eine Verdopplung der sinnlichen Realität in Realität und Virtualität ist im Entstehen begriffen." Im Gegensatz dazu möchte ich mich für eine Perspektive einsetzen, die die virtuelle oder die Online-Welt nicht von der realen oder der Offline-Welt trennt. In theoretischer Hinsicht ist diese Betonung auf Virtualität problematisch, weil sie die Existenz einer realen Realität nahe legt, einer Realität, die nicht vermittelt ist. Und überzeugend zeigt empirische Forschung, dass Emails, das Online-Chatten, das Surfen im Internet und andere interaktive Praktiken sehr reale Erfahrungen für die Menschen sind (Miller/Slater 2000). Ich habe nicht die Absicht, zu behaupten, dass keine grundsätzlichen Unterschiede einer Online- und einer Face-to-Face-Sozialität bestehen. Um kurz den wichtigsten Unterschied zu erwähnen: In jeder Online-Kommunikation fehlt die gemeinsame und wechselseitige Wahrnehmung des Kontexts. Online-Sozialität kann sich nicht auf exogene (äußere) oder kontextuelle Formen der Strukturation verlassen. Daher muss jede Strukturation von Sozialität endogen (intern) von den Teilnehmern hergestellt werden. Diese Differenzen rechtfertigen jedoch keine theoretische Perspektive, die Realität von virtueller Realität trennt und so eine Verdopplung der Welt konstruiert.

Die folgenden zwei Konzepte sind weitaus grundierter und auch plausibler als die Konstruktion sozialer Science-Fiction in Form der virtuellen Gemeinschaft.

3.2 Die Erosion dauerhafter Beziehungen

Richard Sennett (1998) ist vielleicht der bekannteste Kommentator zum Verfall von langfristigen, nachhaltigen und tiefen Beziehungen. Er konzentriert sich auf den Wandel der Arbeitsorganisation, insbesondere auf die menschlichen Konsequenzen der neuen Arbeitsordnung. Seine Forschungsfrage lautet: Wie können Menschen unter den Bedingungen erhöhter Flexibilität und vermehrter Risiken Bedeutung und Identität entwickeln? Wie können sie dauerhafte und vertrauensvolle Beziehungen aufrechterhalten, und wie können sie eine beständige Narrative in einer Arbeitsumwelt schaffen, die den Wandel anbetet und Routine verachtet? Im Allgemeinen argumentiert er, dass die Ersetzung linearer Zeit durch serielle Zeit (z.B. Kurzzeitprojekte, Kurzzeitverträge) zu einer Reihe von Verlusten führt: Zu einem Vertrauensverlust unter Arbeitskollegen, zu einem Verlust an Engagement für die aktuelle Aufgabe und zu einem Verlust an Loyalität gegenüber der Organisation. Zweifelsohne liegt eine Ironie darin, dass wir in einer Zeit, die von Teamarbeit und Unternehmenskultur charakterisiert wird, keine Zunahme der sozialen Bindungen zwischen den Mitarbeitern sehen können, sondern eher eine Schwächung von ihnen. Informelles Vertrauen, so bemerkt Sennett, benötigt zeitliche Dauer.

Flexibilität ist ein weiteres Merkmal der kurzfristigen Ökonomie. Sie erzeugt eine Toleranz von Fragmentierung und verursacht einen Mangel an Bindung gegenüber Arbeit und Menschen. Netzwerken scheint wichtiger zu werden als die Fähigkeit, sich mit einem Problem auseinanderzusetzen und es zu lösen. Dies gilt ebenso für Angestellte mit einer schwachen Arbeitsidentität wie für hoch motivierte Angestellte. Die wirklich erfolgreichen Angestellten scheinen „die Bilanz des Buchhalters zu vermeiden. ‚Der Trick ist, man darf sich nichts anhängen lassen'" (Sennett 2000: 103). Flexibilität zieht auch die Loyalität zur Firma in Mitleidenschaft. Wenn Angestellte unglücklich werden, ist die Wahrscheinlichkeit höher, dass sie die Organisation verlassen, als dass sie in der Organisation für Verbesserungen kämpfen. Weiterhin beeinflusst Flexibilität Fertigkeiten und Erfahrung. Fertigkeiten werden transportabel und Erfahrung verliert an Wert. Die Fähigkeit, sich schnell auf neue Aufgaben konzentrieren zu können, zählt mehr als das Sammeln von Erfahrung. Wandel wird selbst zu einem Wert, und der Widerstand gegen Wandel wird für ein Zeichen des Scheiterns gehalten. Kurzum: Kurzzeitprojekte, Kurzzeitverträge, flexible Aufgaben und hohe Fluktuationsraten machen es für Angestellte schwer, weiterhin eine gemeinsame Narration zu entwickeln. Loslösung wird benötigt, nicht Einbindung. Ein guter Teamspieler sollte die Fähigkeit haben, von bestehenden Beziehungen zurückzustehen. Das Ergebnis ist nach Sennett eine Erosion der tieferen geteilten Bindungen, von Loyalität, Verantwortung, Vertrauen, von beständigen und tiefen Freundschaften.

Auf gewisse Weise liefert Sennett die Gegengeschichte zur utopischen Beschreibung der virtuellen Gemeinschaften. Seine Beobachtung, dass Freundschaften zunehmend kurzfristig und flexibel werden, ist überzeugend und basiert auf empirischen Fakten. Allerdings zögere ich damit, mich dem pessimistischen Unterton anzuschließen. Sein Fazit, dass dieser Prozess die Entwicklung von Vertrauen, Bindung und Loyalität gefährdet, erscheint mir zumindest bestreitbar. Weiterhin behauptet Sennett implizit, dass diese Transformationen von einer kleinen Elite ins Leben gerufen werden und dass sie gegen die Interessen der Mehrheit geschehen. So übersieht er die Tatsache, dass die Mittelklassen diesen Prozess mitgestalten und aktiv daran mitwirken.

3.3   Postsoziale Beziehungen

Postsoziale Theorien untersuchen das Phänomen einer Desintegration des traditionellen sozialen Universums (Knorr Cetina 2000). Mit einem Fuß basiert die postsoziale Theorie auf der Individualisierungstheorie und mit dem anderen auf der Akteur-Netzwerk-Theorie. Die postsoziale Theorie liefert einen Rahmen, der es erlaubt, beide Theorien zu verbinden. Karin Knorr Cetina streicht „zwei strukturelle Bedingungen westlicher Gesellschaften" heraus. Die erste Bedingung ist der aktuelle Prozess der De-Sozialisation, die zweite besteht in einer gewaltigen Expansion von Objektwelten innerhalb der sozialen Welt. Es ist wichtig festzuhalten, dass die postsoziale Theorie keinen Verfall des Sozialen unterstellt. Stattdessen geht sie von einer Verlagerung der sozialen Aktivitäten weg vom Menschen und hin zu Objekten aus. An dieser Stelle möchte ich die zweite Bedingung – die Ausdehnung der Objekte – auslassen und mich bloß auf die Annahme konzentrieren, wir befänden uns gerade in einem Prozess der De-Sozialisation.

Das Argument eines De-Sozialisationsprozesses steht in einem historischen Kontext, der bis zu den Anfängen von Industrialisierung und Moderne zurückgeht. Moderne ist „verbunden mit dem Zusammenbruch von Gemeinschaft und dem Beginn von Individualisierung." Während Gemeinschaften von sozialer Bedeutung entleert wurden, haben umfangreichere Organisationen diese Bedeutung auf sich gezogen. Modernisierung wird als Expansion von Sozialstrukturen betrachtet. Karin

Knorr Cetina geht davon aus, dass die Expansion von Sozialstrukturen im gegenwärtigen Klima ins Stocken geraten ist. Es zeigen sich sogar ein Verfall und ein Rückgang von Sozialstrukturen und eine Auflösung des Gemeinschaftslebens in der Privatsphäre. Knorr Cetina zieht folgendes Fazit: Soziale Beziehungen verflachen und verdünnen sich.

Die Behauptung, dass eine Auflösung einer einst starken Verbindung zwischen Gemeinschaften oder Organisationen und sozialem Leben stattfindet, erscheint höchst plausibel. Dieses Phänomen wird als De-Sozialisation bezeichnet. Jedoch bin ich mit dieser Bezeichnung zögerlich. Der historische und laufende Prozess der Auflösung von Gemeinschaften und Organisation beinhaltet nicht zwangsläufig einen Rückgang sozialer Prinzipien und Strukturen. Im Gegenteil: Das Beispiel Carole Stone scheint eine Ausweitung (oder zumindest eine Quantifizierung) menschlicher Interaktion anzudeuten. Statt diesen Prozess als De-Sozialisation zu verstehen, geht es meines Erachtens eher um eine Verlagerung von Formen der Sozialität weg von geschlossenen sozialen Systemen und hin zu offenen sozialen Netzwerken erwägen. Sowohl Gemeinschaften als auch Organisationen sind soziale Systeme mit deutlichen Grenzen, mit einem klar definierten Inneren und Äußeren. Netzwerke jedoch sind offen.

Im letzten Teil werde ich versuchen, mein Konzept der Netzwerk-Sozialität weiter zu konkretisieren und einige seiner grundlegenden Dimensionen zu beschreiben.

4 Merkmale einer Netzwerk-Sozialität

4.1 Individualisierung

Individualisierung setzt eine Beseitigung historisch festgeschriebener sozialer Formen und Bindungen voraus, einen Verlust traditioneller Sicherheit im Hinblick auf Rituale, Leitnormen und praktisches Wissen (Beck 1999). Stattdessen müssen Individuen soziale Bindungen aktiv herstellen. Sie müssen Entscheidungen treffen und ihre Präferenzen ordnen. Der Kultursoziologe Gerhard Schulze (1993) beschreibt einen Wandel von „Beziehungsvorgabe" zu „Beziehungswahl". Vorgegebene Beziehungen sind kein Produkt persönlicher Entscheidungen; sie repräsentieren die Sozialität von Gemeinschaften. Im Gegensatz dazu ist Beziehungswahl definiert durch einen höheren Grad an Mobilität, durch translokale Kommunikation, durch Fülle und Überfluss sozialer Kontakte und durch ein subjektives Netzwerk-Management. Ein paar Jahre zuvor beschrieb Touraine (1988) diesen Wandel auf sehr ähnliche Weise. Er spricht über eine Verlagerung von defensiven Identitäten hin zu offensiven Identitäten.

Im Zeitalter der Individualisierung hängt Identität zunehmend vom Bewusstsein von Beziehungen zu anderen Menschen ab (Berking 1996). Netzwerk-Sozialität gründet nicht auf einer geteilten Geschichte oder einer geteilten Narrative. In der Tat wird sie über eine Vielzahl von Erfahrungen und Biografien definiert. Die Branche der neuen Medien umfasst Personen vielfältiger Bildungsstände und kultureller Hintergründe. Die Menschen werden sozusagen aus ihren Kontexten ‚herausgehoben' und in weitgehend entbettete soziale Beziehungsgefüge wieder eingesetzt, die sie gleichzeitig kontinuierlich gestalten müssen. In dieser Hinsicht ist ihre Sozialität distanziert und unmittelbar (Giddens 1990).

Wissensarbeiter und Menschen in der Kulturindustrie sind „nomadisch" im Bezug auf ihre persönliche Biografie und ihre nicht-linearen Arbeitsbiografien (Braidotti 1994). Sie ziehen häufig von einer Firma zur anderen, von einem Beruf zum anderen, wobei sie „Jobs als Event-Organisatoren, Webseiten-Designer, Werbeleute, Marketingberater, Konferenzveranstalter, Zeitschriftenherausgeber, Sponsorship-Koordinatoren, Klub-Promoter, Marktforscher, PR-Manager und verschiedene Beraterjobs vermischen und aufeinander abstimmen" (Benson 1999). Um ein konkretes Beispiel zu geben: Im Oktober 1998 hatte die Londoner Neue-Medien-Firma „Okupi" eine Belegschaft von zehn Angestellten. 18 Monate später war die Zahl der Belegschaft bei 18. Allerdings war nur einer von ihnen schon im Oktober 1998 im Team dabei. Ein weiteres Anzeichen ist die wachsende Anzahl freier Mitarbeiter. Mehr und mehr Menschen arbeiten mit und für Firmen, aber nicht mehr in Firmen. Besessen von einer unternehmensfeindlichen Ideologie und dem Wunsch, nicht an eine einzelne Institution gebunden zu sein, sind freie Mitarbeiter paradigmatisch für eine Arbeitssituation, die von chronischer Produktion und Erhaltung von Netzwerken gekennzeichnet ist. Sie verlassen sich vollkommen auf ihre eigenen Ressourcen an sozialem Kapital.

Ein Aspekt der Individualisierung ist die „Do-it-Yourself-Biografie", die aktive Konstruktion seines eigenen Lebens (Beck/Ziegler 1997), das heißt in dieser Hinsicht die aktive Konstruktion und Rekonstruktion eines sozialen Netzwerks. Man muss die existierenden Kontakte ständig erneuern, auffrischen und aufwerten. Sie werden nicht mehr für selbstverständlich gehalten. Dies ist einer der Gründe, warum Carole Stone jeden Monat 90 Menschen einladen muss. Nur auf diese Art kann sie mit 14.000 Freunden in Kontakt bleiben.

4.2 Kurzfristige und intensive Beziehungen

In der Internet-Branche wie in den meisten anderen Industrie-Sektoren wird die Arbeit zunehmend in Form von Kurzzeit-Projekten organisiert. Sobald ein neues Projekt beginnt, werden die Gespräche (Gespräche innerhalb der Firma ebenso wie Gespräche mit dem Kunden) intensiv, Informationen fließen schnell hin und her, wobei gleichzeitig strenge Schutzmaßnahmen gegen ihre weitere Verbreitung getroffen werden (Boden 1994; Sennett 1998). Für die Dauer des Projekts (normalerweise zwischen ein paar Wochen und mehreren Monaten) arbeiten Leute in den neuen Medien viele Stunden und geben dem Projekt höchste Priorität. Wenn das Projekt zu Ende geht, werden diese Kollaborationen auf kleiner Flamme gehalten, und es werden neue Projekte, Kooperationen und soziale Bindungen begründet oder erneuert.

Die Tendenz zu kurzlebigen aber intensiven, konzentrierten, schnellen und über-beladenen sozialen Bindungen lässt sich auch in Situationen jenseits der Arbeitswelt beobachten. Auf Partys beispielsweise sind die markanten Dimensionen von Netz-werk-Sozialität hochgradig sichtbar – die Flüchtigkeit von Interaktionen, ihre Intensität und die Fluktuation sozialer Konstellationen. Partys sind eine Gelegenheit, mit vielen Menschen in nur wenigen Stunden zu reden. Man muss entscheiden und auswählen, mit wem man reden möchte und für wie lange Zeit. Diese Entscheidun-gen müssen augenblicklich getroffen werden. Aus soziologischer Sicht wäre es nütz-lich, herauszufinden, wie Menschen diese Entscheidungen treffen und auf welcher Basis sie ihre Konversationspartner auswählen.

Die Entwicklung in Richtung kurzlebiger aber intensiver Kontakte ist sogar in der Welt des Dating sichtbar. Speed Dating zum Beispiel, das 1999 in Los Angeles gegründet wurde und sich seither auf eine wachsende Anzahl von Ländern ausge-breitet hat, bietet einen Dienst an, mit dessen Hilfe die Teilnehmer innerhalb von 90 Minuten zehn Menschen treffen können. Wenn die Glocke klingelt, stehen für jedes Date acht Minuten zur Verfügung, dann müssen die teilnehmenden Männer und Frauen für das nächste Date an einen anderen Tisch und zu einer anderen Person wechseln. Nach dem Date beantworten die Teilnehmer auf einem rechteckigen Kärt-chen mit ‚Ja' oder ‚Nein' die Frage, ob sie die Person wieder sehen möchten. Wenn es eine Übereinstimmung gibt, bekommt jeder vom Veranstalter die Telefonnummer des anderen (New York Times: 5.3. 2000: 35).[7]

Die Kurzlebigkeit sozialer Kontakte könnte eine Folge des Überflusses sein. Vielleicht ist es hilfreich, noch einmal auf die Datenbank von „London's Net-working Queen" zurückzukommen. Es ist nicht leicht, mit 14.000 Freunden fertig zu werden. Mit Hilfe einfacher Mathematik lässt sich die Schlussfolgerung ableiten, dass Carole Stone es sich nicht leisten kann, auf individueller Basis zu viel Zeit mit ihren Freunden zu verbringen. Je mehr Freunde man hat, desto weniger Zeit steht für jeden einzelnen zur Verfügung. Hier ein Beispiel aus meiner Feldforschung. Im Februar 2000 nahm ich in New York teil an einer Konferenz von Medienschaffen-den der neuen Medien. Ungefähr 1000 Menschen kamen zu diesem dreitägigen Event. Am Abend des letzten Tages fragte ich einen der Teilnehmer, wie viele Kon-takte er im Laufe des Tages geknüpft hätte. Er antwortete: „Nicht so viele. Heute war ich ein schlechter Netzwerker. Ich habe ungefähr 30 Visitenkarten bekommen." Das Zitat ist aufschlussreich, nicht nur was die Anzahl der Kontakte betrifft, die an einem Tag geknüpft werden. Auch in einer anderen Hinsicht spricht es für sich: Er bezieht – oder sollte ich sagen: reduziert – soziale Kontakte auf den Austausch von Visitenkarten. Ein anderer Teilnehmer erklärte auf derselben Konferenz, warum er die Konferenzgebühr bereitwillig gezahlt hat:

„Ich finde, das Schöne an New York ist, dass so viele Leute einander kennen, einander helfen, einander vorstellen, schließlich dass sie Netzwerke knüpfen. Viele Menschen vergessen einen, wenn sie einen nicht bei solchen Veranstaltungen sehen. New York ist klein, aber zugleich ist es auch sehr groß. Man lebt in derselben Gegend, aber man läuft einander nicht ständig über den Weg, also verliert man irgendwie den Kontakt. Für mich geht es bei diesen Treffen und diesen Konferenzen deshalb darum, wieder gesehen zu werden und andere Leute wieder zu sehen. Man möchte einander grüßen, man möchte, dass sie einen im Hinterkopf behalten, und es gibt normalerweise zweiminütige Gespräche vom Typ: ,Na wie geht's? Wie läuft das Geschäft?' Das genügt vollkommen."

Bauman (1996: 51) stellt diese Entwicklungen in einen größeren Kontext: „Alles scheint sich dieser Tage gegen [...] lebenslange Projekte, dauerhafte Bindungen, ewige Bündnisse, unveränderliche Identitäten zu verschwören. Man kann keine langfristigen Hoffnungen mehr auf seinen Job, seinen Beruf, selbst auf seine Fertigkeiten bauen; man kann darauf wetten, dass die Fertigkeiten früher oder später nicht mehr gefragt sein werden [...] Man kann seine Zukunft weder auf Partnerschaft noch Familie aufbauen: Im Zeitalter „konfluenter Liebe" dauert die Zweisamkeit nicht länger als die Zufriedenheit eines der beiden Partner, von Anfang an besteht das Engagement ,bis auf weiteres', und die starke Bindung von heute verstärkt vielleicht nur die Frustrationen von morgen."

4.3   Von der Narration zur Information

„Information" so Lash (2001), „ist in Zeit und Raum komprimiert. Sie erhebt keinen Anspruch auf Universalität, sondern ist in die Unmittelbarkeit der Einzelheit eingebunden. Information schrumpft oder komprimiert Metanarrationen auf einen bloßen Punkt, ein Signal, ein bloßes Ereignis in der Zeit." Netzwerk-Sozialität spiegelt die Unterscheidung zwischen Narration und Information auf einer mikrosoziologischen Ebene wider. Netzwerk-Sozialität ist nicht in einer gemeinsamen und geteilten Geschichte verwurzelt. Als Folge dieses Verlusts einer geteilten Biografie können sich die Individuen nicht mehr auf eine gemeinsame und geteilte Erfahrung verlassen. Aus diesem Grund sieht Sennett (1998) eine Erosion dauerhafter Freundschaften, von Verantwortung und Vertrauen. Allerdings scheint dies eine offene Frage zu sein. Sicherlich ist es durchaus möglich, dass Vertrauen auf andere Weise in die sozialen Bindungen eingeschrieben wird. Vertrauen gründet dann vielleicht weniger auf kontinuierlichen Arbeitsbeziehungen langer Dauer und mehr auf wiederholten Arbeitsbeziehungen kurzer Dauer; weniger auf dem Wissen über den Charakter einer Person und mehr auf dem Wissen über die Ressourcen einer Person und ihre Position im sozialen Feld. Giddens (in Beck et al. 1994: 186) nennt dies „aktives Vertrauen". Es ist eher eine Sache wechselseitigen Einflusses als wechselseitiger Schicksalhaftigkeit. Soziale Wettbewerbsbeziehungen werden möglicherweise auch informationell, basierend auf Besitz und strategischem Einsatz urheberrechtlich geschützten Wissens. Während Eigentum und Nutzung mancher Arten von Information eine rechtliche Angelegenheit sind (geregelt durch Vertrag, Copyright, Schutzmarke und Patent), werden andere Arten auf weniger formale Weise begriffen: Sie werden in der Praktik des Netzwerkens ausgehandelt (Lury 1993).

Um diese Verlagerung von einer auf Erfahrung basierten Sozialität zu einer informationellen Sozialität zu veranschaulichen, möchte ich noch einmal auf Speed

Dating zurückkommen. Wie erwähnt, haben die Teilnehmer nur acht Minuten Zeit miteinander zu reden, bevor sie entscheiden, ob sie die andere Person wieder sehen möchten. Innerhalb dieser acht Minuten müssen die Teilnehmer Informationen austauschen, anstatt sich etwas zu erzählen. „Was arbeitest du? Woher kommst du? Was ist das aufregendste, was du jemals gemacht hast? Was machst du in deiner Freizeit?" Das sind die Fragen, die nach dem Bericht in der „New York Times" gestellt werden. Diese Fragen sind informationell, der Kontext ähnelt einem Bewerbungsgespräch. Anstelle eines romantischen Dates findet eher ein Datenaustausch statt.

Mobilität und Geschwindigkeit scheinen die Hauptgründe für eine Verlagerung von einer narrativen oder auf Erfahrung basierten Sozialität zu einer informationellen Sozialität. Mobilität deshalb, weil immer mehr Menschen in Bewegung und daher immer woanders sind. Um soziale Kontakte wieder einzurichten, wird es zu einer unerlässlichen Bedingung sozialer Situationen, ,auf den neuesten Stand zu kommen'. ,Auf den neuesten Stand kommen' ist im Wesentlichen informationell. Und die Geschwindigkeitszunahme in sozialen Begegnungen nährt die Entwicklung in Richtung einer informationellen Sozialität zusätzlich. Narrationen benötigen Zeit, Informationen können weitaus schneller ausgetauscht werden.

4.4 Angleichung von Arbeit und Spiel

In der Netzwerk-Sozialität werden die beruflichen Bindungen zunehmend spielerisch. Informationsaustausch ist die eigentliche Infrastruktur der Branche, und die Fähigkeit, die Regeln und Konventionen anzuerkennen, nach denen die Herstellung, die Distribution und der Schutz von Information geschieht, ist entscheidend. Doch dies schließt eine spielerische Arbeitsweise nicht aus. Eine spielerische Einstellung wird häufig durch das Design und die Ausgestaltung der Arbeitsräume angeregt (Goldwasser 2000), die die Beschäftigten ermuntern, das Unerwartete in ihre Büros einfließen zu lassen. Eine solche Einstellung wird auch angeregt durch die Nutzung von Cafés und Kneipen für Arbeitstreffen, wo Spontaneität und zufällige Begegnungen neue Ideen entzünden können oder eine Gelegenheit für die Ausweitung von Netzwerken bieten. „Arbeit muss Spaß machen. Warum soll man sich solche Mühe bei der Arbeit machen, wenn es keinen Spaß macht?" Diese ist eine der am häufigsten zu hörenden Aussagen der Beschäftigten in den neuen Medien, die sich vernehmen lässt. Diese spielerische Einstellung führt zu einer Intensivierung der Arbeit. Sie hören Musik bei der Arbeit, sie nehmen Drogen bei der Arbeit, sie verbringen einen großen Anteil ihrer Arbeitsstunden in Kneipen und Cafés. Und der Zweck hinter dieser Integration des Spielerischen in die Arbeit ist eine bessere Leistung.

Spielen ist verbunden mit Kreativität, Experimentieren und Innovation; es steht im Gegensatz zu Bürokratie und einer protestantischen Arbeitsethik. Einige Kommentatoren verwenden den Begriff „Spielplatz" (Broeckmann 1998; Schwarz 2000), um die Tätigkeiten im Bereich der Kulturindustrien und der digitalen Medien zu beschreiben. Obwohl Spielen eine intentionale Handlung ist, bringt es die Entwicklung einer nicht-zweckbestimmten Rationalität mit sich (Gadamer 1990). Es geht hier um eine Aktivität, die, auch wenn sie immer noch an Regeln gebunden ist, keinen vorgegebenen Zielen untergeordnet ist oder durch die Entwicklungszwänge der Narration begrenzt wird. Somit liefert es die Basis neuer symbolischer Ressourcen am Arbeitsplatz.

Die Angleichung von Arbeit und Spiel entspricht dem Verschwimmen von Grenzen zwischen Arbeit und Privatleben, zwischen Kollegen und Freunden,[8] zwischen Kollegen und Kunden. Aus meiner Feldforschung in Londons neuer Medienindustrie wurde deutlich, dass viele Firmen sehr enge Beziehungen zu ihren Kunden begründet haben. Beide Seiten müssen sich auf eine echte Kollaboration einlassen. In diesen Interaktionen schwinden die Grenzen zwischen Hersteller und Kunden. Manchmal werden die Kunden so tief in den Produktionsprozess mit einbezogen, dass sie ein Teil des Produktionsteams wurden.

Aber die Angleichung von Arbeit und Spiel wirkt sich in beide Richtungen aus. Nicht nur das Spiel dringt in die Arbeit ein, wir erleben auch den Einfall der Arbeit in die Welt des Spiels. Partys, Dinnerpartys, Carole Stones monatlicher Salon, Speed Dating – sie alle sind eng verbunden mit Arbeit. Networking-Events wie „First Tuesday", „NetProZ" und „Chemistry" können als perfekte Symbiose von Arbeit und Spiel, von Instrumentalität und nicht-zweckbestimmter Rationalität betrachtet werden. Auf Partys beispielsweise werden beide Dimensionen besonders effizient miteinander verbunden. Das könnte einer der Gründe für die Popularität von Partys in den Kultursektoren und in der Branche der neuen Medien sein. Viele New-Media-Unternehmen sind sehr bekannt für ihre Partys. Der „Industry Standard", eine Wirtschaftszeitschrift aus San Francisco, ist „für seine Partys am Freitagabend berühmt" („The Guardian": 9.1.2001: 3). Des Weiteren beginnen und enden die meisten Konferenzen in der Branche der neuen Medien mit einer Party. Allerdings sind all diese Partys nicht nur reiner Spaß. Sie sind tatsächlich harte Arbeit, wie David Brooks (2000: 200ff.) humorvoll beschreibt:

> „Bobos (Bürgerliche Boheme, A.W.) haben das letzte Symbol dionysischer Erlösung, die Party, übernommen und es mit Arbeit vermischt. […] Nun sind Partys tendenziell Arbeitspartys; ein Glas weißer Wein oder zwei, ein wenig Netzwerken mit den Herausgebern und Agenten, und dann heißt es ab nach Hause zu den Kindern."

4.5   Technologie

Netzwerk-Sozialität ist insofern eine technologische Sozialität, als sie zutiefst eingebettet ist in die Kommunikationstechnologie, die Transporttechnologie und die Technologien zum Management von Beziehungen. Es geht um eine Sozialität, die auf der Nutzung von Autos, Zügen, Bussen und der U-Bahn, von Flugzeugen, Taxis und Hotels basiert.[9] Und sie basiert auf Telefonen, Faxgeräten, Anrufbeantwortern, Mailboxen, Videokonferenzen, Emails, Chatrooms, Diskussionsforen, Mailinglisten, und Webseiten. Die Transport- und Kommunikationstechnologien liefern die Infrastruktur für Menschen und Gesellschaften in Bewegung.

Eine gemeinschaftsorientierte Gesellschaft verlässt sich nicht so sehr auf Transport- und Kommunikationstechnologien. Netzwerk-Sozialität ist deterritorialisiert, sie ist eine Sozialität in Bewegung, eine Sozialität über Distanz, eine Sozialität, die auf „technogener Nähe" (Beck 2000) basiert. In diesem Aufsatz habe ich mich hauptsächlich auf Face-to-Face-Sozialität konzentriert, es ist allerdings unmöglich, Face-to-Face-Interaktionen von Interaktionen über Distanz zu trennen. In urbanen Räumen wird die Vorstellung einer ununterbrochenen Face-to-Face-Sozialität, die frei von technologischen Hilfsmitteln ist, zu einer Ausnahme. Man betrachte nur die Auswirkungen, die der Vormarsch der Mobiltelefone im letzten Jahrzehnt nach sich zieht. Schwer vorstellbar ist ein Essen von sagen wir vier Geschäftsleuten, ohne dass ein Mobiltelefon klingelt. Das klingelnde Mobiltelefon stört die vorherige Sozialkonstellation und eine neue Konstellation muss geschaffen werden. Diese neue Konstellation ist jedoch vorübergehend. Sie muss neu ausgehandelt werden, sobald das Mobiltelefongespräch zu Ende ist.

Die dritte Technologieform, die für die Entwicklung eines Netzwerks notwendig ist, sind die Technologien zum Management von Beziehungen, das heißt Visitenkarten, Datenbanken in Email-Anwendungen und Datenbanken in Mobiltelefonen. Bis vor kurzem waren Visitenkarten die beliebteste Form, um Informationen über Freunde, Kollegen und Bekanntschaften zu archivieren und zu ordnen. Allerdings werden die Schwächen von Visitenkarten als Technologien zum Management von Sozialbeziehungen zunehmend offenkundig. Erstens und in krassem Gegensatz zur Datenbank gestatten sie nur ein System der Ordnung und Kategorisierung (entweder alphabetisch, zeitlich, oder nach Berufen). Zweitens: Visitenkarten mögen zwar ein hilfreiches Instrument zum Management von Sozialbeziehungen sein, aber sie garantieren nicht, dass der Eigentümer einer Visitenkartensammlung mit allen Karten Personen und Begegnungen in Verbindung bringen kann. Die Größe der Sammlung ist besonders bedeutend: Je größer die Sammlung, um so höher ist die Wahrscheinlichkeit, dass der Eigentümer zusätzliche Techniken anwenden muss, um bei seiner Sammlung den Überblick zu behalten. Die meisten meiner Befragten haben spezielle Strategien entwickelt, um Visitenkarten und Gesichter in Verbindung zu bringen. Ein Befragter hat mir erzählt, dass er auf jeder Visitenkarte Datum und Ort der Begegnung notiert. Eine andere Person schreibt auf die Rückseite der Visitenkarte ein oder zwei Schlüsselworte aus dem Gespräch, das sie geführt hat. Etwas hatten jedoch alle Menschen, mit denen ich gesprochen habe, gemeinsam. Sie gaben zu, dass sie Visitenkarten besitzen, die sie nicht mehr identifizieren können. Es wird interessant sein, zu beobachten, ob die Zunahme der Datenbanken die Attraktivität von Visitenkarten mindern wird.

5 Schluss

Das Phänomen der Netzwerk-Sozialität, so die These dieses Aufsatzes, breitet sich aus. Das Konzept der Netzwerk-Sozialität ist allerdings ziemlich unvollständig. Es ist beachtlich, wie untererforscht Netzwerken als Sozialpraktik bisher ist, es fehlt an empirischen Daten und insbesondere ethnografische Untersuchungen sind notwendig. Einer der Bereiche zur genaueren Betrachtung wäre die *Dichotomie privat-öffentlich*. Wie privat und wie öffentlich sind diese sozialen Verbindungen? Ist es wirklich möglich, die Relation zwischen privat und öffentlich als Dichotomie zu konzeptualisieren oder kann Netzwerk-Sozialität am besten als ein Hybrid verstanden werden, als ein Amalgam aus privaten und öffentlichen Aspekten?

Ein weiterer Bereich, der eine empirische Beachtung verdient, ist die Relation zwischen verschiedenen ‚Kapitalformen' (wirtschaftliches, soziales, kulturelles und symbolisches). Bourdieu (1986) betont die Umwandelbarkeit dieser unterschiedlichen Kapitalformen. Wie wird beispielsweise soziales Kapital in ökonomisches Kapital umgewandelt, übertragen, übersetzt und ausgetauscht? Wie wird der Antagonismus zwischen Funktionalität und Moralität in der Netzwerk-Sozialität neu ausgehandelt?

Ein dritter Bereich, der einer näheren Untersuchung wert ist, betrifft die Mikrodynamik von Netzwerkbeziehungen. Aspekte wie Vertrauen, Loyalität, Macht und Konflikt müssen im Kontext von Netzwerken behandelt und analysiert werden. Eine Strategie, um diese Aspekte besser zu verstehen, könnte in einem Versuch bestehen, die soziologischen und anthropologischen Gruppenstudien einer neuerlichen Prüfung zu unterziehen und diese Befunde mit Praktiken des Netzwerkens in Verbindung zu setzen.

Abschließend: Der Aufsatz erörtert die Hypothese, dass Netzwerk-Sozialität die paradigmatische Sozialform des späten Kapitalismus und der neuen Kulturökonomie werden wird. Nachdem ich das Phänomen einer Zunahme von Netzwerken als Sozialpraktik beschrieben habe und kritisch drei gegenwärtig prominente Theorien über Transformationen von Sozialität vorgestellt habe, habe ich mein Konzept einer Netzwerk-Sozialität skizziert: Es geht um eine Sozialität, die auf Individualisierung gründet und zutiefst in Technologie eingebettet ist; sie ist informationell, kurzlebig aber intensiv und wird durch eine Angleichung von Arbeit und Spiel charakterisiert. Ich glaube, dass einige Merkmale der Praktik des Netzwerkens neuartig sind, etwa die Tatsache, dass diese Praxis in urbanen post-industriellen Räumen weit verbreitet ist; dass ihre Rahmung und ihre Institutionalisierung in Form von Networking-Events, Partys, Konferenzen, Kunsteröffnungen, Mailinglisten und digitalen Diskussionsforen besteht; dass eine zunehmende Verwarung und eine zunehmende Wahrnehmung von sozialen Beziehungen als soziales Kapital festzustellen ist; und schließlich dass Beziehungsmanagement immer wichtiger wird. In der Netzwerk-Sozialität geht es um soziale Bindungen, die ständig produziert, reproduziert und – wie Bauman (2000: 163) hervorhebt – „konsumiert" werden. In der Sozialwissenschaft ist die Behauptung von Neuheit immer ein verzwicktes Unterfangen. Leicht ist es, Einwände gegen eine solche Perspektive zu erheben. Selbstverständlich enthalten alle sozialen Veränderungen Elemente der Kontinuität. Diese kulturelle Hypothese vom Aufkommen der Netzwerk-Sozialität wurde jedoch im Geist der folgenden Bemerkung von Castells erarbeitet: „Schließlich: Wenn es nichts Neues unter der Sonne gibt, braucht man sich auch nicht die Mühe zu machen, darüber zu forschen, nachzudenken und zu lesen" (Castells 2003: 386).

Übersetzung: Christian Lindner

Anmerkungen

1   An dieser Stelle möchte ich Scott Lash danken. Die wichtigsten Argumente dieses Aufsatzes entstanden als Ergebnis eines Dialogs mit ihm.

2   Sennett (1998) bietet ein eindrucksvolles Beispiel für die beiden Arten von Sozialität, die nur durch eine Generation getrennt sind. Das soziale Leben Ricos weist alle Merkmale der Netzwerk-Sozialität auf. Er führt das Leben eines zeitgenössischen Geschäftsmannes, der ständig unterwegs ist. Das soziale Leben seines Vaters basiert jedoch deutlich auf „Gemeinschaft".

3   „Silicon Alleys: Networks of Virtual Objects", so der Titel des Forschungsprojekts (Scott Lash, Dede Boden, Celia Lury, Dan Shapiro und Andreas Wittel), war Teil ESRC Programms „Virtual Society?". Es begann im März 1998.

4   Das bedeutet nicht, dass die neue Medienindustrie frei von Materialität ist. Viele Kommentatoren (Latour 1998; Löfgren 2001) betonen die Materialität der neuen Medienindustrie: Computer, Kabel, Modems usw. Die materielle Basis der neuen Medienindustrie wird dann als Argument gegen eine „schwerelose" oder „leichte Ökonomie" angeführt. Dieses Argument überzeugt bis zu einem gewissen Grad. Jedoch bleibt dabei die Tatsache verborgen, dass die neue Medienindustrie – verglichen mit anderen Industriesektoren – wirklich von einer materiellen Leichtigkeit geprägt ist. Für viele Firmen aus dem Bereich der neuen Medien war es zwischen 1998 und 2000 nicht ungewöhnlich, mehrere Male umzuziehen. Eine solche Häufigkeit findet man in anderen Industriesektoren nicht. Dies ist nur erreichbar, weil diese Firmen mit leichtem Gepäck reisen; alles was sie zum umziehen mitnehmen sind in der Tat Laptops und andere Computer-Ausstattung.

5   Scott Kurnit hat einen BA in Soziologie und Kommunikationswissenschaften und ist dabei, ein ernster Wettbewerber für Portale wie Yahoo oder Excite zu werden, obwohl er viel später begann. Anfang 2000 war die Besucherzahl bei „About.com" auf 8.4 Millionen einzelne Besucher gestiegen. (Silicon Alley Reporter, Februar 2000, Ausgabe 30: 33) „Heute wird About monatlich von einem Fünftel der Online-User besucht. Damit ist die Seite eines der populärsten Ziele im Netz." (http://ourstory.about.com/index.htm)

6   Es wäre nicht sehr schwer, viele weitere ähnliche Zitate hochrangiger Leute aus der Branche der neuen Medien aufzulisten.

7   Zu dem Zeitpunkt, als dieser Aufsatz für eine Zweitveröffentlichung überarbeitet wurde (2005), hat Speed Dating die achtminütige Interaktion in manchen Ländern auf eine bloß dreiminütige Interaktion reduziert.

8   „Es zahlt sich wirklich aus, die Angestellten wie Freunde zu behandeln" lautet die Überschrift eines Artikels in „The Times" (27.7.2000).

9 „The Observer" (4.7.1999: 7) warnte kürzlich, dass wir was den Luftverkehr betrifft „bald
   ins Chaos stürzen werden". Laut „The Observer" bewältigen die zwei Start- und Landebahnen in Heathrow durchschnittlich 85 Flugzeuge pro Stunde, ungefähr 45 landen und
   starten von Gatwick, 35 durchlaufen Stanstead, Luton bewältigt 20, London City 20 und
   Northolt in West-London 12. „Das macht insgesamt 220 Flugzeuge in der Stunde, alle 16
   Sekunden ist eine der Start- und Landebahnen in Betrieb." Nach Angaben des Observer
   wird sich der Luftverkehr im Großraum London in den nächsten 20 Jahren verdoppeln.
   Nehmen wir eine durchschnittliche Fluggastzahl von 200 pro Flugzeug an (eine eher
   geringe Schätzung), dann erreichen oder verlassen gegenwärtig mehr als eine Million Passagiere London am Tag. Diese Entwicklung geht auf das massive Wachstum des Touris-
   mussektors zurück (Urry 1990), aber vielleicht noch mehr auf den Anstieg geschäftlicher
   Mobilität. Pico Iyer (2000) veröffentlichte kürzlich einen ethnografischen Bericht über die
   Auswirkungen eines zunehmenden Bedarfs an Mobilität. Dieser Bericht ist eine Untersuchung von Leben auf dem Sprung und einer Welt voller Hotels, Flughäfen und Ein-
   kaufszentren.

Literatur

Anderson, B. (1983): Imagined Community: Reflections on the Origin and Spread of Nationa-
   lism. New York.
Bauman, Z. (1996): Morality in the Age of Contingency. In: Heelas, P./Lash, S./Morris, P.
   (Hrsg.): Detraditionalization: Critical Reflections on Authority and Identity. Oxford.
Bauman, Z. (1998): Globalization: The Human Consequences. Cambridge.
Bauman, Z. (2000): Liquid Modernity. Cambridge.
Beck, S. (Hrsg.) (2000): Technogene Nähe. Berlin.
Beck, U. (1999): Individualization. London.
Beck, U./Giddens, A./Lash, S. (1994): Reflexive Modernisation: Politics, Tradition and Aes-
   thetics in the Modern Social Order. Cambridge.
Beck, U./Erdmann-Ziegler, U. (1997): Eigenes Leben. Ausflüge in die unbekannte Gesell-
   schaft, in der wir leben. München.
Benson, R. (1999): Flexecutives. The Guardian: 4.2.1999.
Berking, H. (1996): Solidarity Individualism: The Moral Impact of Cultural Modernisation in
   Late Modernity. In: Lash, S./Szerszynski, B./Wynne, B. (Hrsg.): Risk, Environment and
   Modernity. London.
Boden, D. (1994): The Business of Talk: Organizations in Action. Cambridge.
Bourdieu, P. (1986): The Forms of Capital. In: Richardson, J.G. (Hrsg.): Handbook of Theory
   and Research for the Sociology of Education. New York.
Braidotti, R. (1994): Nomadic Subjects: Embodiment and Sexual Difference in Contemporary
   Feminist Theory. Columbia..
Broeckmann, A. (1998): Towards a European Media Culture – which Culture, which Media,
   which Europe? http://www.v2.nl/~andreas/texts/1998/europeanmedia-en.html
Brooks, D. (2000): Bobos in Paradise. The New Upper Class and How They Got There. New
   York.
Burt, R. (1980): Models of Network Structure. In: Annual Review of Sociology (6): 79-141.
Castells, M. (2000): The Information Age: Economy, Society and Culture. 2nd edition.
   Volume 1, 2 and 3. Malden.
Castells, M. (2001): Der Aufstieg der Netzwerk-Gesellschaft. Teil 1 der Trilogie. Das Infor-
   mationszeitalter. Opladen.
Castells, M. (2003): Jahrtausendwende. Teil 3 der Trilogie. Das Informationszeitalter. Opla-
   den.
Gadamer, H.-G. (1990): Wahrheit und Methode. Tübingen.

Giddens, A. (1984): The Constitution of Society. Cambridge.

Giddens, A. (1990): The Consequences of Modernity. Cambridge.

Giddens, A. (2001): Anthony Giddens and Will Hutton in Conversation. In: Hutton, W./ Giddens, A. (Hrsg.): On the Edge: Living with Global Capitalism. London.

Goldwasser, A. (2000): Building Dilbert's Dream House. In: The New York Times Magazine, 5.3.2000: 68-71.

Granovetter, M. (1985): Economic Action and Social Structure: The Problem of Embeddedness. In: American Journal of Sociology 91 (3): 481-510.

Hardt, M./Negri, A. (2000): Empire. Cambridge.

Indergaard, M. (2000): The Bullriders of Silicon Alley: New York Places its Bets. Paper presented at the annual meetings of the American Sociological Association. August 2000.

Iyer, P. (2000): The Global Soul. Jet Lag, Shopping Malls, and the Search for Home. New York.

Jones, S. (Hrsg.) (1997): Virtual Culture. Identity and Communication in Cybersociety. London.

Kelly, K. (1999): New Rules for the New Economy: Ten Ways the Network Economy is Changing Everything. New York.

Knorr-Cetina, K. (2000): Postsocial Theory. In: Ritzer, G./Smart, B. (Hrsg.): Handbook of Social Theory. London.

Kurnit, S. (1997): Creating Virtual Communities: It's the Relationship that Matters. @NY. 8.8.1997.

Lash, S. (2001): Critique of Information. London.

Lash, S./Urry, J. (1994): Economies of Signs and Space. London.

Latour, B. (1998): Thought Experiments in Social Science: From the Social Contract to Virtual Society' 1st Virtual Society? Annual public lecture, Brunel University, April 1998.

Leadbeater, C. (1999): Living on Thin Air. The New Economy. London.

Löfgren, O. (2001): European Ethnology and Life in the Experience Economy. Opening lecture at the 7th SIEF-Conference, Budapest, April 2001.

Lury, C. (1993): Cultural Rights. London.

Mandel, E. (1973): Der Spätkapitalismus. Frankfurt a.M.

Manovich, L. (2001): The Language of New Media. Cambridge.

Miller, D./Slater, D. (2000): The Internet. Oxford.

Nancy, J.-L. (1991): The Inoperative Community. Minneapolis.

OMA/Koolhaas, R./Mau, B. (1995): S, M, L, XL. Rotterdam.

Pourmehdi, M. (2000): Fragmented Ethnic Community in a Globalizing World. In: Kennedy, P. (Hrsg.): Second International Conference on Globalization, Culture and Everyday Life. Vol. II: 119-136. Manchester.

Poster, M. (1995): The Second Media Age. Cambridge.

Pratt, A. (1998): Making Digital Spaces: A Constructivist Critique of the Network Society. Unpublished paper.

Rheingold, H. (1994): The Virtual Community: Finding Connection in a Computerised World. London.

Rheingold, H. (1994): Virtuelle Gemeinschaft. Soziale Beziehungen im Zeitalter des Computers. Bonn.

Rifkin, J. (2000): The Age of Access. London.

Robbins, K. (1995): Cyberspace and the World We Live in. In: Featherstone, M./Burrows, R. (Hrsg.): Cyberspace, Cyberbodies, Cyberpunk. London.

Schulze, G. (1993): Die Erlebnisgesellschaft: Kultursoziologie der Gegenwart. Frankfurt.

Schwarz, M. (2000): Digital Media in the Technological Culture – Perspectives for Arts and Cultural Policy. Advice commissioned by the State Secretary for Education, Culture and Science of The Netherlands.

Scott, A. (1997): The Cultural Economy of Cities. International Journal of Urban and Regional Research 21 (2): 323-340.

Sennett, R. (1998): The Corrosion of Character. The Personal Consequences of Work in the New Capitalism. New York u.a.

Sennett, R. (2000): Der flexible Mensch. Die Kultur des neuen Kapitalismus. München.

Simmel, G. (1911): Soziologie der Geselligkeit. Schriften der deutschen Gesellschaft für Soziologie. Vol. 1: 1-16.

Stone, A. (1995): The War of Desire and Technology at the Close of the Mechanical Age. Cambridge.

Stone, C. (2000): Networking: The Art of Making Friends. London.

Tönnies, F. (1979): Gemeinschaft und Gesellschaft. Grundbegriffe der reinen Soziologie. 8. Auflage. Darmstadt.

Touraine, A. (1988): Return of the Actor. Social Theory in Postindustrial Society. Minneapolis.

Turkle, S. (1995): Life on the Screen: Identity in the Age of the Internet. New York.

Urry, J. (1990): The Tourist Gaze: Leisure and Travel in Contemporary Societies. London.

Virilio, P. (1995): Speed and Information. Cyberspace Alarm. CTHEORY, http://www.ctheory.com/a30-cyberspace_alarm.html

Williams, M. (2000): Who Says You Can't Hurry Love. In: New York Times, 5.3.2000.

WIRED 8.06 (June 2000): Interview with Pehong Chen: 238.

Wittel, A./Lury, C./Lash, S. (2002): Real and Virtual Connectivity: New Media in London. In: Woolgar, S. (Hrsg.): Virtual Society? Get Real! Oxford.

Zukin, S. (1995): The Cultures of Cities. Oxford.

Ortskonzepte in einer Welt der Ströme

Shaun Moores

1 Einleitung

Im Kontext der Debatte um den „Aufstieg der Netzwerkgesellschaft" (Castells 1996) und die Notwendigkeit einer „Soziologie der Flüsse" für das 21. Jahrhundert (Urry 2000) möchte ich mich in diesem Aufsatz auf das Wesen und die Bedeutung von Orten, sowie auf die Beziehung zwischen Orten, in der heutigen sozialen Welt konzentrieren.[1] Wie also können wir Ort in einer Welt der Ströme – mitunter der Informationsströme, die durch die modernen Medien gefördert werden – konzeptualisieren? Welche Rolle spielen Medien, neben anderen Institutionen und Technologien, für die Transformation von Ortserfahrungen, die Erfahrung von Lokalität und für die Schaffung neuer Arten sozialer Interaktionssituationen? Der Versuch, diese Fragen zu beantworten, führt uns in eine anspruchsvolle Diskussion der Thesen verschiedener Sozial- und Kommunikationstheoretiker. Zunächst müssen einige Aspekte der Arbeiten von Manuel Castells und John Urry betrachtet werden. Denn beide werfen in ihren Darstellungen des globalen sozialen Wandels wichtige Fragen über Medien, Ströme und Orte auf. Daraufhin gehe ich auf die Arbeiten von Doreen Massey (vgl. besonders Massey 1995), Joshua Meyrowitz (1985, 1994) und Paddy Scannell (1996) ein, die Orte jeweils als permeabel, marginalisiert oder pluralisiert konzipieren.

2 Castells: Der Raum der Ströme und der Raum der Orte

Über Castells' umfangreiche Darstellung der von ihm bezeichneten Netzwerkgesellschaft (Castells 2001)[2] gibt es viel zu sagen. Im Rahmen dieses Aufsatzes liegt mein Hauptinteresse allerdings auf seiner sozialen Theorie des Raumes, und besonders auf seiner Unterscheidung zwischen dem „Raum der Ströme" und dem „Raum der Orte". Zunächst muss ich darauf hinweisen, dass Castells' Konzeptionalisierung von Raum – dessen Werk durchaus hilfreich für die Interpretation des aktuellen sozialen Wandels ist – durchaus Probleme aufweist. Wie ich zeigen werde, gehen diese Probleme vor allem auf einen offensichtlichen Widerspruch in seinem Ortskonzept zurück.

Castells definiert Raum allgemein als „die materielle Grundlage gleichzeitiger sozialer Praxisformen, die eine gemeinsame Zeit haben" (2001: 467). Dabei betont er ausdrücklich, dass diese gleichzeitigen Praxen heute nicht notwendig abhängig von der „physischen Nähe" der sozial interagierenden Personen sind. Aus seiner Sicht ist es sogar „wesentlich, dass wir dieses Basiskonzept der materiellen Grundlage simultaner Praxisformen von der Vorstellung der Nähe lösen" (2001: 467; vgl. auch Thompson 1995: 32 über die veränderte „Erfahrung von Gleichzeitigkeit" und den „Sinn für ‚das Jetzt' im modernen Leben"). Das liegt daran, dass es „eine neue Form des Raums" gibt, den Castells als „Raum der Ströme" bezeichnet, und der charakteristisch ist für die Netzwerkgesellschaft,[3] wo Beziehungen über physische Distanzen hinweg in „simultaner Zeit" erleichtert werden. Castells (2001: 467) lehrt uns, „dass für die Konstruktion unserer Gesellschaft Ströme von zentraler Bedeutung sind: Ströme von Kapital, Ströme von Information, […] Ströme von organisatorischer Interaktion, Ströme von Bildern, Tönen und Symbolen." Diese Ströme werden ihrerseits erst durch die soziale Entwicklung von Technologien wie der „Mikroelektronik", „Telekommunikation" und „Sendebetriebssystemen" ermöglicht.

An der Stelle, an der Castells seine Theorie über den Raum der Ströme entwickelt, widmet er sich erstmals dem Schicksal des Ortes in der Netzwerkgesellschaft. Obwohl die „strukturelle Logik" des Raums der Ströme „ortslos" scheint, ist er der Ansicht, dass „Orte nicht verschwinden", sondern dass vielmehr „ihre Logik und ihre Bedeutung im Netzwerk absorbiert werden". Dort „existiert kein Ort aus sich heraus", da seine Position und Bedeutung „durch die Austauschprozesse der Ströme im Netzwerk definiert sind" (Castells 2001: 468). Aus meiner Sicht ist dieses Konzept von Orten in Bezug zu Strömen und anderen Orten, generell hilfreich. Wie später in diesem Aufsatz deutlich werden wird, ist es möglicherweise kompatibel mit Urrys Vorstellung von „multiplexen Orten" und Masseys Diskussion der „Offenheit" von Orten. Ich denke jedoch, dass gewisse Schwierigkeiten auftreten, wenn Castells seine stärker detaillierte Analyse des Raums der Ströme anschließt und ein spezifisches Beispiel anführt, um seine Idee zu veranschaulichen. Diese Probleme entstehen als Resultat der Gegenüberstellung des Raums der Ströme und des Raum der Orte – so dass „diese beiden Formen des Raumes" schließlich „parallele Universen" konstituieren könnten (Castells 2001: 484).

Nachdem Castells „Ort" zunächst relational bestimmt hatte, macht er im Folgenden deutlich: „Ein Ort [als Lokalität] zeichnet sich dadurch aus, dass seine Form, seine Funktion und seine Bedeutung innerhalb der Grenzen eines Zusammenhangs abgeschlossen sind" (Castells 2001: 479). Bei dieser Beschreibung erstaunt mich, dass ein Ort „abgeschlossen" sein kann, wo Castells doch zuvor von „durch Ströme definierten Orten" spricht. Seine Behauptung wird sogar noch erstaunlicher, wenn er seine Theorie über den Raum der Ströme beispielhaft anhand des Pariser Distrikts Belleville veranschaulicht. Er erklärt, dass seine Kenntnis über diesen Ort aus der Zeit herrührt, als er in den frühen 1960er Jahren als politischer Exilant nach Frankreich kam und „Unterschlupf" bei einem immigrierten spanischen Arbeiter fand, der ihn mit der „Tradition" des Viertels vertraut machte. Jahre später, in den 1990er Jahren, beobachtet er, dass „die neu eingewanderten Gruppen – aus Asien, Jugoslawien – zu dem seit langem bestehenden Zustrom von tunesischen Juden, maghrebinischen Moslems und Südeuropäern hinzu gekommen sind, die ihrerseits auf die innerstädtischen Exilierten gefolgt waren, die im 19. Jahrhundert [...] nach Belleville abgedrängt worden waren" (Castells 2001: 479). Darüber hinaus wurde der Distrikt „von mehreren Wellen der Stadterneuerung betroffen", wobei in den letzten Jahren „neue, meist junge Haushalte wegen der urbanen Vitalität in das Viertel gezogen sind" (Castells 2001: 480).

Ausgehend von Castells' Darstellung ist Belleville sicherlich alles andere als ein abgeschlossener Ort. Ich habe überhaupt keine Schwierigkeit, diesen Pariser Distrikt als physischen Standort mit eigenem, besonderem Charakter zu sehen. Doch jeder der Faktoren, die in der Beschreibung angeführt werden, beinhaltet eine Verbindung zu anderen Orten und zu Kräften jenseits dieser Lokalität – selbst Castells' eigene Ankunft dort vor vielen Jahren. Tatsächlich können wir sagen, dass der besondere Charakter des Viertels gerade aus jenen Verbindungen geformt wurde, die über die Stadt hinaus zu verschieden Teilen der Erde reichen. Wie Castells selbst eingesteht: „Kulturen und unterschiedliche Arten von Geschichte interagieren in diesem Raum in wahrhaft pluraler Urbanität und verleihen ihm Sinn" (Castells 2001: 480). Obwohl er also über eine „Flut" von Menschen schreibt, die nach Belleville kommen, nimmt Castells diese nicht als eine Art „Strom" zur Kenntnis – anders würde hingegen Urry argumentieren, dessen breitere Definition von Strömen im Anschluss diskutiert wird.

Anscheinend hat Castells' Belleville als Beispiel für den Raum der Orte ausgewählt, weil dieser Ort nach seiner Interpretation „sozial interaktiv und in räumlicher Hinsicht reich" ist (Castells 2001: 481). Diese Wertschätzung setzt selbstredend die Existenz anderer Orte voraus, die wir uns wohl als in „physischer oder symbolischer" Hinsicht weniger gut gestellt vorstellen müssen. Im Bezug auf die Arbeit von Allen Jacobs (1993) verweist Castells (2001: 481) auf „den Unterschied zwischen Barcelona und Irvine, dem Inbegriff der Vorstadt in Südkalifornien". Er argumentiert das Irvine zwar „durchaus ein Ort" ist, allerdings ein räumlich verarmter Ort, „an dem der Erfahrungsraum nach innen auf das Haus zu einschrumpft, während die Ströme einen zunehmenden Teil der Zeit und des Raumes mit Beschlag belegen." Zweifelsohne äußern auch Laien (und nicht nur akademische Autoren wie Jacobs und Castells) Werturteile über Orte, wobei einige wohl ein ruhiges Leben im Vorort gegenüber der „urbanen Vitalität" eines Belleville oder einer Stadt wie Barcelona bevorzugen. Doch aus meiner Sicht gibt es noch weitere Probleme, die als Konsequenz einer solchen Art der Diskriminierung von Orten in Castells' Arbeit erwachsen. Dahinter verbirgt sich offensichtlich die Annahme, dass, sagen wir, zu Hause bleiben und fernzusehen notwendigerweise eine schlechtere oder weniger wertvolle kulturelle Erfahrung ist als rauszugehen und Leute auf der Straße zu treffen, dass also physische Kopräsenz in öffentlichen Kontexten irgendwie besser oder authentischer ist als Mediennutzung in einer privaten, häuslichen Umgebung. Darüber hinaus wird die Tatsache gar nicht erwähnt, dass sogar für die meisten Bewohner von urbanen Orten wie Belleville oder Barcelona dennoch technisch vermittelte Ströme von Bildern, Klängen und Symbolen die Erfahrung prägen.

Um diesen Abschnitt des Aufsatzes zusammenzufassen: Ich bin der Ansicht, dass Castells zwar zu Recht davon ausgeht, dass die Beziehung zwischen Strömen und Orten zentrale Bedeutung für jegliche Sozialtheorie des Raums in der Netzwerkgesellschaft hat. Zu Unrecht stellt er allerdings den Raum der Ströme und den Raum der Orte als zwei diametral entgegen gesetzte Formen mit vollkommen verschiedenen „Logiken" dar. [4] Wie er in seinen späteren Reflexionen über Raum eingesteht, „entsteht die Geografie der neuen Geschichte im Grunde nicht aus der Trennung zwischen Orten und Strömen, sondern aus der Schnittstelle zwischen Orten und Strömen" (Castells 2000: 27). Und wie das detaillierte Portrait von Belleville zeigt, können wir uns einen Ort als eine besondere Lokalität vorstellen, deren Bedeutung aktiv am Anknüpfungspunkt vielfältiger und komplexer Konnektivitäten mit einer umfangreicheren Welt jenseits des Ortes hergestellt wird.

3 Urry: Soziales als Mobilität und Orte als Multiplexität

Urry (2000), dessen Argumentation sich in mancher Hinsicht mit Castells' Thesen über den Aufstieg der Netzwerkgesellschaft überlappt, liefert ein gewagtes Manifest für eine Soziologie des 21. Jahrhunderts. Bei dieser Soziologie würde der Schwerpunkt auf dem Studium verschiedener transnationaler (und translokaler) Ströme oder „globaler Flüsse" liegen, „auf heterogenen, ungleichmäßigen und unvorhersagbaren Mobilitäten" (Urry 2000: 38).[5] Ein Unterschied zur Arbeit von Castells besteht allerdings darin, dass dieser gesetzte Schwerpunkt auf dem „Sozialen als Mobilität" Urry dazu führt, das bis heute „zentrale Konzept" seiner eigenen akademischen Disziplin in Frage zu stellen: Er hinterfragt die ganze Idee des „Sozialen als Gesellschaft" (Urry 2000: 2) und dabei vermutlich auch die Idee einer Netzwerkgesellschaft an sich. Für Urry (2000: 5-6) ist das Konzept der Gesellschaft im soziologischen Diskurs zu eng mit „Begriffen von Nationalstaat, Staatsangehörigkeit Staatsbürgerschaft und nationaler Gesellschaft" verknüpft, um auf nützliche Weise Anwendung in der Analyse von Strömen zu finden, die heute kreuz und quer über die „porösen Grenzen" von Nationen fließen. Stattdessen tritt er ein für eine „Soziologie jenseits von Gesellschaften". Ob wir ihm nun in diesem Punkt seiner Terminologie zustimmen oder nicht (offen gesagt frage ich mich, warum er die Möglichkeit ausschließt, den Gesellschaftsbegriff neu zu formulieren, um ihn mit den heutigen Umständen vereinbar zu machen), sein Appell an die Sozialtheorie, sich in Zukunft auf die verschiedenen Arten von Mobilität zu konzentrieren, verdient hier ernsthafte Betrachtung.

Urry ergänzt die verschiedenen Arten von Strömen, die bei Castells angeführt werden, um weitere: Beispielsweise spricht er von Strömen als „Abfallprodukte", die „neue Risiken" mit sich bringen, von „Mobilitäten von Objekten" wie Konsumgütern und insbesondere von Strömen aus reisenden Menschen. Dabei meint er nicht nur „die sozialen Akteure, die die Netzwerke betreiben" und sich „in ihren globalen Korridoren sozialer Segregation" bewegen (Castells 2000: 20), sondern auch die Bewegungen der vielen gewöhnlichen Individuen. In seiner Diskussion der modernen Formen „physischen Reisens" stellt er fest: „Das Ausmaß dieses Reisens ist gewaltig. Jedes Jahr gibt es über 600 Millionen internationale Passagiere. […] Das internationale Reisen macht heute ein Zwölftel des Welthandels aus" (Urry 2000: 50). Diese Zahlen sind in der Tat gewaltig, auch wenn wir berücksichtigen müssen, dass die große Mehrheit der Auslandsreisenden nach Hause zurück kehrt, wo ihr Alltagsleben in der Umgebung ihrer Wohn- und Arbeitsstätten weitergeht. Aus diesem Grund kritisiert John Tomlinson (1999) Urry zu Recht für folgende übermäßig gewagte Behauptung, die er in einem Buch zusammen mit Lash vertritt (vgl. Lash/Urry 1994): „Die paradigmatische moderne Erfahrung ist die einer rapiden Mobilität (verstanden als physische Bewegung) über oft weite Distanzen hinweg." Stattdessen schlägt Tomlinson (1999: 9) vor, „dass die paradigmatische Erfahrung der globalen Moderne für die meisten Menschen […] darin besteht, an einem Ort zu bleiben", wo sie erleben, was die globale Moderne „zu ihnen bringt" (vgl. dazu auch Giddens 1990: 19, der Orte als „zunehmend phantasmagorisch" beschreibt). Diese Perspektive nimmt auch David Morley ein (2000: 14), der, ausgehend von Statistiken, nach denen über die Hälfte der Erwachsenen in Großbritannien immer noch innerhalb von fünf Meilen um ihren Geburtsort lebt, argumentiert, dass „der Prozess der Globalisierung in der Transformation der Lokalitäten, eher als in gesteigerter physischer Mobilität (so bedeutsam diese für bestimmte Gruppen auch sein mag), seinen wichtigsten Ausdruck findet."

Die Argumente von Tomlinson und Morley weisen uns aus meiner Sicht auf hilf reiche Weise fort von jeglicher „generalisierter Nomadologie" (Morley 2000: 13) und hin zu der Frage nach dem Wandel von Orten heute als Teil dieser umfangreichen Transformationen, die oft als Globalisierung bezeichnet werden. Dennoch denke ich, dass man Urrys' Darstellung aus zweierlei Hinsicht verteidigen kann. Erstens: In seinem späteren Buch versucht er nicht, die Erfahrung der physischen Reise gegenüber der Erfahrung, die Menschen aus anderen Flüssen oder Mobilitäten gewinnen, zu privilegieren. Vielmehr setzt er physische Mobilität in Beziehung zu beispielsweise Formen des „imaginativen" oder des „virtuellen" Reisens. Zweitens: Er ignoriert keineswegs die Bedeutung des Ortes, sondern bietet ein brauchbares Konzept von multiplexen Orten. Ich werde im Folgenden versuchen, diese Aspekte seiner Arbeit zu erklären.

Unter „imaginativem" und „virtuellem Reisen" versteht Urry die augenblicklichen Mobilitäten, die von Rundfunk und computervermittelter Kommunikation gefördert werden: Reisen also, die Mediennutzer erleben können, „ohne sich physisch zu bewegen" (Urry 2000: 70). Für solche augenblicklichen Mobilitäten, die das Fernsehen möglich macht, führt er spezifische Beispiele an: „Wir reisen imaginativ und sind bei der Beerdigung von Prinzessin Diana dabei, finden uns im kriegszerrütteten Bosnien, wir sehen, wie der Weltrekord gebrochen wird, wir werden Zeuge, wie Mandela aus dem Gefängnis freigelassen wird und so weiter" (Urry 2000: 67f.). Dass er Reisen als Metapher für die Erfahrung des Fernsehens verwendet – im Weiteren spricht er auch von privaten Konsumenten, die von Radio und Fernsehen „in die öffentliche Welt geworfen" werden – legt nahe, dass sich die Zuschauer durch das Medium an einen anderen Ort transportiert fühlen können, und zwar nicht nur zu so großen Anlässen wie den oben genannten, sondern auch in ihren routinisierten Fernsehpraxen (vgl. Larsen 1999 für den empirischen Nachweis, dass einige Zuschauer ein solches Gefühl des Transportiertwerdens tatsächlich empfinden). Andererseits lässt Urry (2000: 69) auch eine gewisse Nähe zu den Thesen Tomlinsons erkennen, wenn er davon spricht, wie „entfernte Ereignisse, Persönlichkeiten und Happenings" permanent durch das Fernsehen „ins Wohnzimmer gebracht" werden und so dazu beitragen, „dass Alltagsleben zu transformieren". Welche dieser Vorstellungen man auch bevorzugt – ob der Zuschauer „die Orte besucht" oder aber das Medium „alles nach Hause bringt" (Moores 2000) – in jedem Fall wirft Urry hier entscheidende Fragen über die Rolle des Rundfunks für die Verbindung des Lokalen mit dem Globalen auf.

Urry erörtert verschiedene Beispiele für virtuelle Reisen über den Computer-Bildschirm, wobei er folgende interessante Beobachtung macht: Obwohl das Internet offensichtlich dazu genutzt wird, Beziehungen über physische Distanzen zu schaffen und aufrechtzuerhalten (den Teilnehmern wird „virtuelle Ko-Präsenz" geboten), empfinden die Mitglieder von „virtuellen Gemeinschaften" gelegentlich ein Bedürfnis, sich physisch zu treffen.[6] Diese Beobachtung interessiert mich besonders, weil darin die potenziellen Verbindungen zwischen physischem und nicht-physischem Reisen angedeutet werden, also die Tatsache, dass physische Mobilität und andere Mobilitäten manchmal eng miteinander verknüpft sein können. Vielleicht finden sich die besten Beispiele für solche Verbindungen bei den heutigen Kulturen der „Diaspora" (vgl. dazu auch Morley 2000). Mit Bezug auf James Clifford (1997: 247) verweist Urry (2000: 155) darauf, wie „zerstreute Volksgruppen", die fern ihrer „Heimatländer" ein zu Hause gegründet haben, in einem kulturellen Kontext leben, der von einem „Hin und Her" entlang grenzüberschreitender Verbindungen geprägt ist – Verbindungen, die erst durch die modernen Transport- und Kommunikationstechnologien ermöglicht werden (vgl. auch Appadurai 1996 über die Beziehungen zwischen globalen „Ethnoscapes" und „Mediascapes").

Trotz seiner starken Betonung der globalen Flüsse vernachlässigt Urry nicht die Frage nach „der Transformation der Orte", die von Tomlinson und Morley aufgeworfen wird. Tatsächlich könnte man sagen, dass er Flüsse und Orte als Teil derselben Problematik versteht, denn er behauptet, dass lokale Orte „frei verstanden werden können als multiplex, als ein komplexes Gebilde aus Räumen, wo verschiedene Bereiche von relationalen Netzwerken und Strömen zusammenfließen, sich verbinden und fragmentieren" (Urry 2000: 140). Für Urry (2000: 140) ist ein Ort eine „besondere Verbindung" zwischen „Nähe, die von […] ko-präsenter Interaktion charakterisiert ist" und „schnell fließenden Netzen und Netzwerken". An dieser Verbindung werden die Bedeutungen des Ortes konstruiert und diese Bedeutungen werden vielfältig sein. Betrachtet man als Beispiel eine Stadt wie Edinburgh, so nennt Karen Qureshi (2003) einen der multiplexen Räume „Pakistani Edinburgh". Ihre Ethnografie, die sich auf die reflexive Aushandlung von Identitäten unter jungen Menschen konzentriert, die zwar in Schottland geboren und aufgewachsen sind, deren Eltern aber aus dem Punjab eingewandert sind, macht deutlich, dass „Pakistani Edinburgh" keine abgeschlossene Einheit darstellt. Charakteristisch für das Viertel sind spezifische Arten physischer Nähe und Unmittelbarkeit, und doch sind seine Grenzen äußerst durchlässig, denn es wird geprägt durch physische, imaginative und virtuelle „Reisen" innerhalb des Viertels und nach draußen, während es gleichzeitig Überlappungen gibt mit dem was Qureshi als das „Mainstream-Edinburgh" bezeichnet.

4 Massey: Die Offenheit von Orten

Wenn Urry seine Vorstellungen von multiplexen Orten umreißt, zollt er der Arbeit von Massey Tribut, einer Geografin, die ausführlich über Orte geschrieben hat (vgl. Massey 1993, 1994, 1995), zum Teil auch als Konsequenz ihres Einsatzes bei Debatten in ihrer Disziplin über den Wert und Zweck von „Lokalitätsstudien". Sie bekräftigt, dass wir uns Orte „nicht so sehr als begrenzte Gebiete" vorstellen sollten, sondern vielmehr als „offen und porös", als „konstruiert durch die Spezifizität ihrer Interaktion mit anderen Orten" und als Träger von vielfältigen Bedeutungen, „da die verschiedenen sozialen Gruppen an einem Ort unterschiedliche Positionen einnehmen"; d.h. „unterschiedliche Positionen" im Sinne der räumlichen Re-Organisation ihrer sozialen Beziehungen (Massey 1994: 121). Aus ihrer Sicht hat jeder Ort seine eigene „Einzigartigkeit". Diese besondere Eigenschaft ist jedoch nicht einfach nur das Ergebnis „einer langen, verinnerlichten Geschichte" (Massey 1993: 66). Was die Einzigartigkeit eines Ortes ausmacht, hat zu tun mit der besonderen „Mischung aus Anschlüssen und Verbindungen" zu einem „Jenseits" – „das Globale als Teil dessen, was das Lokale ausmacht, das Äußere als Teil des Inneren" (Massey 1994: 5)[7].

Massey geht es also vor allem um „die Offenheit von Orten" in „globalen Zeiten" (Massey 1995: 59), wie sie es nennt, obwohl sie vorsichtig bei der Bestimmung ihrer Äußerungen hinsichtlich der Permeabilität von Orten in der heutigen Zeit ist. Zunächst ist diese Offenheit „kein neues Phänomen, ebenso wenig wie die Globalisierung" (Massey 1995: 61). Wie Stuart Hall (1991: 20) warnt uns Massey vor „historischer Amnesie" was den Globalisierungsprozess betrifft. Sie verweist dabei auf die Situation einer Hafenstadt wie Liverpool, deren besonderer Charakter gerade aus den Verbindungen zu anderen Orten durch Handel und Migration über die vergangenen drei Jahrhunderte hinweg geprägt wurde. Neu an der Globalisierung in ihrer aktuellen Phase ist nach Masseys Ansichten, dass „die Geschwindigkeit des Ganzen – und die Intensität – in den letzten Jahren drastisch zugenommen haben" (Massey 1995: 46). Eine weitere Einschränkung betrifft ihr generelleres Argument der „Macht-Geometrie des Ganzen" (Massey 1993: 61), worunter sie die Ungleichheiten versteht, die mit dem globalen (und lokalen) sozialen Wandel einhergehen. Die Erfahrungen von Örtlichkeit und Konnektivität sind äußerst ungleichmäßig, selbst unter Leuten, die am selben Ort leben. Auf Grund dessen sieht sie Ort und seine vielfältigen Bedeutungen als Gegenstand politischer, ebenso wie geografischer und kultureller Wichtigkeit.

Nachdem nun in Kürze Massey's theoretischer und politischer Standpunkt skizziert wurde, möchte ich mich an dieser Stelle ihren empirischen Belegen widmen, die aus der Forschung an spezifischen Orten herrühren. Diese Forschung hatte das Ziel, die räumlichen Verortungen und Verbindungen der Mitglieder verschiedener sozialer Gruppen aus einer Reihe von kleinen Dörfern in Cambridgeshire kartografisch zu erfassen (Massey nennt diese räumlichen Verortungen und Verbindungen Konnektivitäten „Aktivitätsräume" 1995: 54f.). Wie wir sehen werden, variiert die „Reichweite" dieser Gruppenaktivitäten beträchtlich.

Auf der einen Seite gibt es demnach „meist männliche High-Tech-Wissenschaftler, deren Arbeitsplatz sich in Cambridge befindet, die oft aber auch Computer mit Internetverbindungen zu Hause haben" (Massey 1995: 59). Diese Wissenschaftler sind „in ständigem Kontakt mit und auf der physischen Reise zwischen Kollegen und Kunden überall auf der aus der ganzen Welt" (Massey 1995: 59). Die Aktivitätsräume, in denen sie sich bewegen – physisch ebenso wie virtuell – sind „durch und durch multinational". „Auf der anderen Seite", berichtet Massey (1995: 59) „gibt es Menschen, die noch nie in London waren und die nur selten bis nach Cambridge gekommen sind [...] um dort einzukaufen oder das Krankenhaus aufzusuchen." Die Zugehörigen dieser Gruppe werden als die Lokalen bezeichnet, und die meisten von ihnen arbeiten auf Bauernhöfen oder in Dorfläden und örtlichen Dienstleistungsunternehmen. Andere Menschen in diesen Dörfern arbeiten „mehr oder weniger ortszentriert": Sie sind „als Reinigungskräfte oder Mitarbeiter von Lieferservicen" in multinationalen Firmen tätig, für die sie „bloß eine Gruppe von Arbeitern unter vielen ausmachen, die über den Globus verstreut sind" (Massey 1995: 60). Schließlich gibt es jene Frauen, die mit den „High-Tech-Männern" zusammenleben. Viele von ihnen „arbeiten Tag für Tag in Kinderhorten und Tagesstätten und sind dabei oft Herz und Seele von Gemeindeversammlungen und Wohltätigkeitsveranstaltungen" (Massey 1995: 60). Sie fahren regelmäßig zum Einkaufen nach Cambridge, sie pflegen Kontakte zur umfangreichen Familie außerhalb des Ortsgebiets und sie verbringen ihren Urlaub gerne „an exotischen Orten".

Massey's Darstellung der verschiedenen sozialen Gruppen zeigt sicherlich, wie ein Ort für manche Gruppierungen weitaus durchlässiger als für andere ist – in diesem Falle für die mittlere Einkommensklasse und diejenigen, die nach draußen streben. Hinzu kommt, dass sich in der Mittelklasse auch Geschlechterdifferenzen in der Gestaltung der Aktivitätsräume finden. Dennoch werden sogar die stärker „verwurzelten", die weniger „reisenden" (Clifford 1997) Menschen der Arbeiterklasse zunehmend „berührt von weitläufigeren Ereignissen". Beispielsweise sind landwirtschaftliche Arbeiter abhängig von den agrarpolitischen Entscheidungen, die in London oder Brüssel getroffen werden, und die Reinigungskräfte und Caterer der multinationalen Firmen in der Region könnten sehr wohl die Macht der globalen Wirtschaft zu spüren bekommen, wenn ihre Unternehmen Arbeitsplätze streichen müssen.

5 Meyrowitz: Der Verlust des Ortssinns

Im übrigen Teil dieses Aufsatzes werde ich mich stärker auf die Rolle der Medien (um genau zu sein: der „Muster des Informationsflusses") bei der Bildung dessen, was Meyrowitz (1985: 6, 1990: 31) kreativ „die ‚Situations-Geografie' des sozialen Lebens" nennt, konzentrieren. Nach den hier bereits erörterten Theorien sollte klar geworden sein, dass ich kein Verfechter der Mediumstheorie zur Analyse des globalen sozialen Wandels bin. Meiner Ansicht nach sollte dieser Wandel „als ein facettenreiches, differenziertes soziales Phänomen" (Held et al. 1999: 27) verstanden werden. Mediennutzung spielt jedoch eine entscheidende Rolle in der „räumlichen Re-Organisation der sozialen Beziehungen", von der Massey spricht. Und ich würde behaupten, dass Meyrowitz' Theorie der „Situationen als Informationssyteme" (Meyrowitz 1990: 89) uns dabei helfen kann, diesen besonderen Aspekt der heutigen räumlichen (und zeitlichen) Transformationen zu beurteilen. Allerdings werde ich, ebenso wie bei der Diskussion von Castells' Arbeit über Ströme und Orte, die Ideen von Meyrowitz kritisch und wählerisch selektiv aufarbeiten, wobei ich mich besonders mit seiner Behauptung auseinandersetzen werde, dass die Menschen in der heutigen „elektronischen Gesellschaft" zunehmend „den Ortssinn verloren haben".

Meyrowitz zieht eine auf den ersten Blick unwahrscheinliche Verbindung zwischen der Soziologie Erving Goffmans, die sich hauptsächlich mit Face-to-Face-Interaktionen beschäftigt, bei denen „Individuen sich in gegenseitiger physischer Anwesenheit befinden" (Goffman 1983: 2), und Marshall McLuhans Version der Mediumtheorie, die die Entwicklungen in der Medientechnologie mit Transformationen im Zeit-Raum-Gefüge in Beziehung setzt (besonders McLuhan 1964). So argumentiert Meyrowitz (1990: 33), dass Medien unsere Situations-Geografie verändern, indem sie „die traditionelle Beziehung zwischen physischen und sozialen Umgebungen zerstört haben". Allgemein interessiert er sich besonders dafür, wie Informationsflüsse dazu dienen, Situationen zu schaffen und zu definieren. Diese Schwerpunktsetzung entwertet keineswegs Goffmans Arbeiten über Begegnungen an Schauplätzen physischer Ko-Präsenz, sondern erweitert die Analyse von Situationen um eine Reihe von Interaktionen und „Quasi-Interaktionen" (Thompson 1995: 84-5) an innerhalb von und mit „Mediensettings".

Am besten lässt sich Meyrowitz' Theorie über Situationen als Informationssystemen, die nach meiner Beschreibung hier noch ziemlich abstrakt scheinen mag, an einem konkreten Beispiel veranschaulichen, das er in seinem Buch über elektronische Medien anführt. Er wählt das Beispiel zweier Freunde, die miteinander telefonieren, wobei „die Situation ‚in' der sie sich befinden, nur annähernd mit ihrer jeweiligen physischen ‚Ver-Ortung' verbunden" ist (Meyrowitz 1990: 90). Dabei, so fügt Meyrowitz hinzu, „schafft das Telefon in mancher Hinsicht zwischen den beiden Menschen eine größere Nähe, als zu den anderen Menschen in ihrer physischen Umgebung besteht " (so, dass die Menschen, die im gleichen Zimmer sind, manch-

mal eifersüchtig fragen: „,Wer ist das?', ,Was sagt sie?', ,Was ist so lustig?') (Meyrowitz 1990: 90). In seinem Beispiel ist das Telefon ein Medium, das seinen Nutzern
hilft, sich über ihre physische Trennung „hinweg zu setzen" und sich auf eine
augenblickliche „medienvermittelte" Begegnung einzulassen, in der eine Art Nähe
auf Distanz zu Stande kommt. Es ist in der Tat schon mehrfach darauf verwiesen
worden, dass das Telefon sich als besonders intimes Kommunikationsmittel eignet,
da ja die Stimme der Person am anderen Ende der Leitung elektronisch in unmittelbarer Nähe, so zu sagen „neben dem Ohr" ist (Gumpert 1990: 148; vgl. auch
Hutchby 2001: 31, der beschreibt, wie Intimität über eine Distanz hinweg „vom
Telefon geboten wird"). Obwohl dies zweifelsohne der Fall ist, ist die unmittelbare
physische Umgebung eines Anrufers dennoch bedeutsam für die Gestaltung einer
Telefonkonversation.[8] Was die beiden Freunde in Meyrowitz' Beispiel sagen, hängt
also teilweise davon ab, ob (und wenn ja von wem) das Gespräch mitgehört werden
kann. Aus diesem Grund denke ich, dass wir uns die Nutzung des Telefons, und die
Nutzung der elektronischen Medien im Allgemeinen, besser als pluralisierendes
„Setting" vorstellen sollten – im Gegensatz zu der Vorstellung, dass Medien die
Menschen aus einer Situation, die zur Randerscheinung wird, heraus hebt und in
eine andere hinein versetzen. Auf diesen Gesichtspunkt werde ich im folgenden
Abschnitt des Aufsatzes zurückkommen.

    Wie Massey erkennt Meyrowitz die Permeabilität von Orten, wobei er die Rolle
betont, die den elektronisch vermittelten Informationsflüssen bei der Verminderung
der Macht von physischen Grenzen zukommt: Es geht um die Macht, die verschiedenen Sphären des sozialen Lebens strikt voneinander zu trennen. So führt Meyrowitz aus: „Elektronische Botschaften durchdringen Wände und überspringen große
Distanzen" (Meyrowitz 1990: 237). Er schreibt beispielsweise über den Bedeutungs-
und Wesenswandel des Zuhauses: „Die Wände des Familienheims […] isolieren das
Zuhause nicht länger von der Außenwelt. Vielleicht erfahren Kinder ihr Zuhause
immer noch als schützenden Ort, aber das Fernsehen bringt sie schneller über den
Globus als ihre Eltern ihnen erlauben könnten, die Straße zu überqueren" (Meyrowitz 1994: 67). Dieser Gedanke weist verblüffende Ähnlichkeit mit den Beobachtungen Urry's über die augenblicklichen Mobilitäten des imaginativen imaginäre
Reisens auf. Meyrowitz (1990: 238) vertritt sogar die Ansicht, dass die „Bedeutung
von ,Gefängnis' […] durch die elektronischen Medien verändert worden ist", weil
„die Gefangenen, die Zugang zu elektronischen Medien haben, nicht länger vollständig von der Gesellschaft isoliert sind". In Meyrowitz' Worten: „Physische Einker-
kerung" bedeutet nicht mehr zwangsläufig „informationelle Isolation".

    Das Hauptproblem bei Meyrowitz' Thesen über Medien und sozialen Wandel
liegt meiner Ansicht nach in der Art und Weise, wie er Ort konzeptualisiert. Er verwendet den Begriff „Ort" im Titel seines Buches, so erklärt er, als Teil eines „knif-
fligen Wortspiels", in dem Ort „zugleich soziale Position als auch physische Befind-
lichkeit" bedeuten soll (Meyrowitz 1990: 214). Im Nebeneinander dieser beiden
Bedeutungen liegt sein Schlüsselargument: Soziale Rollen und Hierarchien, durch
die die Menschen früher erkannten, „wo ihr Ort ist", wandeln sich, wenn die elektronischen Kommunikationsmedien die Grenzen der physischen Umgebung über-

schreiten. Meyrowitz führt ein drastisches (wenn auch problematisches) Beispiel für diesen aktuellen Prozesses an: „Ein Telefon oder ein Computer in einer Wellblech-Hütte oder dem Schlafzimmer eines Jugendlichen in einem Vorort-Ghetto funktioniert genauso gut wie ein Telefon oder Computer in der obersten Etage eines Unternehmens" (1990: 323). Zu Recht stellt Andrew Leyshon (1995: 33) diese Behauptung in Frage: Er zweifelt, ob die Technologie „tatsächlich auf die Art und Weise funktioniert, die Meyrowitz vorschlägt", denn obwohl „der Innenstadtbewohner, der Teenager im Vorort und der Unternehmensleiter alle mit der Bank telefonieren können [...], kommt ihnen nicht allen unbedingt das Privileg eines Vieraugengesprächs mit dem Bankdirektor zu." Daher ist Meyrowitz' Perspektive auf die Transformation von Orten als sozialen Positionen eher zu optimistisch über die Aussichten, dass die etablierten sozialen Hierarchien heraus gefordert in Frage gestellt werden.

Ich habe jedoch ein größeres Problem mit Meyrowitz' Vorstellung, dass die Relevanz von Orten (verstanden als geografische Standorte) im heutigen sozialen Leben zunehmend marginalisiert wird. Wir verbringen heute eine „relativ ortlose" Existenz, so behauptet er, und daher ist es notwendig Kommunikation und Kultur „jenseits von Orten" zu theoretisieren.[9] Obwohl ich natürlich ebenfalls denke, dass viele physische Orte heute einen höheren Grad an Offenheit und Permeabilität als in der Vergangenheit aufweisen, und obwohl ich mich hier für eine Berücksichtigung der Ströme, die Orte verbinden, ausgesprochen habe, sollten wir uns doch vor der Annahme hüten, dass die Menschen einen Verlust des „Ortssinns" erfahren. Im Gegenteil bin ich der Ansicht, dass durch die Praxen der elektronischen Mediennutzung Orte augenblicklich pluralisiert werden (vgl. auch Moores 2004).

6 Scannell: Die Dopplung des Ortes

Im Folgenden greife ich die Vorstellung von der „Dopplung des Ortes" aus der Arbeit von Scannell (1996) auf und erweitere sie. Dieser Rundfunktheoretiker und – historiker nimmt an, dass eine der bemerkenswertesten und dennoch weitgehend für selbstverständlich gehaltenen Folgen von Radio- und Fernsehnutzung darin besteht, die „Realität zu ‚verdoppeln'" (Scannell 1996: 172f.). Er entwickelt diesen Gedankengang in seiner Analyse öffentlicher Ereignisse und sich wandelnder Erfahrungen des „In-der-Öffentlichkeit-Seins" im modernen Leben: „Öffentliche Ereignisse geschehen nun gleichzeitig an zwei verschiedenen Orten: am Ort des Ereignisses selbst und an dem Ort, an dem zugeschaut und zugehört wird. Der Rundfunk vermittelt zwischen diesen beiden Schauplätzen" (Scannell 1996: 76). Scannell schlägt einen „phänomenologischen Ansatz" für die Analyse von Radio und Fernsehen vor (vgl. auch Scannell 1995), der sich mit den „Arten, auf der Welt zu sein" auseinander setzt, die für die Zuschauer und Zuhörer geschaffen worden sind. Er behauptet weiterhin, dass es für die Zuschauer in ihren vielfältigen, verstreuten örtlichen lokalen Umgebungen veränderte „Möglichkeiten des Daseins" gibt: „Des Daseins an zwei verschiedenen Orten zugleich" (1996: 91). Natürlich ist es für jedes Individuum physikalisch nur möglich, physisch zu einem bestimmten Zeitpunkt an einem einzigen Ort zu sein, aber dank dem Rundfunk können wir trotzdem ‚live' Zeuge von entfernten Ereignissen werden: So können diese Ereignisse als „nahe" und als „in Reichweite" erfahren werden, die „Entferntheit" dabei wird beseitigt (Scannell 1996: 91; vgl. auch Heidegger 1962: 140 über die „Eroberung der Entferntheit" und die „Ent-Fernung der ‚Welt'").

Scannells Konzept der Dopplung des Ortes und seine Reflexionen über die veränderten „Möglichkeiten des Seins" für Mediennutzer sind zwar in einem Buch erschienen, das der Analyse des Rundfunks gewidmet ist. Ich habe aber das Gefühl, dass sie auch allgemeiner auf die Analyse von denjenigen elektronischen Medien übertragen werden können, die – wie Internet und Telefon – mit Radio und Fernsehen die Kapazität zur augenblicklichen virtuellen Übermittlung von Informationen über weite Entfernungen gemein haben. Wie Scannell in seinen historischen Untersuchungen gezeigt hat (vgl. insbesondere Scannell/Cardiff 1991), verfügt der Rundfunk über eigene besondere spezifische Kommunikationsmerkmale, durch die er sich in verschiedener Hinsicht von computervermittelter Kommunikation oder von Kommunikation via Telefon abgrenzt. Dennoch möchte ich behaupten, dass Radio und Fernsehen insoweit mit dem Internet und Telefon verglichen werden können, eben weil dass all diese Medien dazu beitragen können, Erfahrungen der Gleichzeitigkeit und Liveness in so bezeichneten „nicht-lokalisierten" (vgl. Thompson 1995: 246; ich bevorzuge den Begriff „translokalisierte") Räumen und Begegnungen zu konstruieren.[10]

Ich möchte nun versuchen, meine Erweiterung der Anwendbarkeit von Scannells Arbeit über die Dopplung des Ortes zu veranschaulichen. Dazu werde ich einige Beispiele der Nutzung elektronischer Medien diskutieren, die allesamt aus kürzlich veröffentlichten Forschungsarbeiten entnommen sind. Das erste Beispiel stammt aus Kendalls Ethnografie eines Internetforums oder einer „Multi-User Domain" (Kendall 2002): Es geht um die persönliche Reflexion der Autorin über ihre alltäglichen Praxen der Computernutzung. „Online-Interaktionen können manchmal ein extremes Maß an Aufmerksamkeit in Anspruch nehmen", bemerkt Kendall (2002: 7), aber wenn „der Text auf dem Bildschirm sich dahinschleppt oder die Konversation aufhört, mich zu interessieren, kann ich mich offline nach etwas anderem umsehen, mit dem ich mich beschäftigen möchte." Unter „etwas anderem" versteht sie dabei, „die Tagespost zu holen", „eine Zeitschrift durchzublättern", den Computer stehen zu lassen, „um etwas zu essen", oder „mit jemandem in dem physischen Raum, in dem ich sitze" zu sprechen (Kendall 2002: 7).[11]

In Kendalls Darstellung geht es offensichtlich um die Pluralisierung des Ortes (und der sozialen Beziehungen). Tatsächlich bemerkt sie, dass, „obwohl mir die MUD das Gefühl verschafft, an einem Ort zu sein, überlagert dieser Ort in gewissem Sinne den physischen Ort, an dem sich mein Körper befindet" (Kendall 2002: 7f.). Während sie mit anderen an einem virtuellen Ort „herumhängt", ist sie also körperlich anwesend in einer physischen Umgebung. Dies ist ein einfacher und dennoch entscheidender Punkt, der bei der Analyse globaler Internetkulturen beachtet werden muss. Denn, so führen Daniel Miller und Don Slater (2000: 4-7) aus, ein großer Teil der frühen akademischen Literatur auf diesem Gebiet hat sich tendenziell auf die Konstitution von „Räumen oder Orten getrennt vom Rest des sozialen Lebens" konzentriert, anstatt das Internet „als Fortführung […] anderer sozialer Räume" und „als Teil des Alltagslebens" zu behandeln (vgl. auch Wellman/Haythornthwaite 2002). Wie in der Analyse der Fernsehkulturen müssen wir unsere Aufmerksamkeit ebenso auf die Vergegenwärtigung („presencing") von Orten auf dem Bildschirm richten, wie auch auf jene Orte, an denen dieser Bildschirm betrachtet und interaktiv genutzt wird. Solch ein Ort kann beispielsweise ein moderner öffentlicher Kontext wie das „Internet-Café" sein (Wakeford 1999; vgl. auch McCarthy 2001 über Fernsehen an verschiedenen Orten „außer Haus").

Das zweite Beispiel elektronischer Mediennutzung, das hier diskutiert werden soll, stammt aus der Arbeit des Konversationsanalytikers Emanuel Schegloff (2002). Er berichtet von einer Geschichte, die ihm ein alter Freund erzählt hat. Die Geschichte spielt in einem Personenzug auf der Fahrt durch New York. Im Mittelpunkt steht eine „junge Frau […], die mit dem Mobiltelefon telefoniert, offensichtlich mit ihrem Freund, mit dem sie sich in einer Art Krise befindet" (Schegloff 2002: 285). Wir erfahren, dass die anderen Leute im Zug sich bemühen „dieses Gespräch zu überhören": „Außer einem Passagier. Und als die Augen der Protagonistin unserer Geschichte den Blick dieses Mitreisenden kreuzen, ruft sie empört aus: ‚Dies ist ein Privatgespräch, falls es sie nicht stört!'" (Schegloff 2002: 286).

Die Vorstellung von der Dopplung des Ortes, wie sie bei Scannell entwickelt wird, finden wir auf ähnliche Weise in Schegloffs eigenem Kommentar zu dieser Geschichte über Mobiltelefonnutzung. Die junge Frau aus der Geschichte befindet sich in seinen Worten „an zwei Orten zur gleichen Zeit – und der Personenzug ist nur einer davon" (Schegloff 2002: 286). „Der andere Ort, an dem sie sich befindet, ist ‚am Telefon'", merkt Schegloff (2002: 286f.) an. Er stellt dabei die Behauptung auf, dass „es dort zweimal ‚dort' gibt". Wir sind nicht daran gewöhnt, uns das Telefongespräch als ein Beispiel für das „An-Ort-und-Stelle-Sein" („being in place"), von dem der Philosoph Edward Casey (1993: XV) schreibt, vorzustellen. Doch die Teilnehmer an diesem Telefongespräch (von denen ja zumindest einer „sich zwischen Orten bewegt" (Casey 1993: 280) haben beide die Möglichkeit zu einem „Gespräch-in-Interaktion", bei dem die simulierte Ko-Präsenz ausgeprägter ist, als die, die beim synchronen Internet-Chat erzeugt wird.

Auch wenn Schegloff dies nicht explizit formuliert, geht es in dieser Geschichte aus meiner Sicht um mehrere, konkurrierende Informationsströme und daher auch um mehrere, konkurrierende Definitionen der Situation. Die Protagonistin, deren Körper sich an dem physischen Ort des „Personenzuges" befindet, ereifert sich, sie führe „ein Privatgespräch" (vgl. auch Sussex Technology Group 2001 über Mobiltelefone als Technologien für private Unterhaltungen „in der Gesellschaft von Fremden"). Dieser Anspruch ist schon eine Überraschung, da ihre Stimme ja laut genug ist, um von den anderen Personen im Zug klar verstanden werden zu können. Sie scheint es nicht zu kümmern, ob jemand zufällig mitbekommt, was sie sagt. Trotzdem identifiziert Schegloff noch einige Merkmale des Gesprächs, die ihre empörte

Äußerung verständlich machen könnten: „[D]iese junge Frau spricht mit ihrem Freund über intime Angelegenheiten in einem gewöhnlichen Konversationsstil – mit Ausnahme des streitlustigen Tonfalls, und vielleicht ist es insbesondere diese Tatsache, die daraus ein Privatgespräch macht". Tatsächlich halten beinahe alle Mitreisenden zusammen, um die Sichtweise der Frau zu stützen. Es gelingt ihnen nicht, den Streit (d.h. eine Partei davon) zu überhören aber sie tun so, als würden sie nichts hören. Sie richten den Blick auf ihre Lektüre oder aber aus dem Zugfenster und vermeiden den Blickkontakt mit der Mobiltelefonnutzerin, als ob sie sich nicht offensichtlich in „intime Angelegenheiten" einmischen möchten. Es gibt allerdings einen einzigen Passagier, der sich weigert, diese Performanz einer Vortäuschung zu akzeptieren, vielleicht weil er irritiert ist über die Störung eines durch ein Privatgesprächs mitten in einer öffentlichen Umgebung. Worauf ich hier hinweisen will, ist, dass in dem Moment als der Augenkontakt mit der Protagonistin zu Stande kommt, die beiden „Orte" miteinander kollodieren.

7 Schluss

Die Leser dieses Aufsatzes werden zweifelsohne bemerkt haben, dass er sich dadurch auszeichnet, sich aus einer Reihe von inhaltlich verwandten Abschnitten über die Arbeiten bedeutender Sozial- und Kommunikationstheoretiker zusammenzusetzen. Diese narrative Struktur impliziert einen Schluss, den ich an dieser Stelle explizit ausführen werde. Ich möchte noch einmal meinen Gegensatz zu der Ansicht betonen, dass das heutige soziale Leben zunehmend „ortlos" ist; eine Ansicht, die Meyrowitz in seiner Analyse des „Einflusses" der elektronischen Medien äußert. Stattdessen bevorzuge ich Ortskonzepte, die davon ausgehen, dass Orte an der „Schnittstelle" mit Strömen (Castells) gebildet werden, die Orte als „multiplex" (Urry) oder als „offen" (Massey) betrachten, oder die nahe legen, dass der Ort im Prozess der Radio-, Fernseh-, Internet-, oder Telefonnutzung nahezu augenblicklich „verdoppelt" wird (Scannell). Rückblickend bin ich mir selbstverständlich darüber im Klaren, dass mein Gebrauch des Begriffs „Ort" von einer gewissen fehlenden Griffigkeit geprägt ist. In den unterschiedlichen Abschnitten schwankt die Betonung zwischen der materiellen und der symbolischen, oder aber der erfahrungsgemäßen Dimension von Ort. Auch wird Ort an manchen Stellen als physisches Setting betrachtet, an anderen Stellen aber als virtuelle oder simulierte Lokalität. Wenn wir Orte in einer Welt der Ströme adäquat konzeptualisieren wollen, müssen wir diese vielfältigen Aspekte des Gegenstands allerdings erkennen und miteinander verbinden. Dies bildet die Grundlage für einen interdisziplinären Dialog, dessen Form hier nur angedeutet werden kann.

Übersetzung: Christian Lindner

Anmerkungen

1 Den Großteil des hier verwendeten Materials habe ich mit Mitarbeitern und Studenten des Instituts für Soziologie und Kommunikationswissenschaft der Universität Rom ‚La Sapienza' während meines Aufenthalts als Gastprofessor im Frühling 2004 diskutiert. In der Folge wurde dieser Aufsatz bei einem Besuch des Instituts für Kommunikationswissenschaft und Kunst der Universität Mailand ‚Cattolica' im August 2003 vorgestellt. Eine frühe Version erschien in digitaler Form unter dem Titel „Media, Flows and Places" (Media@lse, Programme in Media and Communications, London School of Economics and Political Science: 2003).

2 Für eine allgemeine Diskussion des Netzwerk-Konzepts als „ein Komplex aus untereinander verbundenen Knoten" und für einige konkrete Beispiele von Netzwerken wie das „globale Netzwerk der neuen Medien" (vgl. Castells 1996: 470f.).

3 Man sollte sich vor Augen führen, dass es Akademiker gibt, die die von Castells identifizierten Neuheiten und Entwicklungen bezweifeln, sowie die lange Geschichte des Netzwerkprinzips bestreiten (vgl. besonders Standage 1998; Mattelart 2000).

4 Castells' Gedanken basieren hier zu einem gewissen Grad auf einer Unterscheidung zwischen Orten, die als „Knoten" in Netzwerken dienen und denen in unserer Gesellschaft „dominante Funktionen" zukommen (so wie „Aktienmärkte und die sie unterstützenden fortgeschrittenen Dienstleistungszentren im Netzwerk der globalen Finanzströme" (Castells 2001: 528) und der Art von Orten, die von untergeordneten sozialen Gruppen bevölkert werden, die „immer stärker segregiert und abgekoppelt voneinander" sind (Castells 2001: 535). Obwohl ich den Wert dieser Unterscheidung als Teil eines Versuchs anerkennen kann, sich mit den Dimensionen von Macht und sozialer Ungleichheit (vgl. dazu auch meinen Kommentar zu Massey) zu befassen, macht es für mich wenig Sinn, den „Raum der Orte" als stärker „abgekoppelt" denn bisher zu begreifen. Wohl gibt es aber gewisse Orte, besonders in den ländlichen Gegenden der so genannten ‚Dritten Welt', die relativ ausgeschlossen von Castells' Raum der Ströme sind. Diese Tatsache wurde von Geografen, die sich für den uneinheitlichen oder ungleichmäßigen Prozess der „Zeit-Raum-Konvergenz" interessieren (Janelle 1991; Leyshon 1995), gut herausgearbeitet.

5 Eine frühere Version der These, dass Fluidität und Mobilität als zunehmend konstitutiv für das moderne Leben gesehen werden müssen, findet man bei Scott Lash und John Urry (1994).

6 Dieser Punkt wird bei Urry (2002) weiter entwickelt. Siehe auch Lori Kendall (2002) für eine kürzlich erschienene ethnografische Studie über ein Internetforum, dessen Mitglieder sowohl Face-to-Face als auch online Kontakt pflegen.

7 Hier findet sich implizit eine Ablehnung der Vorstellung, dass Globalisierung notwendigerweise zu größerer kultureller Homogenität führt und der Ansatz, dass die Heterogenität der Orte tatsächlich durch den Globalisierungsprozess verstärkt wird.

8 Sind die Telefonnutzer beispielsweise beaufsichtigte Angestellte in einem „Call Centre", so müssen sie eine gewisse Anzahl von Anrufen pro Stunde durchführen, wobei sie oft nach einem Skript arbeiten (Cameron 2000).

9 Meyrowitz räumt letztlich selbst ein, dass das moderne Leben nicht vollkommen ortlos ist. Er gesteht die Tatsache ein, dass „unabhängig vom Zugang zu den Medien das Leben in einem Ghetto, in einer Gefängniszelle oder einem Mittelschichts-Vorort sicherlich keine ‚gleichwertigen' sozialen Erfahrungen sind" (1990: 223).

10 Auch Film und Fernsehen könnten als Medien gesehen werden, die für ihre Nutzer eine Dopplung des Ortes fördern. Diese Medien haben allerdings nicht das Potenzial für augenblickliche Kommunikation über weite Entfernungen und wecken daher nicht dieselben Empfindungen der Gleichzeitigkeit wie Radio, Fernsehen, Internet und Telefon.

11 Interessanterweise könnte diese Beschreibung leicht auch für das routinierte, zerstreute Fernsehen zu Hause gelten, wenn wir die beschriebene Computernutzung durch den flüchtigen Blick auf den Fernsehbildschirm ersetzen würden.

Literatur

Appadurai, A. (1996): Modernity at Large: Cultural Dimensions of Globalization. Minneapolis.

Cameron, D. (2000): Good to Talk? Living and Working in a Communication Culture. London.

Casey, E. (1993): Getting Back into Place: Toward a Renewed Understanding of the Place-World. Bloomington.

Castells, M. (1996): The Information Age: Economy, Society and Culture – Volume 1: The Rise of the Network Society. Oxford.

Castells, M. (2000): Grassrooting the Space of Flows. In Wheeler, J. et al. (Hrsg.): Cities in the Telecommunications Age: The Fracturing of Geographies. New York: 18-27.

Castells, M. (2001): Das Informationszeitalter. Teil 1 der Trilogie: Der Aufstieg der Netzwerkgesellschaft. Opladen.

Clifford, J. (1997): Routes: Travel and Translation in the Late Twentieth Century. Cambridge.

Giddens, A. (1990): The Consequences of Modernity. Cambridge.

Goffman, E. (1983): The Interaction Order. In: American Sociological Review 48 (1): 1-17.

Gumpert, G. (1990): Remote Sex in the Information Age. In: Gumpert, G./Fish, S. (Hrsg.): Talking to Strangers: Mediated Therapeutic Communication. Norwood: 143-53.

Hall, S. (1991): The Local and the Global: Globalization and Ethnicity. In: King, A. (Hrsg.): Culture, Globalization and the World-System: Contemporary Conditions for the Representation of Identity. Basingstoke: 19-39.

Hannerz, U. (1996): Transnational Connections: Culture, People, Places. London.

Heidegger, M. (1962): Being and Time. Oxford.

Held, D. et al. (1999): Global Transformations: Politics, Economics and Culture. Cambridge.

Hutchby, I. (2001): Conversation and Technology: From the Telephone to the Internet. Cambridge.

Jacobs, A. (1993): Great Streets. Cambridge.

Janelle, D. (1991): Global Interdependence and Its Consequences. In: Brunn, S./Leinbach, L. (Hrsg.): Collapsing Space and Time: Geographic Aspects of Communication and Information. London: 49-81.

Kendall, L. (2002): Hanging Out in the Virtual Pub: Masculinities and Relationships Online. Berkeley u.a..

Larsen, P. (1999): Imaginary Spaces: Television, Technology and Everyday Consciousness. In: Gripsrud, J. (Hrsg.): Television and Common Knowledge. London: 108-21.

Lash, S./Urry, J. (1994): Economies of Signs and Space. London.

Leyshon, A. (1995): Annihilating Space? The Speed-Up of Communications. In: Allen, J./Hamnett, C. (Hrsg.): A Shrinking World? Global Unevenness and Inequality. Oxford: 11-46.

Massey, D. (1993): Power-Geometry and a Progressive Sense of Place. In: Bird, J. et al. (Hrsg.): Mapping the Futures: Local Cultures, Global Change. London: 59-69.

Massey, D. (1994): Space, Place and Gender. Cambridge.

Massey, D. (1995): The Conceptualization of Place. In: Massey, D./Jess, P. (Hrsg.): A Place in the World? Places, Cultures and Globalization. Oxford: 45-77.

Mattelart, A. (2000): Networking the World, 1794-2000. Minneapolis.

McCarthy, A. (2001): Ambient Television: Visual Culture and Public Space. Durham.

McLuhan, M. (1964): Understanding Media: The Extensions of Man. London.

Meyrowitz, J. (1985): No Sense of Place: The Impact of Electronic Media on Social Behavior. New York.

Meyrowitz, J. (1990): Überall und nirgends dabei. Die Fernsehgesellschaft 1. Weinheim.

Meyrowitz, J. (1990): Wie Medien unsere Welt verändern. Die Fernsehgesellschaft 2. Weinheim.

Meyrowitz, J. (1994): Medium Theory. In: Crowley, D./Mitchell, D. (Hrsg.): Communication Theory Today. Cambridge: 50-77.

Miller, D./Slater, D. (2000): The Internet: An Ethnographic Approach. Oxford.

Moores, S. (2000): Media and Everyday Life in Modern Society. Edinburgh.

Moores, S. (2004): The Doubling of Place: Electronic Media, Time-Space Arrangements and Social Relationships. In: Couldry, N./McCarthy, A. (Hrsg.): MediaSpace: Place, Scale and Culture in a Media Age. London: 21-36.

Morley, D. (2000): Home Territories: Media, Mobility and Identity. London.

Qureshi, K. (2003): Performing Selves and Belongings: The Reflexive Negotiation of Identities Amongst „Edinburgh Pakistanis". PhD, Faculty of Social Sciences, Open University.

Scannell, P. (1995): For a Phenomenology of Radio and Television. Journal of Communication 45 (3): 4-19.

Scannell, P. (1996): Radio, Television and Modern Life: A Phenomenological Approach. Oxford.

Scannell, P./Cardiff, D. (1991): A Social History of British Broadcasting – Volume 1, 1922-1939: Serving the Nation. Oxford.

Schegloff, E. (2002): Beginnings in the Telephone. In: Katz, J./Aakhus, M. (Hrsg.): Perpetual Contact: Mobile Communication, Private Talk, Public Performance. Cambridge: 284-300.

Standage, T. (1998): The Victorian Internet: The Remarkable Story of the Telegraph and the Nineteenth Century's Online Pioneers. London.

Sussex Technology Group (2001): In the Company of Strangers: Mobile Phones and the Conception of Space. In: Munt, S. (Hrsg.): Technospaces: Inside the New Media. London: 205-23.

Thompson, J. (1995): The Media and Modernity: A Social Theory of the Media. Cambridge.

Tomlinson, J. (1999): Globalization and Culture. Cambridge.

Urry, J. (2000): Sociology Beyond Societies: Mobilities for the Twenty-First Century. London.

Urry, J. (2002): Mobility and Proximity. Sociology 36 (2): 255-74.

Wakeford, N. (1999): Gender and the Landscapes of Computing in an Internet Café. In: Crang, M. et al. (Hrsg.): Virtual Geographies: Bodies, Space and Relations. London: 178-201.

Wellman, B./Haythornthwaite, C. (Hrsg.) (2002): The Internet in Everyday Life. Malden.

Über die Autorinnen und Autoren

Nick Couldry, Dr. Nick Couldry ist Reader in Media, Communications and Culture an der London School of Economics and Political Science (Großbritannien). Forschungsschwerpunkte: Medien und Macht, Sozialtheorie, Medienanthropologie und Methoden der Cultural Studies. Buchveröffentlichungen u.a.: „Inside Culture" (London u.a. 2000), „Media Rituals: A Critical Approach" (London 2003), „Listening Beyond the Echoes: Media, Ethics and Agency in an Uncertain World" (New York u.a. 2006) sowie Herausgeber von „MediaSpace" (gemeinsam mit Anna McCarthy, London 2004).

Maren Hartmann, Dr. Maren Hartmann ist wissenschaftliche Mitarbeiterin, Fachgebiet Kommunikationswissenschaft am Fachbereich Kulturwissenschaften der Universität Bremen (Deutschland). Zuvor war sie an den Universitäten Sussex, Westminster und Brighton (Großbritannien), an der Freien Universität Brüssel (Belgien) und an der Universität Erfurt (Deutschland) tätig. Forschungsschwerpunkte: Cyberkultur, Medien und Alltag, Medienethnografie. Buchveröffentlichungen: „Technologies and Utopias: the Cyberflaneur and the Experience of Being Online" (München 2004) und „Domestication of Media and Technology" (Maidenhead u.a. 2006).

Andreas Hepp, Dr. Andreas Hepp ist Professor für Kommunikationswissenschaft am Fachbereich Kulturwissenschaften der Universität Bremen. Forschungsschwerpunkte: Kommunikations- und Mediensoziologie, inter- bzw. transkulturelle Kommunikation, Medien- und Kommunikationstheorie, Cultural Studies, Medien und Religion, Methoden qualitativer Medien- und Kommunikationsforschung sowie Medienrezeption/-aneignung. Buchveröffentlichungen u.a.: „Fernsehaneignung und Alltagsgespräche. Fernsehnutzung aus der Perspektive der Cultural Studies" (Opladen 1998), „Cultural Studies und Medienanalyse" (Wiesbaden 1999, 2004), „Netzwerke der Medien. Medienkulturen und Globalisierung" (Wiesbaden 2004) und „Transkulturelle Kommunikation" (Konstanz 2006).

Friedrich Krotz, Dr. Friedrich Krotz ist Professor für Kommunikationswissenschaft mit dem Schwerpunkt soziale Kommunikation am Seminar für Medien und Kommunikation der Universität Erfurt (Deutschland). Er war zuvor an verschiedenen Universitäten in Deutschland und der Schweiz (Zürich, Jena, Potsdam, Münster) sowie am Hans-Bredow-Institut Hamburg (Deutschland) tätig. Forschungsschwerpunkt: Digitale und interaktive Medien, Medienwandel im Hinblick auf sozialen und kulturellen Wandel, interkulturelle Kommunikation, Methoden der Medienforschung. Buchveröffentlichungen u.a.: „Lebenswelten in der Bundesrepublik Deutschland" (Opladen 1990), „Die Mediatisierung kommunikativen Handelns" (Wiesbaden 2001), „Neue Theorien entwickeln" (Köln 2005), Herausgeber von „The Media Society and its Myths" (Konstanz 2005, gemeinsam mit Patrick Rössler) und „Globalisierung der Medienkommunikation" (Wiesbaden 2005, gemeinsam mit Andreas Hepp und Carsten Winter).

Shaun Moores, Dr. Shaun Moores ist Professor für Media and Communications an der Universität Sunderland (Großbritannien). Er war zuvor als Professor und Gastprofessor an den Universitäten von Melbourne (Australien) und Rom ‚La Sapienza' (Italien) tätig. Forschungsschwerpunkte: Medien im Alltag, Methoden qualitativer Medienforschung, Medien- und Kommunikationstheorie, Sozialtheorie. Buchveröffentlichungen u.a.: „Interpreting Audiences: The Ethnography of Media Consumption" (London u.a. 1993, ital. Übersetzung 1998), „Satellite Television and Everyday Life: Articulating Technology" (Luton 1996), „Media and Everyday Life in Modern Society" (Edinburgh 2000) und „Media/Theory. Thinking About Media and Communications" (London u.a. 2005).

Thorsten Quandt, Dr. Thorsten Quandt ist wissenschaftlicher Mitarbeiter am Institut für Kommunikationswissenschaft und Medienforschung der Ludwig-Maximilians-Universität München (Deutschland). Er war zuvor wissenschaftlicher Mitarbeiter, Dozent und Gastforscher an den Universitäten Ilmenau und Trier (Deutschland), der FHW Wien (Österreich) und der Indiana University Bloomington (USA). Forschungsschwerpunkte: Journalismusforschung, computervermittelte Kommunikation, Medieninnovationen, Medientheorie. Buchveröffentlichungen u.a.: „Journalisten im Netz" (Wiesbaden 2005) und „Die neue Kommunikationswissenschaft" (gemeinsam mit Martin Löffelholz, Wiesbaden 2003).

John Tomlinson, Dr. John Tomlinson ist Professor für Cultural Sociology und Direktor des Institute for Cultural Analyses an der Nottingham Trent University (Großbritannien). Forschungsschwerpunkte: Kulturwandel, Globalisierung, Moderne, Medienkultur. Buchveröffentlichungen u.a.: „Cultural Imperialism" (London 1991) und „Globalization and Culture" (Blackwell 1999), beide übersetzt in acht verschiedene Sprachen.

Carsten Winter, Dr. Carsten Winter ist Universitätsassistent am Institut für Medien- und Kommunikationswissenschaft der Universität Klagenfurt (Österreich). Forschungsschwerpunkte: Medien- und Kommunikationsmanagement, Mediengeschichte, Konvergenzforschung, Medienentwicklung. Buchveröffentlichungen u.a.: Mitherausgeber von „Kulturwandel und Globalisierung" (gemeinsam mit Caroline Robertson, Baden-Baden 2000), „Grundlagen des Medienmanagements" (gemeinsam mit Matthias Karmasin, Stuttgart 2002, 2003), „Medienentwicklung und gesellschaftlicher Wandel" (Wiesbaden 2003, gemeinsam mit Markus Behmer, Friedrich Krotz und Rudolf Stöber) und „Globalisierung der

Medienkommunikation" (Wiesbaden 2005, gemeinsam mit Andreas Hepp und Friedrich Krotz).

Andreas Wittel, Dr. Andreas Wittel ist Senior Lecturer für Sozialtheorie an der School of Arts, Communication and Culture der Nottingham Trent University (Großbritannien). Er war zuvor am Goldsmiths College London und der Ruhr-Universität Bochum (Deutschland) tätig. Forschungsschwerpunkte: digitale Medien, Kulturindustrien, Arbeitsanthropologie, soziale Beziehungen, Ethnografie. Buchveröffentlichungen: „Belegschaftskultur im Schatten der Firmenideologie" (Berlin 1997) und Mitherausgeber von „Arbeitskulturen im Umbruch" (gemeinsam mit Irene Götz, Münster 2000).

Index

Lehrbücher

Günter Bentele / Romy Fröhlich /
Peter Szyszka (Hrsg.)

Handbuch der Public Relations

Wissenschaftliche Grundlagen und
berufliches Handeln. Mit Lexikon
2005. 624 S. mit 70 Abb. Geb. EUR 44,90
ISBN 3-531-13755-7

Neben einer Einführung in die Public Relations als Gegenstand wissenschaftlicher
Annäherung bietet der Band in kompak-
ten Artikeln einen Überblick über die dis-
ziplinären Perspektiven, die Ansätze und
Modelle der diversen Theorien, die Schlüs-
selbegriffe und ihre Bezugsgrößen sowie
Öffentlichkeitsarbeit als berufliches Handeln. Ein Lexikonteil zu zentralen Begif-
fen der PR rundet den Band ab.

Eric Karstens / Jörg Schütte

Praxishandbuch Fernsehen

Wie TV-Sender arbeiten
2005. 439 S. mit 14 Abb. und. 11 Tab.
Br. EUR 29,90
ISBN 3-531-14505-3

Das „Praxishandbuch Fernsehen" erklärt
die juristischen Feinheiten und betriebs-
wirtschaftlichen Besonderheiten der Organisationen, beschreibt die Medienpolitik der Parteien und Konzerne, untersucht das Umfeld des Marktes und der
Werbung und betrachtet aus der Perspektive der Macher die verschiedenen
Programm-Genres und die kreativen
Prozesse bei der Programm-Arbeit.

Romy Fröhlich / Gertraud Wutz /
Raphael Rossmann

Einführung in die sozialwissen-
schaftliche Datenanalyse

Ein multimediales Selbstlernprogramm
2005. 87 S. mit CD-ROM. Br. EUR 19,90
ISBN 3-531-14590-8

Davirt bietet eine interaktive Einführung
in sozialwissenschaftliche/s Datenmanage-
ment und -analyse.

Michael Jäckel (Hrsg.)

Mediensoziologie

Grundfragen und Forschungsfelder
2005. 388 S. mit 3 Abb. und 2 Tab.
Br. EUR 22,90
ISBN 3-531-14483-9

Zielsetzung dieses (Lehr-)Buches ist
neben einer „Spurensuche" nach den
Ursprüngen mediensoziologischen Denkens eine konsequente Verknüpfung von
Medien(-angeboten) mit soziologisch bedeutsamen Phänomenen.

Ulrich Sarcinelli

Politische Kommunikation
in Deutschland

Zur Politikvermittlung im demokratischen
System
2005. 329 S. mit 5 Abb. und 11 Tab.
Br. EUR 24,90
ISBN 3-531-14370-0

Der Band bietet eine systematische Ge-
samtschau der Politikvermittlungsprobleme
im demokratischen System Deutschlands.

Erhältlich im Buchhandel oder beim Verlag.
Änderungen vorbehalten. Stand: Januar 2006.

www.vs-verlag.de

VS VERLAG FÜR SOZIALWISSENSCHAFTEN

Abraham-Lincoln-Straße 46
65189 Wiesbaden
Tel. 0611.7878-722
Fax 0611.7878-400

MIX
Papier aus verantwortungsvollen Quellen
Paper from responsible sources
FSC® C105338
FSC
www.fsc.org

In case Publisher is established outside the EU,
the EU authorized representative is:
Springer Nature Customer Service Center GmbH
Europaplatz 3, 69115 Heidelberg, Germany

Printed by Libri Plureos GmbH
in Hamburg, Germany